TÉMOIGNAGES

« Le *Navigateur de philanthropie familiale* est un livre pionnier, à la fois un guide pratique pour les familles qui se lancent dans l'aventure de la philanthropie et un ouvrage de référence pour les professionnels du domaine. »

Alexander Osterwalder, Cofondateur de Strategyzer et auteur primé de *Business Model Generation*.

« Bien plus qu'un livre, c'est un outil à la fois pratique et convivial, indispensable pour les familles philanthropes ! Le *Navigateur* vous accompagne à chaque étape du voyage : il vous aide à peaufiner votre stratégie, décupler votre impact et fédérer la famille autour d'un projet philanthropique, de manière ludique et pour le bien de l'humanité. »

Alexis du Roy de Blicquy, Directeur général du Family Business Network (FBN).

« Les propriétaires d'entreprises familiales sont souvent des philanthropes engagés et enthousiastes depuis de nombreuses années. Grâce à ce livre, ils disposent désormais d'un outil extraordinaire pour répondre de manière encore plus efficace et systématique aux besoins toujours croissants de la société. Ce guide pratique et facile d'accès, qui s'appuie sur des données solides, aide à prendre confiance en soi pour contribuer de manière réfléchie à l'émergence d'un monde meilleur. »

André Hoffmann, Vice-président du Conseil d'administration, Roche Holding Ltd.

« Bien donner n'est pas aussi facile qu'il y paraît. Si je me fonde sur ma propre expérience, une philanthropie riche de sens exige un savoir-faire. Éducation, curiosité, humilité et passion sont donc indispensables. *Le Navigateur de philanthropie familiale* offre une excellente entrée en matière. »

Astrid Kann-Rasmussen, Vice-présidente et co-fondatrice de la Fondation KR et présidente de la Fondation V. Kann Rasmussen aux États-Unis.

« La philanthropie familiale n'aura jamais été si ludique ! Ce livre regorge d'idées pour impliquer toute la famille dans la réflexion sur les motivations et les valeurs. Un regard neuf sur un thème très sérieux. »

Barbara Hauser, Rédactrice en chef de *The International Family Offices Journal* et consultante éditoriale de *Advising the Wealthy Client*.

« En cette période très difficile, le monde a plus que jamais besoin de philanthropes qui s'engagent pour un changement positif et un impact durable. Le *Navigateur de philanthropie familiale* est un outil précieux pour quiconque souhaite donner du sens à sa philanthropie tout en améliorant l'efficacité et l'impact de ses dons. »

Beatrice Fihn, Administratrice d'ICAN, la coalition lauréate du prix Nobel de la paix 2017.

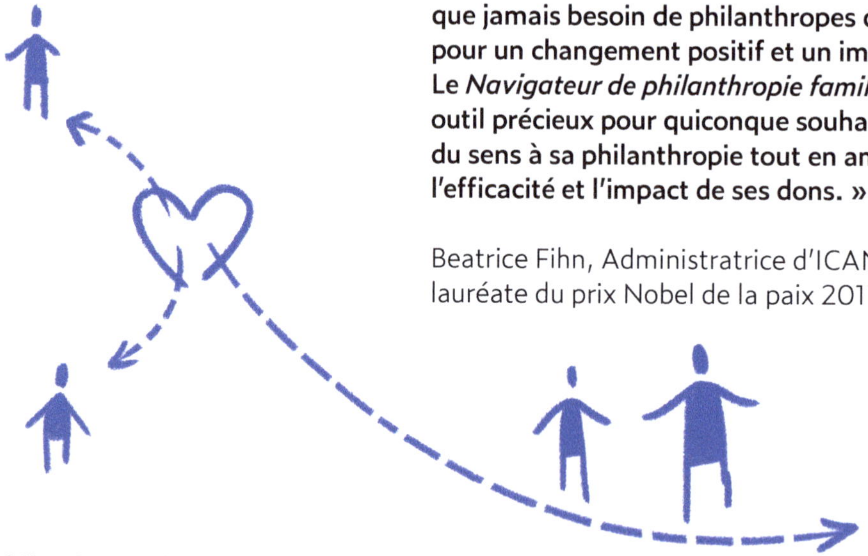

« La philanthropie familiale peut être une force de proposition pour un monde plus durable, plus équitable et centré sur des valeurs fortes. Cet excellent guide synthétique vous orientera pas à pas à travers ce domaine important. Je le recommande chaudement ! »

Christian Busch, Directeur du Global Economy Program du Center for Global Affairs à l'Université de New York et auteur de *The Serendipity Mindset*.

« Le *Navigateur de philanthropie familiale* est bien plus qu'un guide pratique et inspirant. En effet, de manière particulièrement intelligente, cet ouvrage innovant amène les familles à définir la raison d'être de leur philanthropie et à se mettre d'accord sur les objectifs et les étapes de leur projet. C'est un vrai cadeau ! »

John A. Davis, Responsable académique au MIT Family Enterprise Programs et président du Cambridge Family Enterprise Group.

« Si la philanthropie familiale s'apparente parfois à un parcours du combattant, c'est loin d'être une fatalité. Le *Navigateur de philanthropie familiale* contient une foule d'activités ludiques et d'outils pratiques pour aider les familles à mener ensemble leur aventure philanthropique. »

Nick Tedesco, Président et Directeur général du National Center for Family Philanthropy aux Etats-Unis.

« L'émergence de nouvelles réalités engendre de nouvelles complexités qui appellent de nouvelles solutions. Ce livre est un outil merveilleux qui encourage les familles à capitaliser sur leurs traditions et leurs valeurs afin de maximiser l'impact de leur philanthropie et répondre aux grands défis du monde actuel. »

Ramia El Agamy, Rédactrice en chef de *Tharawat Magazine*.

« Une fascinante exploration des divers moyens à disposition des familles pour mettre en place une philanthropie à fort impact tout en renforçant l'efficacité de l'entreprise familiale et la cohésion au sein de la famille. À travers de nombreux exercices et cas pratiques, ce guide propose une approche concrète et novatrice pour accompagner les familles dans la réflexion et l'élaboration de leur stratégie philanthropique. »

Rati Forbes, Directrice de Forbes Marshall et de la Fondation Forbes Marshall.

« Le *Navigateur de philanthropie familiale* est un livre unique et passionnant. Incontournable pour toute personne déjà engagée dans la philanthropie familiale ou qui désire s'y lancer. Il propose de nombreux outils pratiques et faciles à mettre en œuvre immédiatement pour booster votre philanthropie familiale. »

Risto Väyrynen, Responsable de la communauté entreprises familiales du World Economic Forum.

Peter Vogel
Etienne Eichenberger
Małgorzata Smulowitz

NAVIGATEUR DE PHILANTHROPIE FAMILIALE

Inspirer et guider les familles
dans leur voyage philanthropique

IMD

Real learning
Real impact

Chemin de Bellerive 23
P.O. Box 915
CH - 1001 Lausanne
Suisse
Tél : +41 21 618 01 11 - Fax : +41 21 618 07 07
www.imd.org

Version originale anglaise :

Family Philanthropy Navigator.
The Inspirational Guide for Philanthropic Families on Their Giving Journey.

Titre : Navigateur de philanthropie familiale
Sous-titre : Inspirer et guider les familles dans leur voyage philanthropique

Éditeur : IMD · International Institute for Management Development

Auteurs : Peter Vogel, Etienne Eichenberger, Małgorzata Smulowitz

Traduction française : Dupont & Smith

Coordination éditoriale : Charles Sellen

Graphisme : Maquette et création graphique par Housatonic.eu
Composé en Zeitung Pro et Merriweather

Dépôt légal : Septembre 2023

ISBN 978-2-940485-69-7

REMERCIEMENTS

merci beaucoup !

Pour créer le *Navigateur de philanthropie familiale*, il nous a fallu entreprendre un véritable périple, au cours duquel nous avons eu le plaisir et la chance de collaborer avec un grand nombre d'individus et d'organisations. Nous souhaitons les remercier ici pour leur soutien.

Nous tenons à remercier vivement la famille Mauvernay et le groupe Debiopharm, qui nous ont permis de réaliser notre rêve de contribuer au domaine de la philanthropie familiale en soutenant par une dotation la Chaire Debiopharm en Philanthropie familiale à l'IMD. Ils ont été d'un immense soutien depuis la création de la Chaire en septembre 2017, en particulier en ce qui concerne l'élaboration de la boîte à outils du *Navigateur* et la rédaction de l'ouvrage lui-même.

Nous souhaitons également remercier les autres membres de l'équipage qui nous ont rejoints dans cette grande aventure de la création du *Navigateur de philanthropie familiale*, et en particulier Matt Falloon, qui, avec son enthousiasme, sa patience et ses compétences éditoriales, nous a aidés à aborder sans encombre la rédaction initiale de l'ouvrage en anglais et à naviguer toutes voiles dehors. Nous aimerions aussi remercier les designers et graphistes Alfredo Carlo, Marcello Petruzzi et Beatrice Schena de l'agence de design Housatonic, qui nous ont non seulement aidés à produire cet ouvrage, mais nous ont accompagnés tout au long de ce processus et des nombreux ateliers que nous avons animés pendant la phase de validation de la boîte à outils.

Nous n'aurions pas pu arriver à bon port sans le soutien d'un certain nombre de personnes vraiment formidables qui ont consacré temps et énergie à nous appuyer lors de nos différents ateliers, webinaires, ou réunions informelles, en nous apportant leurs précieux commentaires et en nous encourageant à honorer la promesse que nous avions faite : Allen Adler, le Dr Dora Borenstein-Cognié, Régis Burrus, Matthew Crudgington, Ariane Duccor, Rati Forbes, Sabrina Grassi, Lynda Mansson, Loïc Pfister, le Dr Patrick Reichert et Bernard Vischer. Nous remercions particulièrement Alexander Osterwalder, qui nous a habilement guidés au début de notre voyage et nous a aidés à structurer notre processus d'écriture afin de concevoir un ouvrage instructif, agréable et facile à utiliser.

Nous sommes extrêmement reconnaissants à toutes les familles d'entrepreneurs qui ont contribué à cet ouvrage en partageant généreusement avec nous leurs récits de philanthropie, sans aucune retenue, donnant lieu aux études de cas qui sont présentées en fin de chaque section. Nous souhaitons remercier en particulier Maria Ahlström-Bondestam, Sumitra Aswani, Manuel José Carvajal, Sara Ojjeh et sa sœur Lia Ojjeh Martin, Thierry Mauvernay et Cédric Mauvernay, Kristian Parker, Marianne Ruggieri, Ahu Serter et le Dr Mary Ann Tsao, avec qui nous avons eu le plaisir de travailler pour découvrir l'œuvre philanthropique de leurs familles.

Merci aux différents acteurs du Family Business Network, lesquels ont apporté tout leur soutien au projet dès ses débuts. Nous souhaitons remercier en particulier Alexis du Roy de Blicquy, Farhad Forbes, ainsi que tous les directeurs de sections qui nous ont aidés à contacter plus de 70 familles de leur réseau mondial afin de mener des entretiens pour mieux comprendre les identités et les pratiques philanthropiques.

Nous sommes très reconnaissants envers l'équipe de WISE philanthropy advisors, et tout particulièrement Maurice Machenbaum, Martial Paris et Maël Steiner, qui se sont appuyés sur leur expérience et leur approche pionnière en matière de philanthropie pour nous guider et nous offrir des conseils pratiques sur la philanthropie familiale. Bruno Auer et Philippe Depoorter ont également été d'un grand soutien sur toute la durée du projet.

Nous remercions aussi tout particulièrement l'IMD, ainsi que plusieurs de ses départements et des personnes qui y travaillent. En premier lieu, nous souhaiterions remercier Jean-François Manzoni, le président de l'IMD, pour son soutien sans faille des nombreuses activités de la Chaire, et tout particulièrement de ce projet d'ouvrage. Nous sommes également profondément redevables à Anand Narasimhan, qui, en ses qualités de membre du conseil consultatif de la Chaire Debiopharm et de doyen de la faculté de l'IMD, fut un soutien incroyable pour ce projet, comme l'a été l'ensemble de l'équipe du Global Family Business Center, à savoir Matthew Crudgington, Virginie Boillat-Carrard et Lise Moller. Enfin, nous n'aurions pu mener ce projet à terme sans l'aide précieuse de nos équipes éditoriales et de communication.

Notre travail s'appuie sur celui de nombreux visionnaires remarquables et très engagés, dont nous aimerions mentionner quelques noms. Nous remercions tout particulièrement Sharna Goldseker et 21/64 pour leur excellent travail d'élaboration de cadres et d'outils à destination des philanthropes. Nous tenons également à exprimer notre gratitude au Dr John Davis du Cambridge Family Enterprise Group pour son travail précurseur dans le champ des entreprises familiales et de sa vision holistique et écosystémique du sujet. Enfin, nous exprimons notre reconnaissance à l'organisation Philanthropic Initiative, sise à Boston, pour son travail sur la mobilisation de la nouvelle génération de philanthropes.

Pour la version française, nous voudrions exprimer notre reconnaissance aux partenaires qui ont cru à la traduction de ce livre pour un lectorat francophone et l'ont soutenue via leurs organisations : Olivier Brault, Sabine Roux de Bézieux et Kristina Vayda, la Famille Delmas, Régis Burrus, ainsi que Magid Khoury. Nous remercions les traducteurs de l'agence Dupont & Smith ; Charles Sellen qui a assuré la coordination éditoriale et la réécriture stylistique ; ainsi que Pauline Borg qui a soutenu ce processus.

Ces dernières années, nous avons eu l'occasion de présenter et de tester plusieurs versions du *Navigateur* lors de séminaires de réflexion auxquels ont assisté de nombreux philanthropes et membres de la jeune génération de donateurs. Ils méritent toute notre reconnaissance pour avoir partagé leur temps et leurs expériences avec nous.

Enfin, cet ouvrage a été façonné par les connaissances et l'expérience des nombreux individus et organisations avec lesquels nous avons eu le privilège de travailler au cours des dernières décennies.

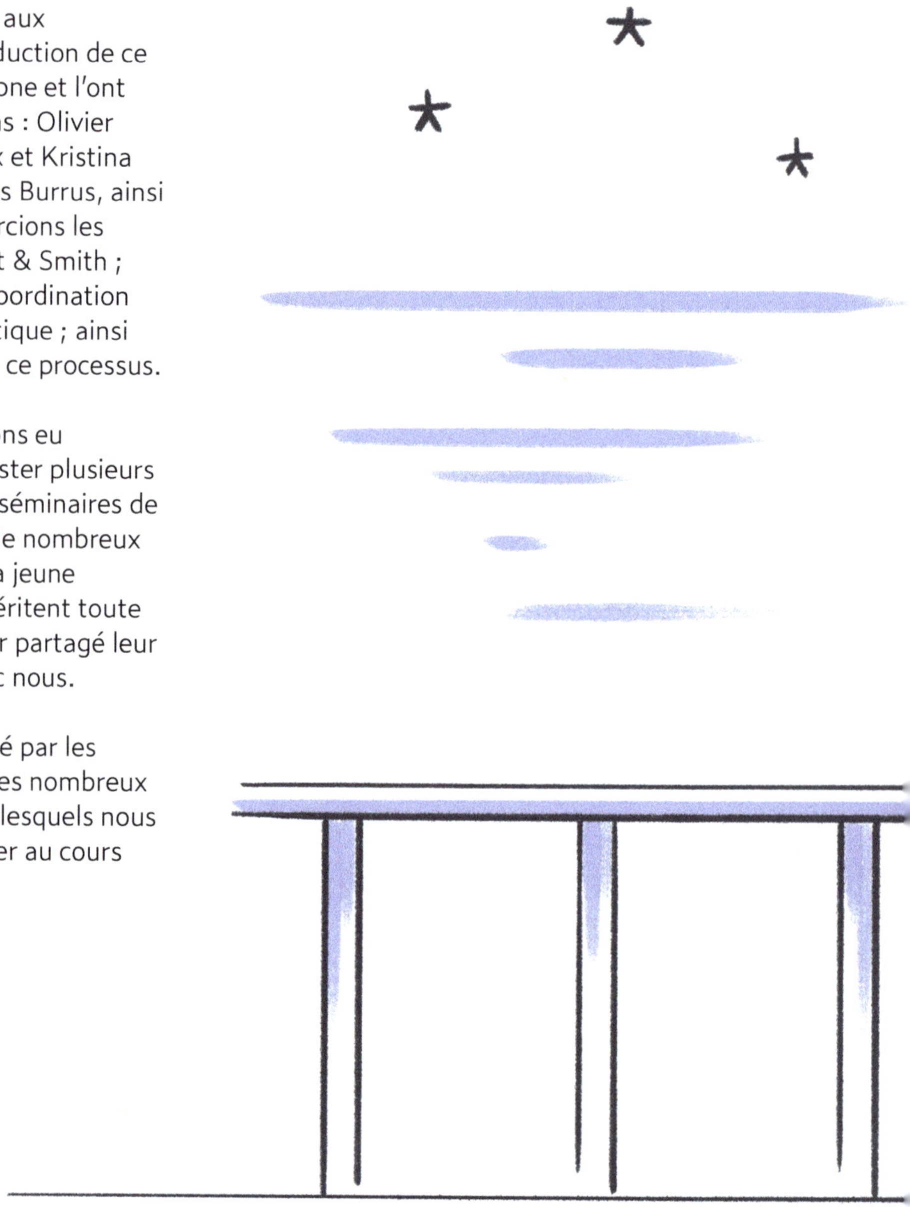

Ce livre est le fruit d'un effort collectif auquel ont participé de nombreux types de parties prenantes. Voilà bien l'esprit du ***Navigateur de philanthropie familiale*** et des idées que nous proposons effectivement tout au long de cet ouvrage : construire un écosystème fort de partenaires autour de soi permet de s'attaquer à quelques-uns des grands défis sociétaux et environnementaux. Partager et échanger avec autrui, créer et apprendre ensemble, c'est un état d'esprit et un mode de travail auquel nous sommes très attachés. Sur ce, nous vous souhaitons un excellent voyage !

Peter Etienne Małgorzata

PRÉSENTATION DE L'ÉQUIPAGE

Peter Vogel

« À mes trois enfants, Sophie, Nina et Alex, qui auront, je l'espère, un avenir radieux. »

La Chaire Debiopharm en Philanthropie familiale de l'IMD a pour mission d'aider les familles philanthropes néophytes ou expérimentées à s'engager pour le bien commun de manière structurée, organisée et efficace, et d'intégrer leur projet philanthropique à leur écosystème d'entreprise familiale.

J'espère que cet ouvrage sera une source d'inspiration pour les familles dans leurs activités philanthropiques. Lors d'ateliers organisés en marge du développement du *Navigateur*, je me suis réjoui de voir des philanthropes accomplis découvrir de nouvelles perspectives et trouver du plaisir à s'approprier la boîte à outils.

Mon souhait ultime, c'est que le *Navigateur* devienne un ouvrage de référence au service de familles du monde entier qui aspirent à véritablement changer les choses par leur philanthropie.

Etienne Eichenberger

« Toute ma gratitude à ceux qui m'aiment, et toute ma confiance à ceux qui nous suivront. »

Mon expérience de co-fondateur de WISE philanthropy advisors m'a convaincu que, dès lors qu'elle est bien organisée, la philanthropie a un rôle à jouer dans l'élaboration de solutions innovantes et durables aux défis actuels, aussi bien locaux que mondiaux. Mais la philanthropie peut également devenir un voyage extrêmement enrichissant permettant de fédérer les générations.

La philanthropie est souvent d'abord un cheminement personnel avant de devenir une démarche plus structurée, à l'instar de celle que propose cet ouvrage. Loin de préconiser une solution unique, le *Navigateur* pose huit questions clés pour accompagner le développement d'un projet familial.

Mon souhait, c'est que ce livre incite les familles à engager la discussion pour que chacun se sente à même de donner plus, donner mieux et donner plus intelligemment.

Alfredo Carlo, Marcello Petruzzi et Beatrice Schena

Notre studio de design, Housatonic, a pour vocation de faciliter la communication entre les personnes et nous sommes fermement convaincus que le design bien utilisé peut aider les organisations et les communautés à être plus inclusives et durables, se rapprochant d'ailleurs ainsi de la philanthropie.

Ce projet vient prouver que la philanthropie n'est pas réservée à une petite minorité, mais peut être une aspiration pour le plus grand nombre, et que nous pouvons tous contribuer à améliorer le monde de différentes manières et à de multiples niveaux.

Nous espérons que le *Navigateur de philanthropie familiale* permettra des discussions plus riches et encore plus poussées sur ce sujet qui nous concerne tous et qui est primordial pour l'avenir de notre planète.

Małgorzata Smulowitz

« À mes parents, pour leur amour et leur soutien. Ils sont une source de motivation et d'inspiration depuis bien des années. »

La philanthropie est un sujet complexe et peut le devenir encore plus lorsqu'elle répond à des motivations familiales.

Ma contribution au domaine de la philanthropie familiale provient de mes recherches à la Chaire Debiopharm en Philanthropie familiale. Grâce à celle-ci, j'ai eu le plaisir de rencontrer un grand nombre de personnalités bienveillantes du monde des affaires qui ont généreusement partagé avec nous leurs expériences philanthropiques, dans leurs succès comme leurs échecs. Nous sommes particulièrement redevables à toutes ces familles d'entrepreneurs qui ont soutenu et pris part au projet de recherche. Nous saluons le courage avec lequel elles s'engagent pour contribuer au bien commun là où le besoin se fait le plus sentir. Leur soutien et les retours reçus lors de la mise au point du *Navigateur* nous confortent dans la conviction que cet outil est, aujourd'hui plus que jamais, vraiment nécessaire.

J'espère sincèrement que le *Navigateur* allumera la flamme de la philanthropie en chacun de nous et au sein de chacune de nos familles.

Matt Falloon

Les partenariats sont essentiels à la philanthropie, et ils se sont révélés tout aussi importants dans la création de cet ouvrage unique en son genre. Partant de points de vue et d'expériences différentes, nous avons rapidement formé une équipe soudée autour d'un objectif commun. De nombreuses approches et idées ont été examinées, et nous avons tracé un chemin en travaillant ensemble dans un esprit d'émulation.

J'espère que vous ressentirez cet esprit de partenariat tout au long de l'ouvrage et qu'il vous stimulera. Après tout, une philanthropie familiale efficace passe par le fait d'apprendre à travailler avec des partenaires très différents dans un esprit d'égalité, de respect et de solidarité afin que chacun puisse atteindre sa destination.

AVANT-PROPOS

Thierry Mauvernay,
Président de Debiopharm

Philanthropie et impact social

Il y a quelques années, après avoir offert 10 000 dollars de sa poche, une célèbre actrice est parvenue à récolter 1 million de dollars auprès d'hommes d'affaires. Cette somme a permis d'offrir gratuitement à la Tanzanie 350 000 moustiquaires, moyen reconnu de lutte contre le paludisme, qui est un fléau dans ce pays. Mais ce tissu a été souvent utilisé pour réaliser des robes de mariées. De plus, les commerçants locaux se sont plaints. Cette aide a déstabilisé le réseau économique local. Comme l'a rapporté un quotidien, les professionnels de l'aide au développement ont également mis en doute l'efficacité de cette action ponctuelle, lui préférant un programme de distribution de bons offrant une remise de 80 à 90% à l'achat de moustiquaires. Ce dernier exige une contribution de la part de personnes très pauvres, mais il a un impact durable parce que dans la culture locale, ce qui est gratuit n'a pas de valeur. L'idée était bonne. Mais en matière de philanthropie, un sac à dos et des bonnes intentions ne suffisent pas. On ne s'improvise pas donateur. Donner de manière efficace n'est pas aussi simple qu'il y paraît. Souvent le don spontané n'atteint pas les résultats attendus ni les bonnes personnes. Cela a été malheureusement souvent le cas lors des dernières catastrophes.

Gérer les dons de manière efficace

La philanthropie exige une gestion rigoureuse et professionnelle, même si la volonté d'aider son prochain naît souvent d'une émotion. Éprouver un coup de cœur pour une cause, c'est important. Cela permet de s'impliquer dans un projet, mais ce n'est pas suffisant pour avoir un impact positif et durable sur la vie des bénéficiaires. Il est impératif de savoir s'entourer d'experts qui maîtrisent les contraintes du terrain et les particularités culturelles locales.

Les sociétés familiales, qui représentent plus de 70% des entreprises dans le monde, contribuent ainsi largement à l'économie et à la philanthropie mondiales d'aujourd'hui. C'est pour cette raison que nous avons créé la « *Debiopharm Chair for Family Philanthropy* » à l'IMD à Lausanne, avec pour objectif d'augmenter l'impact social et financier des familles donatrices. Cette Chaire a pour but de développer le champ des connaissances en philanthropie familiale, de faire connaître les meilleures pratiques et d'offrir aux donateurs des outils permettant de renforcer l'analyse, les processus décisionnels, les indicateurs de performance et de gouvernance.

Une approche professionnelle de la philanthropie consiste à utiliser de manière optimale des ressources forcément limitées : c'est la définition même d'une bonne gestion. Les ressources seront toujours largement inférieures aux besoins. Et ne pas gérer de manière rigoureuse l'argent des dons, qui est, plus que nécessaire, souvent vital, c'est terriblement dommageable. Au Vietnam, par exemple, grâce à des prêts de 50 à 150 dollars, les revenus de milliers de familles sont passés, en trois à quatre ans, de 50 cents par jour et par personne, – à ce stade-là, on est dans la survie – à plus d'un dollar par jour – à ce moment-là, on bascule dans la vie. Cette différence peut sembler minime, mais, pour ces personnes, elle change tout. Une action philanthropique bien menée permet aussi d'actionner des effets de levier, par exemple de mobiliser des financements publics, qui démultiplient l'impact de l'aide privée. Dans certains pays, il y a des programmes de financement grâce auxquels quand un dollar est donné, l'Etat investit une somme identique.

Le don bénéficie aussi au donateur

Le don peut aussi bénéficier au donateur. Très souvent, dans une famille, l'argent ne fédère pas. Il divise. Le temps ne fédère pas non plus, mais sépare les générations. Ce qui réunit les hommes et les femmes, ce sont les valeurs. Aujourd'hui, en entreprise, en général les collaborateurs veulent donner un sens à leur travail. Lorsqu'ils cherchent un emploi par exemple, ils se renseignent sur leur futur employeur, sur ses activités et sur ses valeurs aussi. Debiopharm compte parmi ses collaborateurs 41 nationalités, qui viennent d'horizons divers. Ils ont des cultures et des âges différents. Comment les réunir autour d'un projet ? J'aime à dire que nous sommes tous semblables, mais pas identiques. Ce qui va nous rassembler, c'est de partager les mêmes valeurs. La philanthropie familiale devrait permettre aussi bien de fédérer les membres de la famille que le personnel de l'entreprise autour de valeurs communes.

C'est pourquoi le second objectif de cette Chaire consiste à envisager la philanthropie comme un catalyseur pour la transmission de valeurs dans l'entreprise et entre les différentes générations. La philanthropie peut devenir un outil de management renforçant les liens par le biais de valeurs partagées, contribuant ainsi à la pérennité. Comme l'a prédit André Malraux, le XXIe siècle sera spirituel ou ne sera pas. Pour moi, spiritualité et valeurs sont des notions très complémentaires. A l'avenir, le matérialisme aura une limite. Il faut aussi donner du sens à nos actions. La philanthropie peut donner ce sens. Nous devons tout faire pour l'encourager.

Le *Navigateur de philanthropie familiale* constitue une contribution importante et opportune aux besoins et au rôle changeants de la philanthropie, dans le monde dans son ensemble comme au sein des écosystèmes d'entreprises familiales. L'ouvrage s'inscrit dans la lignée de la mission de la Chaire en Philanthropie familiale de l'IMD en aidant des familles de toutes tailles et de tous profils à comprendre, professionnaliser et optimiser leur philanthropie au moyen d'outils simples et pratiques et grâce à des conseils d'experts universitaires et de praticiens de premier plan. J'espère de tout cœur que ce guide sera largement utilisé à travers le monde et que les familles y trouveront une source d'inspiration, un déclencheur pour engager ou approfondir des conversations familiales, et, à terme, un catalyseur pour améliorer l'état du monde grâce à la philanthropie.

Préparez votre voyage philanthropique

La nécessité d'un Navigateur de philanthropie familiale

Bienvenue à bord du *Navigateur de philanthropie familiale*, votre guide personnel vers un parcours altruiste, gratifiant et riche en impacts, que vous soyez philanthrope néophyte ou chevronné.

Êtes-vous un philanthrope qui démarre et qui rêve d'avoir un impact positif sur le monde ? Un philanthrope accompli désireux d'affiner la démarche de votre famille ? Ou peut-être une famille philanthrope expérimentée qui souhaite repartir à zéro et changer d'approche ?

Dans chacun des cas, le *Navigateur de philanthropie familiale* est fait pour vous.

Notre intention est simple : proposer un parcours balisé, tout-en-un, pratique et interactif pouvant être emprunté par tout philanthrope, novice ou expérimenté, pour commencer ou améliorer sa démarche, quelles que soient ses circonstances, ses ressources ou ses ambitions.

Vous vous demandez peut-être : pourquoi un *Navigateur* ? La réponse est que la philanthropie ne se résume pas à l'expression d'une foi aveugle ou à un simple geste de bonté. Si vous pouvez très bien vous engager sur le chemin de la générosité en partant d'une vision inspirante pour changer le monde ou en commençant par un premier acte de bienveillance, vous réaliserez vite avoir embarqué dans une véritable expédition qui s'assimile à un voyage en mer. Or, tout voyage réussi passe par une compréhension fine de là où vous êtes, là où vous souhaitez vous rendre et du meilleur moyen pour vous y rendre. Sur un navire, la personne qui est généralement responsable de cette tâche est le « navigateur » : c'est pourquoi nous avons opté pour la métaphore filée d'un navire appareillant pour un grand voyage vers des territoires inconnus.

A cet égard, il convient de rappeler qu'un vaisseau dispose de nombreuses manières de parvenir à bon port, et il existe en outre de nombreux ports et de nombreux types de navires. Dans le domaine de la philanthropie comme en mer, il n'y a pas de garantie d'une traversée sans risque. Ce qui importe, c'est

de se fixer des objectifs et de tracer la voie à suivre qui vous corresponde au mieux, à vous-même et à votre famille. La réussite en philanthropie revêt une signification différente d'une personne à l'autre, et elle est fonction de vos circonstances particulières et de vos préférences individuelles.

Nous estimons qu'il n'y a pas d'approche « correcte » ou « incorrecte » de la philanthropie et que tout parcours comptera des réussites et des échecs dont on peut apprendre et que l'on peut partager. Pour autant, dès lors qu'on adopte une démarche réfléchie et structurée, la philanthropie familiale peut devenir une vocation engageante, avec un véritable impact. Dès que vous commencerez à voir que vous pouvez contribuer à changer le monde, il est possible que cela devienne une passion pour la vie.

Beaucoup de philanthropes, qu'ils soient néophytes ou confirmés, se poseront l'éternelle question de savoir comment naviguer avec succès dans le monde de la philanthropie pour atteindre leurs objectifs. Comment choisir sa destination et comment s'y rendre ? Combien de temps cela prendra-t-il ? De quoi aurez-vous besoin pour mener à bien ce voyage ? Comment pouvez-vous mobiliser vos ressources ainsi que vos réseaux personnels et professionnels afin de devenir plus efficace ? Que se passe-t-il si vous partez à la dérive ?

La philanthropie peut être mise au service de fins diverses. Il s'agit avant tout de donner des ressources personnelles pour l'intérêt général, néanmoins elle peut aussi apporter d'énormes retombées positives pour la famille elle-même. Pour beaucoup de familles, elle est devenue partie intégrante de l'écosystème d'entreprise familiale ainsi qu'un véhicule permettant d'assurer la cohésion et l'engagement de la famille toutes générations confondues.

Chercher à assurer l'équilibre entre ces buts multiples de manière simultanée exige de naviguer avec prudence. Ayant assisté aux nombreuses tribulations rencontrées par des familles philanthropes nouvelles et expérimentées, nous avons créé ce livre et cet outil pratique pour rendre votre voyage à travers le monde du don aussi intelligible, agréable et fructueux que possible.

Chaque famille est unique et chaque parcours de philanthrope l'est également, mais il existe des méthodes éprouvées, des siècles de savoir-faire et un corpus croissant d'éclairages et de conseils d'experts qui peuvent aider à vous guider alors que vous vous apprêtez à entreprendre votre voyage.

Pour écrire ce livre, nous avons mis à profit des décennies d'expériences partagées à travailler avec des philanthropes du monde entier. Nous avons été témoins de leurs défis particuliers, exploré les meilleures pratiques et les tendances du moment, partagé leurs réussites et leurs labeurs, et aidé des familles de toutes sortes et tailles à réellement changer les choses.

Toutes les familles d'entrepreneurs peuvent s'embarquer dans un voyage philanthropique, quels que soient leurs centres d'intérêts, leurs ressources et leurs ambitions. Les opportunités sont nombreuses : financer des activités de plaidoyer sur le changement climatique, investir dans des vaccins ciblant de nouvelles épidémies, soutenir une université, donner à un musée, prendre fait et cause pour l'éducation de populations défavorisées vivant dans des contrées lointaines…

S'engager sur la voie d'une générosité durable amène à se heurter à beaucoup plus d'obstacles que l'on pourrait s'y attendre. Depuis le fait de gérer les dynamiques familiales et de bâtir des partenariats robustes au fait de choisir les structures adéquates de gouvernance et de mesure d'impact, la philanthropie peut rapidement devenir une aventure palpitante, un peu comme peut l'être un voyage transocéanique.

Même les marins les plus habiles peuvent être victimes d'une fortune de mer ou dévier de leur route. Le *Navigateur de philanthropie familiale* cherche à permettre aux philanthropes de toutes sortes de tenir fermement la barre à travers la houle, les accalmies et les tempêtes et vous aider à piloter votre navire jusqu'à la destination choisie.

Avant toute chose, plantons le décor. Pourquoi la philanthropie est-elle si importante dans le monde d'aujourd'hui et pourquoi est-il important que les philanthropes s'intéressent à la manière de rendre leurs pratiques de don plus efficaces et efficientes ?

Un monde en évolution et l'importance croissante de la philanthropie

Les dirigeants du monde entier font face à des défis considérables, dont beaucoup semblent trop vastes pour être résolus par un seul groupe d'acteurs. La quatrième révolution industrielle est en train de bouleverser la manière dont nous vivons et dont nous travaillons, nous forçant à reconsidérer nos stratégies et nos convictions profondes.

En outre, le monde fait face à des défis majeurs sur le plan sociétal et environnemental, illustrés par les Objectifs de développement durable (ODD) énoncés par l'ONU dans son Agenda 2030. La fracture entre les riches et les pauvres se creuse de manière inexorable, tandis que les inégalités et la pauvreté deviennent endémiques dans de nombreux lieux, qu'il y a une crise persistante du chômage des jeunes partout dans le monde et que la pression démographique s'accentue du fait d'une population qui croît et qui vieillit à la fois. La croissance et l'expansion économique de ces dernières décennies nous rattrapent et menacent de dégrader sans retour nos systèmes océaniques, atmosphériques et terrestres. Nous approchons des points de basculement critiques, comme l'illustre la symbolique « Journée du Dépassement mondial », qui marque la date à laquelle la demande de l'humanité en ressources et services écologiques au cours d'une année donnée dépasse ce que la planète peut régénérer au cours de cette même année.

Jamais nos dirigeants n'auront-ils été aussi hésitants sur les réponses à apporter à ces questions et défis. Pourtant, ces questions exigent une attention immédiate de la part des pouvoirs publics, des entreprises et de la société dans son ensemble. Le contrat social entre les différentes parties prenantes évolue et nous force tous à repenser nos positions et notre rôle au sein de l'économie et la société. Surmonter ces défis n'est en rien facile, car il n'existe pas de solution univoque. Il faut au contraire prendre des mesures collectives, étayées par une riche dynamique d'interactions entre les différentes parties prenantes que sont les institutions gouvernementales, les entreprises, le secteur associatif, les familles fortunées et les philanthropes, sans oublier le grand public. Dans ce foisonnement d'acteurs, les familles d'entrepreneurs jouent de longue date un rôle dans la réponse apportée aux grands défis sociétaux et environnementaux.

La philanthropie a beaucoup progressé au cours des dernières décennies et des siècles passés. Tout comme le monde qui nous entoure, la philanthropie est en constante mutation. Il s'agit d'un phénomène vivant et palpitant qui s'est formé au fil du temps, à mesure que les sociétés – et les familles – ont elles-mêmes évolué. Nous aimerions prendre quelques instants pour dresser le tableau de ce domaine en constante évolution qu'est la philanthropie afin d'illustrer certaines des plus grandes tendances façonnant la pratique actuelle de la philanthropie organisée.

Les trois âges de la philanthropie

C'est dans la tragédie grecque intitulée *Prométhée enchaîné* qu'apparaissent pour la première fois, il y a 2 500 ans, la notion et le mot de « philanthropie ». Celle-ci voit le généreux titan puni pour avoir bravé Zeus en offrant à l'humanité le feu, l'espoir, l'art et les sciences : Prométhée y est décrit comme un ami du genre humain – *philanthrôpos tropos*. Cette idée d'améliorer le sort d'autrui, même s'il en coûte, s'est imposée et est demeurée à ce jour une pierre angulaire de la philanthropie.

Si le terme actuel de philanthropie provient du grec ancien, le concept de don caritatif s'est manifesté dans presque toutes les cultures et religions du monde. Depuis ces prémices, la philanthropie, ce désir d'améliorer le bien-être d'autrui en allouant des ressources à de justes causes, s'est imposée en tant que force influente et très bien organisée au service du bien commun. Beaucoup de familles d'entrepreneurs du monde entier sont actives sur le plan philanthropique, que ce soit en partageant les richesses issues de la réussite d'une entreprise familiale, en donnant de leur temps ou en apportant leurs compétences pour venir en aide à autrui. La philanthropie offre un moyen intéressant de susciter des changements positifs tout en renforçant les valeurs et la cohésion de la famille.

La philanthropie n'a pas évolué de façon homogène à travers le monde et de nombreuses variations ont germé dans différentes cultures et à différentes époques. On peut cependant distinguer trois grands âges. Nous nous y référons pour mieux en comprendre les mutations actuelles, ainsi que les courants qui agitent aujourd'hui le domaine de la philanthropie familiale.

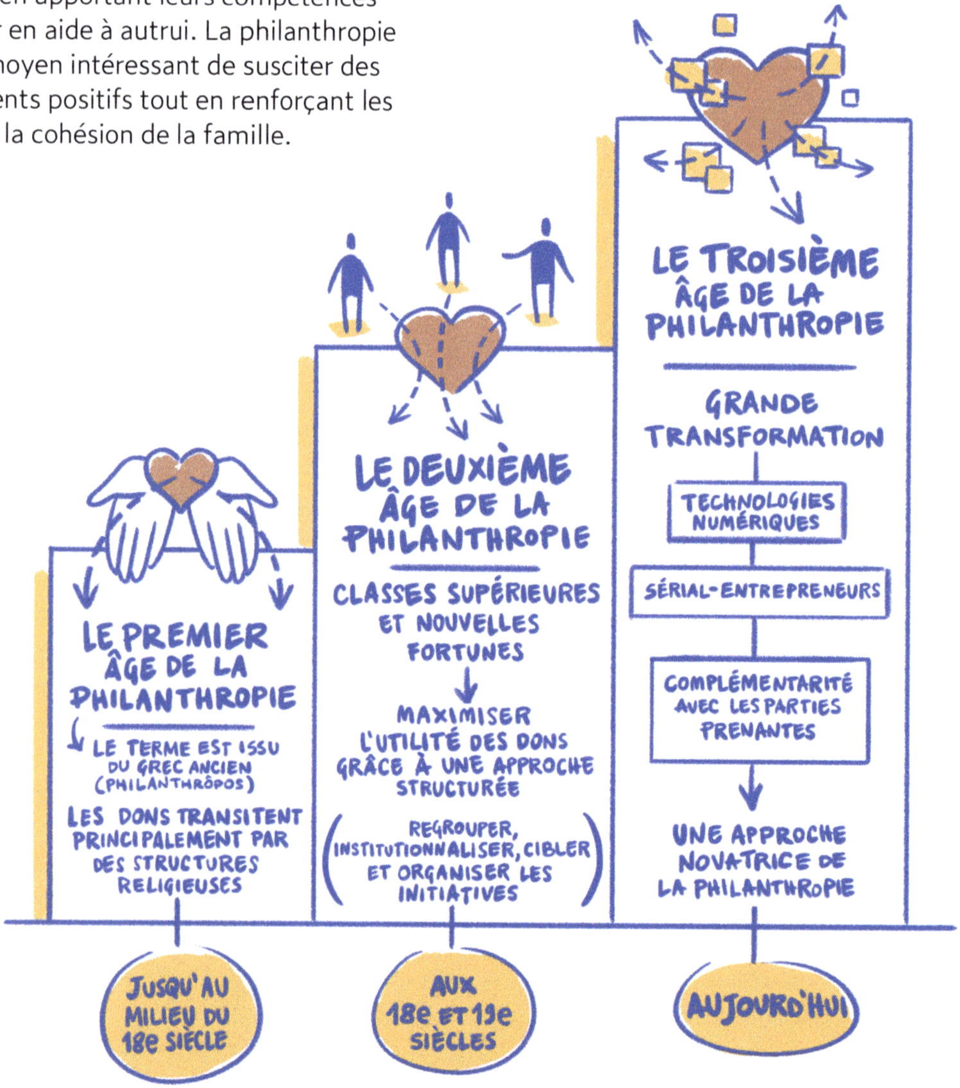

Le premier âge de la philanthropie

Pendant des siècles durant, et jusqu'au milieu du 18e siècle, les pratiques de don se résumaient à la charité et passaient essentiellement par le biais de structures religieuses. La plupart des religions intègrent en effet des prescriptions caritatives et encouragent l'aide aux moins fortunés par des formes de don organisé telles que la dîme (obligation morale de donner un dixième de ses revenus).

Depuis la pratique de l'aumône et les libéralités de monarques jusqu'aux traditions de charité collective des religions organisées, ce premier âge a posé les premières bases de la philanthropie, se développant autour du concept du partage de la richesse, quelle que soit sa taille et sa nature, par esprit de bienveillance, par sens civique, poussé par l'idée que l'on s'édifie par le don ou la foi que l'on recevra le salut éternel dans l'Au-delà.

Le deuxième âge de la philanthropie

Le second âge de la philanthropie apparaît au cours des 18e et 19e siècles, à une période où les classes supérieures et les familles et les individus s'étant bâtis de nouvelles fortunes ont cherché à rationaliser, institutionnaliser, focaliser et organiser leurs initiatives de bienfaisance dans l'intention de procurer un maximum de retombées positives pour la société.

L'on trouve un des premiers exemples intéressants de fondation caritative à Londres pendant le siècle des Lumières. L'Hôpital des Enfants-Trouvés était un établissement pionnier, fondé en 1739 par l'officier de marine Thomas Coram pour instruire, aider et loger des enfants démunis et pauvres. L'institution avait même reçu une charte royale qui définissait ses principes directeurs et ses objectifs et bénéficiait du soutien de nombreuses personnalités issues de l'aristocratie et de la noblesse de l'époque parmi ses administrateurs et donateurs.

À la suite de ces exemples de philanthropie organisée, la pratique a prospéré alors que la révolution industrielle a transformé les fortunes de nombreux pays et familles. George Peabody, qui est reconnu comme étant l'un des pères de la philanthropie moderne, a commencé à doter des bibliothèques et des musées aux États-Unis et à financer des logements pour les pauvres à Londres dans les années 1860. Son approche de la philanthropie a servi de modèle à Andrew Carnegie, John D. Rockefeller et beaucoup d'autres.

Le troisième âge de la philanthropie

Ces dernières décennies, la philanthropie connaît une autre mutation majeure, due en partie aux innovations liées aux nouvelles technologies, au déferlement d'une nouvelle vague de « sérial-entrepreneurs » et la nécessité d'œuvrer ensemble avec d'autres parties prenantes ayant des approches différentes du don.

Les nouvelles pratiques philanthropiques sont façonnées et caractérisées par un certain nombre de tendances qui les démarquent de celles des philanthropes traditionnels.

LES NEUF TENDANCES DE LA PHILANTHROPIE MODERNE

1. LA PHILANTHROPIE DEVIENT PLUS INCLUSIVE

Sous l'influence des avancées technologiques, le don s'est fortement démocratisé. La collaboration de masse permet à tout un chacun d'apporter une contribution pour le plus grand bien de la société, tandis que les « places de marché » numériques de la philanthropie permettent de prendre part au financement de causes spécifiques, même à hauteur de seulement quelques deniers. Enfin, des fonds collaboratifs commencent à faire leur apparition, conjuguant les ressources de nombreux donateurs pour gagner en efficacité.

2. LA NOUVELLE GÉNÉRATION, AGENT DU CHANGEMENT

Nous vivons l'un des plus grands transferts de richesse de l'histoire de l'humanité avec l'accession d'une nouvelle génération (en grande partie des membres de la Génération Y dite « *Millennials* », et des « enfants du numérique », surnommés « *digital natives* ») à des positions de pouvoir au sein de leurs familles et aux rênes des sociétés familiales. Ils apportent un nouvel état d'esprit et de nouvelles idées et ont un sentiment profond de responsabilité qui les pousse à devenir des acteurs du changement.

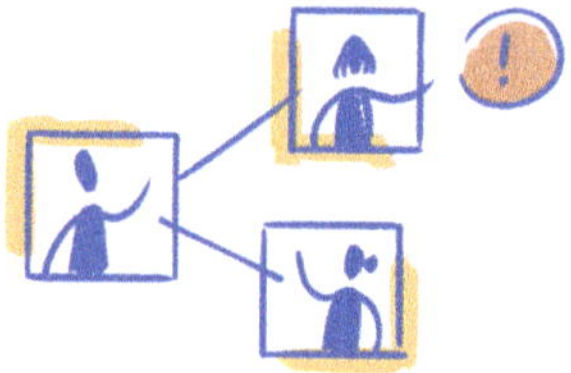

3. UNE CONSCIENCE MONDIALE EN TEMPS RÉEL

L'accès à Internet s'est démocratisé et a braqué les projecteurs sur une multitude de besoins et de causes dans le monde entier, améliorant leur visibilité auprès des donateurs et sensibilisant ainsi le grand public. Il est maintenant plus facile pour les donateurs de nouer des liens avec des causes ou des organisations à travers le monde pour que des solutions puissent être trouvées.

4. L'ATTRAIT CROISSANT DU MODÈLE DU CAPITAL CONSOMPTIBLE

De nombreux philanthropes font désormais le choix de dépenser leurs fonds jusqu'à épuisement du capital initial (par le biais de fondations dites à capital consommable ou à dotation consomptible notamment) au lieu de faire don uniquement des intérêts générés par des fondations pérennes par exemple. Ils préfèrent donner de leur vivant plutôt que d'essayer de léguer quelque chose aux générations futures après leur décès.

5. L'émergence du phénomène des méga-donateurs

Ces dernières décennies, nous avons assisté à l'apparition d'un nouveau type de « méga-donateurs » : des individus qui ont accumulé leur fortune en l'affaire de quelques années, et non plus sur des générations, et qui choisissent d'utiliser (une partie de) leur fortune pour soutenir des causes. Des individus tels que George Soros, Bill Gates, MacKenzie Scott et Chuck Feeney ont mené la charge, cherchant à contrôler la manière dont ils contribuent à la société selon des modalités précises.

6. La montée en puissance de la collaboration

En cette nouvelle « ère de l'impact », l'on peut observer une convergence des différents groupes de parties prenantes qui sont collectivement à la recherche d'impact, et notamment des organisations caritatives et des philanthropes, des entreprises et des investisseurs traditionnels, ou encore des décideurs politiques.

7. La recherche systématique d'efficacité et d'impact

Il y a un tournant visible vers la recherche d'un impact mesurable et durable pour la philanthropie. Les donateurs exigent des indicateurs clés de performance clairs (ce qui est évidemment plus facile pour certains projets que pour d'autres) afin de s'assurer que leur argent est mobilisé de manière efficace et efficiente.

8. Les enjeux priment sur la géographie

À l'heure des ODD 2030 de l'ONU, la philanthropie porte de plus en plus sur des enjeux et des causes spécifiques plutôt que sur des emplacements géographiques. Les philanthropes agissent souvent au niveau mondial plutôt que local.

9. La recherche de cohérence globale

Bon nombre de familles adoptent une approche plus cohérente de la philanthropie en alignant étroitement leurs dons sur les activités de leur entreprise dans le cadre d'une démarche globale marquée par le sens de la mission et la quête de valeur sociétale.

Du fait de ces tendances de fond, la philanthropie se professionnalise et devient plus organisée et transparente. Davantage de familles recherchent en effet un impact durable et mesurable, obtenu en toute efficacité par le biais de partenariats performants bâtis à tous les niveaux de l'écosystème philanthropique. Dans les années à venir, ces tendances continueront à gagner en importance et à transformer le domaine de la philanthropie familiale.

Philanthropie et famille

Au fil des mues de la philanthropie à travers les âges, les familles d'entrepreneurs se sont également adaptées à leur époque en répondant à leurs propres besoins et aux exigences de l'économie locale ou mondiale. En parallèle, le rôle de la philanthropie au sein des familles a suivi un processus d'évolution similaire.

En effet, la philanthropie n'est plus considérée comme un simple véhicule distinct permettant aux familles d'entrepreneurs de « faire le bien ». Les familles philanthropes les plus efficaces considèrent que la philanthropie fait partie intégrante de l'écosystème d'entreprise familiale, lequel comprend l'entreprise (ou les entreprises), le *family office* et les autres investissements, les activités liées à la famille ou à l'actionnariat, ainsi que les initiatives philanthropiques et d'impact social.[1]

C'est en appréhendant toute l'étendue de leurs activités et leur agencement que les familles peuvent grandir ensemble dans la cohésion et connaître le succès sur plusieurs générations.

De fait, loin d'être une anomalie ou une préoccupation secondaire, la philanthropie joue désormais un rôle fondamental pour les familles d'entrepreneurs. Pour paraphraser les propos de l'ancien président des États-Unis John F. Kennedy, la question n'est plus seulement de savoir ce que les familles peuvent faire pour la philanthropie, mais ce que la philanthropie peut faire pour les familles. Certes, les familles philanthropes accomplissent une fonction essentielle en aidant à relever les défis de la planète, mais la philanthropie répond également à une finalité intrinsèque et positive au sein de la structure familiale.

La philanthropie peut offrir un espace relativement neutre aux familles pour leur permettre de développer une compréhension partagée et de donner lieu à des conversations et des expériences partagées entre les générations tout en contribuant au bien commun.

1. L'expression anglaise *family enterprise system* (que nous traduisons ici par « écosystème d'entreprise familiale ») a été inventée par John Davis en 2013.

La philanthropie aide à équiper les membres de la famille de compétences ou de comportements qui sont importants pour assurer la pérennité et la longévité du système familial (comme le concept d'héritage familial, le soutien mutuel, la culture financière ou la gestion de projets), ainsi qu'une haute idée de la responsabilité qui accompagne la fortune.

La philanthropie peut également servir de véhicule d'inclusion en renforçant le pouvoir d'action de membres de la famille qui n'auraient peut-être pas autrement pris une part active dans l'entreprise familiale, leur permettant d'apporter une contribution valable à l'entreprise familiale sur la base de leurs compétences ou talents propres.

La philanthropie peut aussi fournir une opportunité aux différentes générations de se retrouver autour d'objectifs fédérateurs. Elle peut aider à préparer l'entrée de la jeune génération au sein de l'entreprise familiale et contribuer à ce que la génération aînée comprenne mieux les perspectives nouvelles de ses cadets.

La philanthropie permet de se constituer un capital social et réputationnel précieux en démontrant l'engagement de la famille à long terme en faveur du bon fonctionnement et de la stabilité de la société, facteur décisif pour toutes les familles. Elle peut également inspirer une plus grande loyauté parmi les salariés et susciter un sentiment de responsabilité plus aigu.

La philanthropie et sa fonction au sein des familles ont beaucoup progressé depuis ses humbles débuts. Non seulement la philanthropie est en train de devenir plus professionnelle et plus organisée, en réponse à un environnement toujours plus complexe, mais son importance pour la réussite à long terme et la cohésion des familles va également croissant.

C'est dans cette optique que nous avons élaboré le *Navigateur de philanthropie familiale*. Notre souci est de répondre au besoin d'orientations des familles novices ou initiées du monde entier et de leur fournir une boîte à outils complète et facile à utiliser pour qu'elles puissent tirer le maximum de leur philanthropie.

Introduction au Navigateur

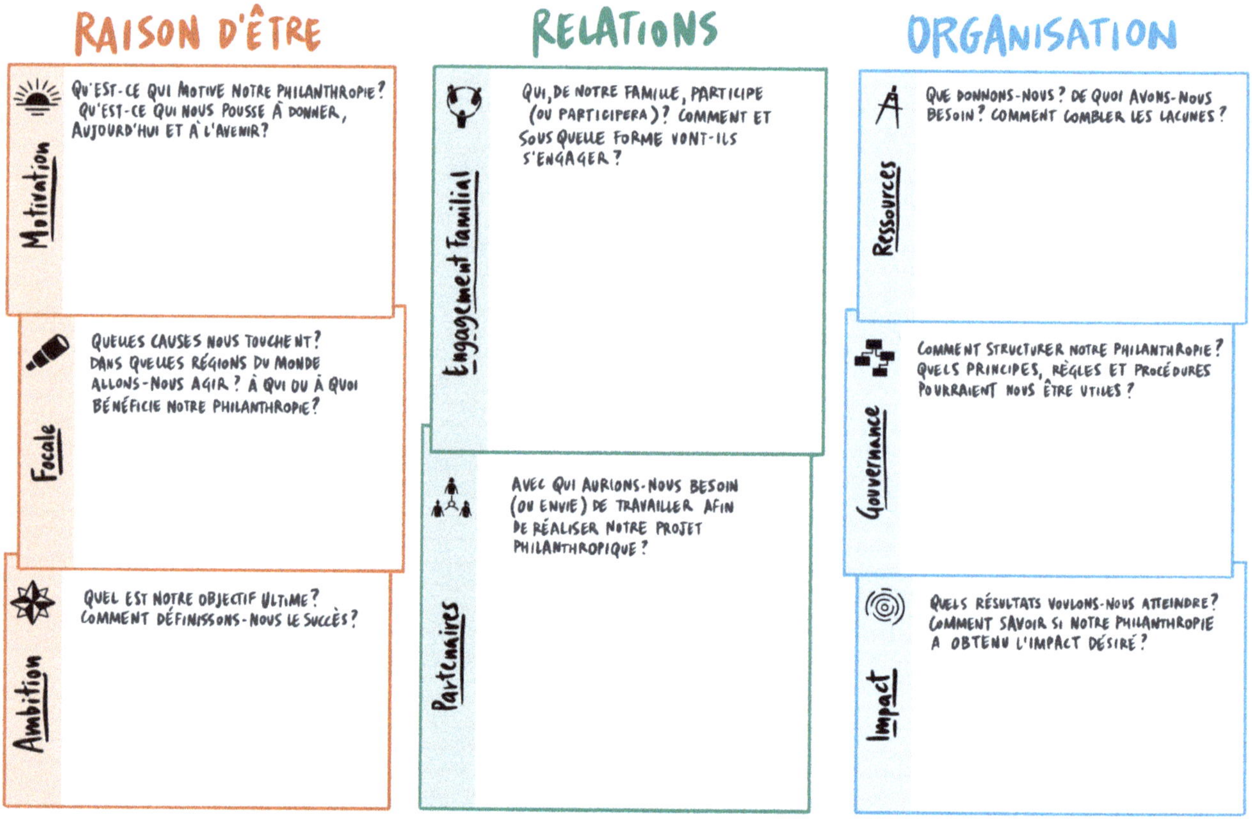

Au cours des années et des décennies passées, nous avons eu le plaisir de travailler avec de nombreuses familles d'entrepreneurs et philanthropes du monde entier dont le parcours est propre à nous inspirer en tant qu'universitaires, conseillers ou praticiens.

Nous avons observé que la plupart des difficultés et questions fondamentales qu'elles rencontraient étaient très semblables d'une famille à l'autre et que, dès lors, les exposer d'une manière structurée pouvait être très utile aux familles qui sont à la recherche de conseils et d'orientations dans leur parcours philanthropique.

Fin 2017, nous avons conçu un prototype du *Navigateur* que nous avons alors largement utilisé dans nos formations, ateliers et projets de recherche et dans nos prestations de conseil. Cet outil, et les activités qui l'accompagnent, ont suscité des discussions fécondes. Les réactions très positives des familles nous ont incités à rédiger le présent ouvrage.

Le *Navigateur de philanthropie familiale* est un guide pratique à l'usage des philanthropes néophytes ou expérimentés, ainsi qu'à leurs familles. Concret et attrayant, il amènera les familles à se réunir pour répondre aux questions fondamentales au cœur de tout parcours philanthropique : pourquoi, quoi, qui et comment ?

Le *Navigateur* est composé de trois grandes parties divisées en huit chapitres :

- → La **RAISON D'ÊTRE** de votre philanthropie, et ses composantes : la **motivation**, la **focale** et **l'ambition**.
- → Les **RELATIONS** dont vous avez besoin pour démarrer votre philanthropie, et ses composantes : l'**engagement familial** et les **partenaires**.
- → L'**ORGANISATION** de votre philanthropie, et ses composantes : les **ressources**, la **gouvernance** et l'**impact**.
- → Une section spéciale consacrée à l'**APPRENTISSAGE**, qui vous fournira un cadre pour pouvoir examiner, évaluer et améliorer votre philanthropie en continu.

POURQUOI et COMMENT

Le premier volet du *Navigateur de philanthropie familiale* s'intéresse à la **Raison d'être** de votre philanthropie. Elle interroge d'abord votre motivation à « entrer en philanthropie », puis explore les domaines prioritaires de vos dons, ainsi que votre ambition et vos objectifs.

QUI et AVEC QUI

Le deuxième volet du *Navigateur de philanthropie* familiale s'intéresse aux **Relations** tissées autour de votre philanthropie. Il s'agit de savoir qui de votre famille et de votre écosystème de partenaires il convient d'impliquer dans votre parcours, et comment ceux-ci peuvent contribuer de manière significative à votre réussite dans la durée.

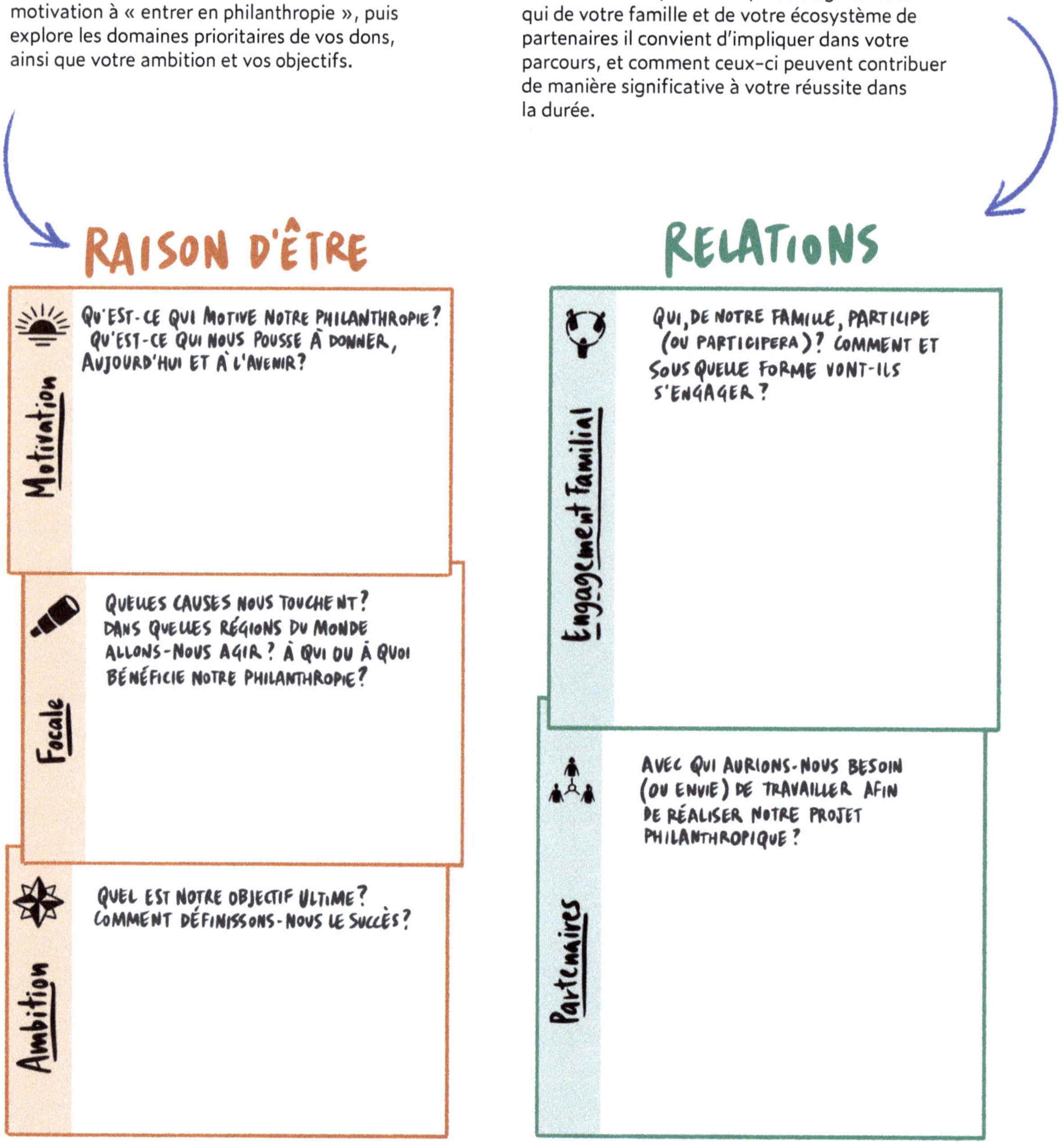

COMMENT

Le troisième volet du *Navigateur de philanthropie familiale* concerne le mode d'**Organisation** de votre philanthropie et porte sur les dimensions suivantes de votre aventure : les ressources, les mécanismes de gouvernance et l'impact (c'est-à-dire ce qui dans votre approche vous permet d'assurer des retombées positives dans la durée).

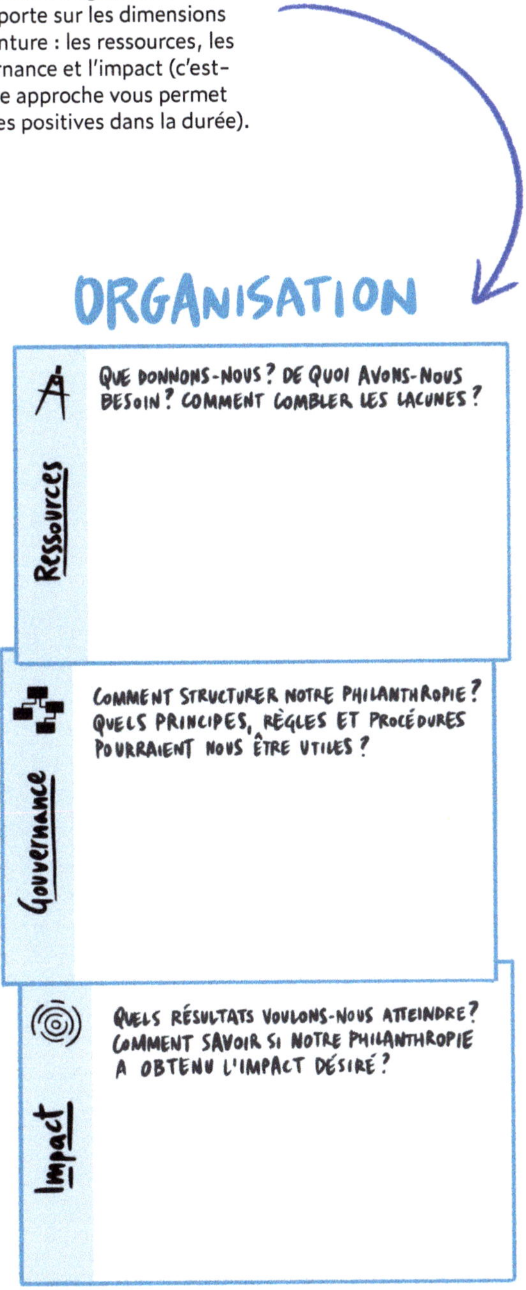

Comment utiliser le Navigateur

Il n'y a bien sûr pas de règles « gravées dans le marbre » sur la manière dont vous devriez utiliser le *Navigateur de philanthropie familiale*, mais nous recommandons deux approches.

1. La lecture de cet ouvrage de bout en bout, un chapitre après l'autre et en respectant les étapes, est sans doute la plus fructueuse si vous êtes un philanthrope néophyte, dans les premiers stades de votre parcours philanthropique, ou si vous êtes plus expérimenté et désireux de réévaluer votre philanthropie de façon holistique.
2. Vous pouvez également vous servir du *Navigateur* pour y puiser de l'inspiration sur un aspect spécifique de votre philanthropie. Rendez-vous dans ce cas directement au chapitre concerné. Cette approche est particulièrement utile pour les philanthropes chevronnés qui désirent évaluer ou améliorer un domaine particulier de leur pratique. Veillez alors à vous assurer que les éventuels changements restent cohérents avec votre approche globale.

Des chapitres structurés

Les différentes composantes du *Navigateur* sont présentées dans des chapitres distincts, lesquels suivent tous la même structure, avec une introduction, la présentation d'un certain nombre d'arbitrages et de choix à faire et de quelques activités pratiques à destination de vous-même et votre famille. Les chapitres sont regroupés en sections, lesquelles se terminent par des cas pratiques issus du monde entier.

Ajustez votre boussole (arbitrages)

Dans le cadre d'un projet de recherche commun avec le *Family Business Network* (FBN), nous avons mené des entretiens approfondis avec près de 100 familles philanthropes du monde entier. Nous avons réalisé qu'il existe presque autant d'identités et de pratiques philanthropiques qu'il y a de philanthropes. Nous recevions une multitude de réponses à chaque question, ce qui nous a finalement conduits à intégrer un total de trente-deux arbitrages dans ce livre. Ceux-ci ont pour vocation de vous aider à prendre des décisions capitales concernant votre parcours philanthropique.

Vous trouverez ci-contre un exemple d'arbitrage tel qu'il est présenté dans cet ouvrage.

Les arbitrages sont souvent présentés sur une échelle contrastant deux visions opposées, avec de nombreuses solutions hybrides situées entre ces deux extrémités. Des questions choisies peuvent vous aider à placer votre curseur, individuel et familial, sur ce spectre. Les différents membres de la famille auront sans doute des opinions très variées sur l'approche à suivre, ce qui conduira à des conversations déterminantes.

Nous vous recommandons de consacrer du temps à analyser chacun de ces arbitrages, à la fois seul(e) et en famille.

APPROCHE UNILATÉRALE — APPROCHE COLLABORATIVE

Donner en solo

Donner en collaboration avec d'autres

« Si tu veux aller vite, marche seul, mais si tu veux aller loin, marche avec les autres », dit le proverbe. En philanthropie, vous pouvez travailler seul(e) ou en configurations variées. Étant donné qu'une fondation n'a pas d'actionnaires, ni de « clients » ou de propriétaires, elle bénéficie d'une liberté d'action unique. Préférez-vous les prises de décisions rapides et l'autonomie du capitaine seul maître à bord du navire, ou comptez-vous faire participer d'autres donateurs (ou fondations) à votre aventure philanthropique ? Collaborer favorise l'émergence de nouvelles idées et de nouveaux réseaux, ce qui permet d'aboutir à de meilleurs résultats, mais requiert également un plus grand effort de coordination.

→ Souhaitez-vous déployer **seul(e)** votre philanthropie ? Sinon, dans quelles proportions souhaitez-vous **collaborer** avec d'autres **partenaires** (**fondations** ou autres) ?
→ Quel degré de **liberté** souhaitez-vous affirmer dans votre philanthropie ?
→ Comment **s'accorde** cette envie avec la « **Focale** » et les « **Ambitions** » de votre générosité ?

Activités

Les activités présentées dans cet ouvrage sont des exercices simples, utiles et pratiques, ayant pour but d'éclairer vos choix et de tester leurs implications au fur et à mesure de votre avancée.

Nous vous invitons à profiter de l'occasion pour engager le dialogue avec les membres de votre famille en utilisant ces activités comme un catalyseur et une plateforme de débat et de cocréation.

Il convient de noter que certaines activités ont une nature transverse et touchent à différentes parties du *Navigateur* parce qu'elles concernent des sujets qui sont intimement liés et doivent être examinés concomitamment. C'est le cas de l'activité n° 2 du chapitre sur l'Engagement familial, de l'activité n° 2 du chapitre sur les Partenaires et aussi de l'activité n° 2 du chapitre sur les Ressources.

Repères

Tout au long de l'ouvrage, vous trouverez des encadrés en orange au sein des chapitres. Intitulés « Repères », ils présentent des conseils pratiques, orientations et conseils, ou mettent en exergue des difficultés liées aux sujets présentés.

Nous vous recommandons de marquer une pause à chaque fois que vous rencontrez l'un de ces encadrés au fil de votre progression dans l'ouvrage, de le lire attentivement, puis d'y consacrer un temps de réflexion, et ce, que vous soyez philanthrope néophyte ou confirmé.

Les informations que vous y trouverez s'avéreront précieuses tôt ou tard dans votre périple, que ce soit pour vous aider à consolider votre approche, vous préparer à relever un défi, surmonter une difficulté ou éviter des mésaventures en cours de route.

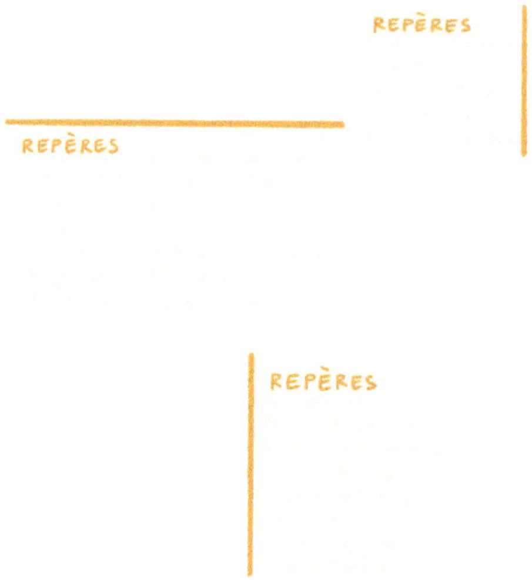

Cas pratiques

Les cas pratiques ont été choisis avec soin pour présenter des exemples parlants de familles d'entrepreneurs à différents stades de leur philanthropie. Nous les avons retenus parce que nous avons estimé qu'ils pouvaient vous inspirer pour préparer votre propre parcours.

Chacune des trois parties du *Navigateur* présente trois cas pratiques. Ceux-ci donnent quelques informations générales sur chacune des familles en retraçant le contexte de leur philanthropie, puis présentent les réponses desdites familles aux questions clés de la section correspondante du *Navigateur*, fournissant des exemples de la manière dont certains arbitrages ou dilemmes illustrent leur expérience. Ces familles partagent enfin des apprentissages et des recommandations personnelles.

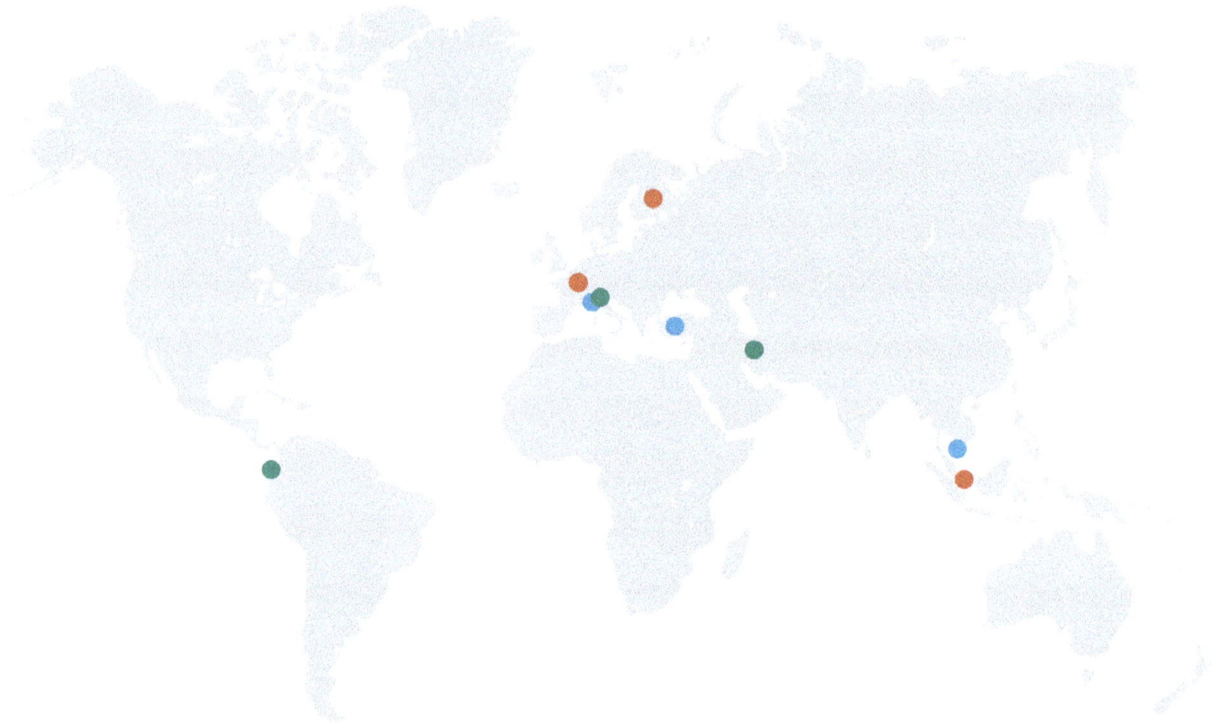

Cas pratiques

RAISON D'ÊTRE

Fondation Eva Ahlström
Maria Ahlström-Bondestam

Fondation Tsao Ng Yu Shun
Dr. Mary Ann Tsao

Fondation Juniclair
Marianne Ruggieri

RELATIONS

Fonds philanthropique Bloom
Sarah Ojjeh et Lia Ojjeh Martin

Fondation Oak
Kristian Parker

Fondation Carvajal
Manuel José Carvajal

ORGANISATION

Fark Holding
Ahu Büyükkuşoğlu Serter

Fondation Philanthropique NEXT
Thierry et Cédric Mauvernay

Fondation Ishk Tolaram
Sumitra Aswani

Apprentissage

Intégrer l'apprentissage dans votre parcours philanthropique est primordial, car le monde qui nous entoure est en constante évolution. La vérité d'un jour n'est pas celle du lendemain. La philanthropie est un processus dynamique et, au fil du temps, nos convictions, nos connaissances, nos expériences et nos centres d'intérêts peuvent changer. Pour cette raison, il est important de réexaminer régulièrement vos hypothèses pour être en mesure de les ajuster si nécessaire. En raison de son importance stratégique, et parce qu'il concerne chacun des domaines du *Navigateur*, nous consacrons une section spéciale à l'Apprentissage.

Cette partie vous aidera, votre famille et vous-même, à renouveler et actualiser votre approche de la philanthropie sur l'ensemble des huit dimensions de base. Nous vous conseillons de revenir régulièrement, à la fois individuellement et en famille, sur ces exercices à mesure que vous progressez dans votre parcours afin de faire le point et d'appliquer les changements qui pourraient s'avérer nécessaires. Nous vous proposons un catalogue de questions d'auto-évaluation pour vous aider à initier votre processus d'apprentissage.

Hissons les voiles, ensemble

Nous avons voulu avec le *Navigateur* construire une plateforme accessible et facile d'utilisation pour permettre aux familles de débattre et de s'entendre sur des manières de lancer ou d'améliorer leur philanthropie. L'outil et ses activités peuvent en effet être imprimés ou projetés sur un écran pour servir de tableaux blancs collaboratifs et stimuler l'interaction et la créativité.

En travaillant ensemble et en collaborant par le truchement du *Navigateur*, les familles peuvent progresser vers un entendement commun, des compromis raisonnables, des solutions partagées et les décisions fondamentales qui sont indispensables à toute initiative philanthropique réussie.

Nous espérons que votre rencontre avec le *Navigateur* vous permettra de vivre une activité familiale enrichissante et plaisante, riche en bons moments et qui viendra raffermir vos liens et favoriser une bonne compréhension mutuelle.

Il se peut qu'au fil de votre progression au sein du *Navigateur*, vous en veniez à réaliser que certaines interrogations demeurent non résolues, que vous faites du sur-place ou que vous avez simplement besoin d'avis extérieurs. C'est parfaitement normal, car beaucoup des questions soulevées dans cet ouvrage susciteront au sein de la famille des discussions riches d'enseignements, mais parfois également des situations délicates. N'hésitez pas à nous solliciter à tout moment et nous ferons de notre mieux pour vous aider à tracer votre propre chemin.

A présent, allons-y ! Tout le monde sur le pont ! Il est temps de mettre les voiles et de voguer vers de nouveaux horizons avec le *Navigateur de philanthropie familiale*.

Raison d'être

Introduction

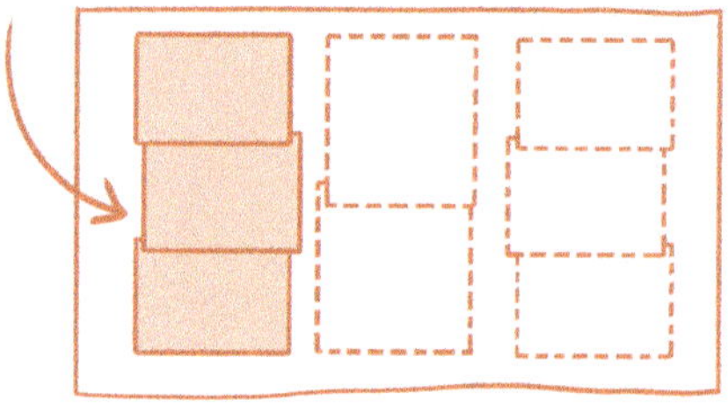

Pourquoi souhaitez-vous donner ? Que cherchez-vous accomplir au travers de vos dons ? Qu’est-ce qui pousse les individus et les familles à se défaire volontairement d’une partie de leur patrimoine ?

Avant de devenir un processus structuré, tout parcours philanthropique est une démarche profondément personnelle, fruit d’un savant brassage entre notre identité humaine, la manière dont nous regardons le monde et la place que nous pensons y avoir. Nourrissez-vous le rêve d’aider à vaincre le cancer, susciter une prise de conscience collective sur la question des droits des femmes, ou bien encore redonner à votre musée préféré sa splendeur d’antan ? Aimeriez-vous que votre aventure philanthropique serve à rapprocher votre famille ou à transmettre des valeurs importantes à la jeune génération ? Quelle idée vous faites-vous des rôles et responsabilités qui vous incombent, à vous-même et votre famille ?

Il n’existe pas de bonnes ou de mauvaises raisons de devenir philanthrope. Pour certains, c’est une vocation évidente. Pour d’autres, un événement marquant, comme la perte d’un être cher, aura servi de déclencheur. Peut-être cherchez-vous à réparer une injustice sociale ou environnementale dont vous avez été témoin, quelque part dans le monde.

L’origine peut bien sûr être moins ancrée dans l’émotion et s’expliquer par un sens de l’obligation sociale, une gestion patrimoniale prudente, la volonté de fortifier l’image de marque de la famille ou de l’entreprise, ou encore l’intention d’en faire un socle de la gouvernance familiale. La philanthropie peut être inspirée et animée par la passion comme elle peut prendre son origine dans une décision pragmatique liée à des considérations fiscales ou des réalités d’ordre financier.

Primordiale dans l'acte de donner, la **RAISON D'ÊTRE** constitue notre première escale. Pour la définir, il faut tenir compte de nombreuses considérations. D'ici la fin de cette section, vous en aurez examiné les thèmes dominants et abouti à une idée précise de la finalité qui anime votre philanthropie.

- → **Motivation** : Quelles sont nos motivations ? Qu'est-ce qui motive notre philanthropie ? Qu'est-ce qui nous pousse à donner ou à continuer à donner, aujourd'hui et à l'avenir ?
- → **Focale** : Quelle est notre cible prioritaire ? Quelles causes nous touchent ? Dans quelles régions du monde allons-nous agir ? À qui ou à quoi bénéficie notre philanthropie ?
- → **Ambition** : Quelles ambitions avons-nous ? Quel est notre objectif ultime ? Comment définissons-nous le succès ?

Consacrez un temps suffisant à une période d'introspection et de réflexion profonde. Les conclusions que vous en tirerez et les décisions que vous prendrez pendant cette phase vont être déterminantes pour les étapes suivantes. La plupart des autres dimensions abordées dans le *Navigateur* sont étroitement liées à cette première étape et en découlent directement. En effet, si votre philanthropie reflète fidèlement votre Raison d'être (et notamment les convictions et valeurs fondamentales que vous avez à titre individuel et en tant que famille), elle en sera plus gratifiante, et souvent plus efficace.

Qu'est-ce donc que la **RAISON D'ÊTRE** ? Quel lien y a-t-il avec la philanthropie ? La Raison d'être, c'est cette boussole morale qui oriente nos décisions, qui dicte nos actions et qui conforte notre résolution. Pour beaucoup de personnes, avoir un but supérieur capable d'inspirer leur vie et leur travail confère un élan précieux, une capacité de résilience, un sentiment d'accomplissement et un sens.

Si nous voulons que notre philanthropie soit efficace et produise un impact, alors définir notre Raison d'être est capital pour améliorer notre démarche. C'est elle qui nous permettra de prendre des décisions réfléchies et pertinentes face aux réalités et aux défis quotidiens. Avec une Raison d'être clarifiée, nous discernerons mieux les options qui nous correspondent vraiment et celles qui sont simplement faciles à mettre en œuvre ou techniquement correctes.

Une Raison d'être ne fait pas que donner un cadre à votre philanthropie et la consolider, elle peut également aider à souder et motiver votre famille autour de valeurs et d'objectifs partagés. Elle facilite aussi l'atteinte de vos objectifs et l'établissement de relations durables avec vos interlocuteurs. Elle peut vous aider à choisir des partenaires adaptés et porteurs de valeurs similaires, tout en leur permettant de mieux comprendre ce qui vous motive.

Avoir des ambitions claires et bien articulées, s'inscrivant dans une logique globale, fortifiera votre vision et vos échanges partenariaux, imprimant une orientation limpide qui inspirera et galvanisera votre écosystème philanthropique.

En outre, sans un tel dessein, la philanthropie risque d'être vouée à décevoir. Cela s'explique par le fait que l'absence d'une Raison d'être explicite et partagée génère souvent un manque de clarté, une tendance au désengagement et une faiblesse décisionnelle. Le défaut de Raison d'être vous condamne à naviguer à vue et, à terme, aboutira à des stratégies peu judicieuses aux répercussions insoupçonnées – pour vous-même, votre famille et vos partenaires.

Quand on entreprend un voyage, quel qu'il soit, il est utile de se fixer un cap et une destination (la « Raison d'être » du voyage) pour ne pas se livrer à la merci des éléments. Telle une fidèle boussole, une Raison d'être clairement définie vous montrera l'itinéraire à suivre et vous permettra de garder le cap, même quand les temps seront durs ou l'horizon embrumé.

En tant que famille, réfléchir à votre Raison d'être constituera une expérience aussi exigeante que gratifiante. Un échange franc

Repères

PENSEZ « FAMILLE »

La Raison d'être animant votre philanthropie est complexe et personnelle. Pour autant, si vous caressez l'espoir de mobiliser les membres de votre famille dans le cadre de votre parcours philanthropique, nous vous recommandons d'échanger avec eux à la fois sur leurs motivations, leurs priorités et leurs ambitions, en spécifiant les vôtres, afin de déterminer la meilleure approche pour votre famille. Vous aurez peut-être à envisager une collaboration plus forte ou, au contraire, à prendre la barre. Si votre projet philanthropique vise à rapprocher la famille, il est important que tout le monde soit convié à préparer votre voyage dès l'amont, car vous pourriez sinon provoquer en aval l'effet inverse de celui escompté. Vous aurez l'occasion d'approfondir ce sujet dans le chapitre sur l'Engagement familial (dans la partie sur les Relations).

et ouvert sur vos activités philanthropiques, qu'elles soient récentes ou plus établies, peut être bénéfique pour la famille puisque vous en apprendrez plus sur les similarités et les différences dans vos goûts et vos valeurs. Manquer d'aborder ces questions (ou ne pas y trouver de réponses satisfaisantes) pourrait compromettre la suite de votre parcours. Au contraire, un effort de clarté et de lucidité en cette toute première étape facilitera la progression ultérieure, avec des décisions plus fortes, un engagement plus grand et de meilleurs résultats.

Inscrire la philanthropie au sein du cadre plus large de l'écosystème d'entreprise familiale peut constituer une opportunité unique pour échanger des connaissances entre les générations, favoriser la collaboration intergénérationnelle et renforcer le pouvoir d'action de la nouvelle génération. Cette démarche permet aussi de faire en sorte que des membres de la famille par ailleurs moins engagés (et ne participant peut-être pas activement à l'entreprise) puissent apporter leur pierre à l'édifice.

Une « famille engagée » est une famille dans laquelle la Raison d'être de chacun de ses membres est écoutée et prise en compte. Initier un dialogue sur la Raison d'être avec votre parentèle peut être judicieux quand par exemple :

→ vous comptez faire participer votre famille à votre philanthropie ;
→ il y a eu un changement en matière de gouvernance familiale ;
→ il y a eu une cession d'actifs et que votre famille souhaite examiner les usages possibles de ces liquidités nouvellement disponibles.

Afin de lancer vos activités philanthropiques, d'en infléchir ou d'en préciser l'orientation, il peut s'avérer utile de commencer par les membres de la famille qui y seront les plus étroitement associés.

Les philanthropes donnent pour diverses raisons et avec des objectifs multiples. Certains de ces moteurs peuvent être amenés à changer, particulièrement dans un cadre familial. De la même manière que mal fixer votre cap à l'heure de lever l'ancre risquerait de vous faire dériver loin de votre destination souhaitée, partir sur de mauvaises bases ne manquera pas d'affecter vos performances philanthropiques.

La première étape du ***Navigateur*** vous aidera à partir dans la bonne direction. Quiconque ayant l'envie et quelques moyens peut faire des dons, mais le propos ici est de donner de manière attentive et consciente, avec une structure et des objectifs spécifiques – en d'autres termes, donner à dessein.

Si vous débutez en philanthropie familiale, cette étape vous aidera à mieux préparer votre voyage inaugural. Si vous êtes plus avancé(e), elle vous offre une opportunité de faire le bilan et de réévaluer votre approche alors que vous souhaitez peut-être :

→ changer votre façon de procéder ;
→ revoir vos activités pour favoriser la transition d'une génération à la suivante ;
→ professionnaliser vos activités et faire passer votre philanthropie à la vitesse supérieure ;
→ évaluer et vous adapter à un changement de *leadership* (que ce soit au sein de la famille ou à l'extérieur).

Pour vous guider à travers ce moment crucial d'introspection, nous avons séparé la **RAISON D'ÊTRE** en trois composantes ou dimensions, à savoir la **Motivation**, la **Focale** et l'**Ambition**.

Motivation

Il n'y a pas de raison unique ou « correcte » de donner et cette première étape du *Navigateur* vous invite à explorer et à formuler les motivations qui sous-tendent votre philanthropie. Celles-ci pouvant être multiples et variées, il est donc important de bien les comprendre et de réussir à les concilier entre elles. Pourquoi votre famille et vous-même souhaitez-vous donner ? Êtes-vous guidés par une conviction ou touchés par un événement ? Pour les philanthropes plus expérimentés, quelque chose a-t-il changé au sein ou à l'extérieur de votre famille ? Est-il temps de réévaluer ou de mettre à l'épreuve vos moteurs préexistants ? Cette étape vous invitera à définir et à comprendre le « pourquoi » de votre philanthropie.

Focale

Nous examinerons ensuite la focale de votre philanthropie. Cela suppose de passer de la compréhension des élans qui animent et qui influencent votre philanthropie à l'application de ces motivations dans le monde réel. Que souhaitez-vous faire, en tant qu'individu ou que famille ? Quel est le champ d'action de votre générosité ? Quel socle commun partagez-vous au sein de la famille ? Pour les nouveaux philanthropes, quelles causes vous intéressent ? Lesquelles souhaitez-vous soutenir en priorité ? Où voulez-vous allouer vos ressources ? Cette étape vous aidera à examiner plus en détail la destination et l'étendue de votre philanthropie. Pour les philanthropes expérimentés, vos cibles ou la conjoncture ont-elles changé ? Souhaitez-vous élargir le périmètre de votre philanthropie ?

Ambition

Nous achevons notre navigation à travers la Raison d'être de votre philanthropie en prenant le temps d'examiner vos ambitions. Que cherchez-vous à accomplir ? Avez-vous des objectifs spécifiques mesurables, comme accroître l'accès à l'eau potable d'un certain nombre de personnes par an ? Ou vos ambitions sont-elles moins tangibles et plus personnelles, comme aider votre famille à s'investir, à apprendre et grandir ensemble ? Pour les philanthropes déjà actifs, vos ambitions et vos attentes ont-elles changé ? Cette étape vous permettra d'esquisser vos objectifs et vos attentes, mais aussi de commencer à penser à la manière dont vous allez gérer vos structures et vos relations avant de commencer à donner.

Repères

FAITES PREUVE DE SOUPLESSE

Les choses changent inexorablement et, au fil de votre parcours, vous devrez mettre vos postulats et vos hypothèses au banc d'essai. S'il est crucial de définir votre focale et vos ambitions d'une manière claire et concise, il est également important de gagner en souplesse dans votre pensée et votre approche. Il est possible que vous ayez à affiner ou ajuster la focale au gré des circonstances (ou parce que vous souhaitez répondre rapidement à une situation de crise). Il vous faudra savoir éventuellement revenir à la case départ si vous réalisez que vos ambitions ne sont pas réalistes ou réalisables.

Motivation

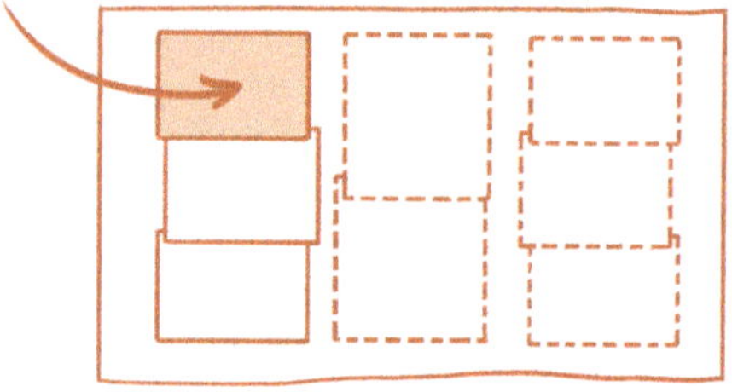

Plantons le décor

Les gens donnent pour de nombreuses raisons. Celles qui poussent à devenir philanthrope sont généralement d'ordre très personnel.

Peut-être voulez-vous que l'on se souvienne de votre nom, qu'il soit reconnu pour vos bonnes œuvres ou pour avoir aidé à soulager la souffrance dans le monde. Vous donnez peut-être du fait de votre foi et de vos convictions religieuses. Ou bien peut-être avez-vous eu à surmonter un défi ou une crise, et souhaitez-vous aider d'autres personnes à faire de même (ou leur épargner une situation similaire), utilisant alors la philanthropie pour réparer une injustice dans le monde. Enfin, vous souhaitez peut-être donner pour créer un impact maximal sur un sujet très précis.

Ces différentes motivations ne sont pas forcément exclusives. Il se peut que vous considériez que plusieurs d'entre elles sont pertinentes et importantes. Quelles que soient vos moteurs, il est primordial que votre famille et vous-même soyez conscients de l'ensemble des points de vue en présence afin de vous organiser en conséquence. Une fois que vous aurez mis en place votre philanthropie, le temps, l'argent et les autres ressources que vous y avez consacrés ne pourront être récupérés. À la lumière de ces considérations, il conviendra donc que vos motivations soient mûrement réfléchies, limpides et comprises par toutes les parties concernées.

En tant qu'architecte du projet philanthropique de votre famille et comme gardien de votre héritage familial, vous portez la responsabilité de fixer le bon cap, d'obtenir des résultats probants et de fédérer autour de vous. Exposer précisément vos motivations et les communiquer efficacement vous aidera à partir du bon pied.

Cette étape du *Navigateur* vous aidera, individuellement et en famille, à définir le « pourquoi » de votre philanthropie. Il n'y a pas de réponse parfaite à cette question et l'on se trouve toujours en présence de tensions et de situations où un arbitrage s'impose. Il vous faudra également tenir compte du contexte élargi de votre famille et de vos partenaires. Une approche collaborative suscitera un plus grand engagement et vous permettra de mieux définir vos ambitions et la structure que doit prendre votre philanthropie.

Ajustez votre boussole

Avant de tirer la moindre conclusion, il vous incombera de réfléchir à un certain nombre d'arbitrages, de dilemmes, voire de casse-têtes afin de mieux définir la motivation réelle qui sous-tend votre philanthropie. Ces tensions vous aideront à explorer les raisons complexes pour lesquelles vous souhaitez donner et les facteurs qui entrent en jeu. Elles vous aideront également à faire émerger les différentes visions et perceptions que peuvent avoir les autres membres de la famille. Vos réponses seront sans doute complexes et des solutions hybrides pourraient être valables, d'où la nécessité de les examiner dès maintenant en profondeur.

Prééminence de facteurs personnels, tels que les valeurs, les convictions, la passion et la joie de donner

Primauté de forces pragmatiques et externes telles que la réputation, l'image et la pression des pairs

Identifiez tous les facteurs qui pourraient influencer votre motivation à donner. Il est probable qu'il aura une combinaison de forces intrinsèques (personnelles) et extrinsèques (entreprises, homologues, famille) à l'œuvre, toutes n'ayant cependant pas la même importance. Comprendre ces éléments et leur poids relatif vous aidera à mettre à l'unisson votre famille et vos partenaires et à élaborer les objectifs et l'approche qui conviennent à votre philanthropie.

→ Est-ce qu'un **sujet ou une cause donnée** vous **touche** particulièrement ?
→ Quelles **convictions et valeurs** vous animent ?
→ Est-ce que le simple plaisir de donner vous **motive** ?
→ Êtes-vous animé par la volonté de « **donner en retour** » (*give back*) ?
→ Est-ce que l'**image** et la **réputation** sont importantes pour vous ?
→ Avez-vous des **considérations** financières ou fiscales ?

NOTES

ALTRUISME — **INTÉRÊT PROPRE**

Souci désintéressé d'autrui et des causes philanthropiques, même s'il en coûte

Donner pour en retirer des avantages personnels, familiaux ou commerciaux précis

Il est fréquent que la philanthropie familiale soit inspirée par un mélange de raisons altruistes et « égoïstes ». La plupart des familles qui donnent sont, selon notre expérience, principalement motivées par l'altruisme et se situeraient donc plutôt à gauche de cette échelle. Toutefois, une philanthropie efficace passe également par une approche pragmatique des relations et de la gestion de ressources. Si la philanthropie est, par définition, naturellement altruiste, de plus en plus de familles souhaitent également voir une forme de « retour sur investissement ».

→ Donnez-vous par pur souci de **compassion** ou d'**empathie** (altruisme) ?
→ Êtes-vous entièrement focalisé sur l'**impact sur le terrain** ?
→ Souhaitez-vous assumer un **rôle moins visible** ou aimez-vous apparaître sous les feux des projecteurs ?
→ Souhaitez-vous retirer un quelconque **bénéfice personnel** de votre philanthropie ?
→ Donnez-vous dans le but de **promouvoir** l'image de marque et les valeurs de votre famille et de votre entreprise ?

NOTES

PRIORITÉ AU LEGS MORAL — **PRIORITÉ À LA NOUVEAUTÉ**

Préserver et transmettre des traditions familiales, des valeurs ou des activités philanthropiques préexistantes

Que vous jouissiez déjà d'un héritage philanthropique ou non, sachez que de nombreuses familles voient la philanthropie comme une manière de protéger et de transmettre leurs traditions ou leurs valeurs, et ce particulièrement à l'égard de la nouvelle génération. Une volonté peut cependant émerger de s'adapter à des circonstances nouvelles et changeantes en abordant autrement la philanthropie familiale : des solutions qui ont pu donner de bons résultats jadis fonctionnent-elles toujours aussi bien maintenant, dans notre monde en permanente évolution ?

→ Votre inclination à donner est-elle **inspirée** par des traditions familiales et des pratiques longuement établies ?
→ Avez-vous une **expérience préalable** de la philanthropie ou êtes-vous une personnalité aînée qui souhaite transmettre des valeurs aux générations cadettes ?
→ Souhaitez-vous préparer l'essor de la **génération montante** ?
→ Les circonstances et les **attentes** ont-elles changé ?
→ Appartenez-vous à la jeune génération qui va **prendre la relève** ou qui souhaite imprimer sa marque ?
→ **Envisagez**-vous d'**explorer** ou de soutenir de nouveaux horizons philanthropiques où votre famille n'était pas active auparavant ?

Changer de direction ou entamer un voyage à travers des activités philanthropiques nouvelles ou différentes

NOTES

Repères

DONNER ET « DONNER EN RETOUR »

Les raisons qui nous poussent à donner peuvent changer au cours de nos vies. Les jeunes d'aujourd'hui, animés par un sens de la responsabilité, se demandent souvent comment utiliser leurs privilèges et leurs compétences pour changer le monde. Un philanthrope d'âge médian pourra commencer à songer qu'il est temps de rendre quelque chose à la société, un philanthrope plus âgé se sentira peut-être plus concerné par la notion de legs moral. L'étape de la vie où vous vous situez influence votre générosité et mérite donc réflexion pour vous permettre de mieux cerner vos motivations.

Repères

ÉVÉNEMENTS ET FINANCES

Il est fréquent que l'élan de don soit consécutif à un changement majeur de statut financier ou à un événement important de la vie : un entrepreneur se retrouve en possession d'une somme importante à cause de la croissance ou de la vente de son entreprise, un actionnaire reçoit un dividende exceptionnel, un changement se produit dans la gouvernance familiale ou une succession survient… Quelle que soit l'origine de ces ressources financières, alignez votre situation financière et votre Raison d'être avant d'amorcer votre parcours philanthropique.

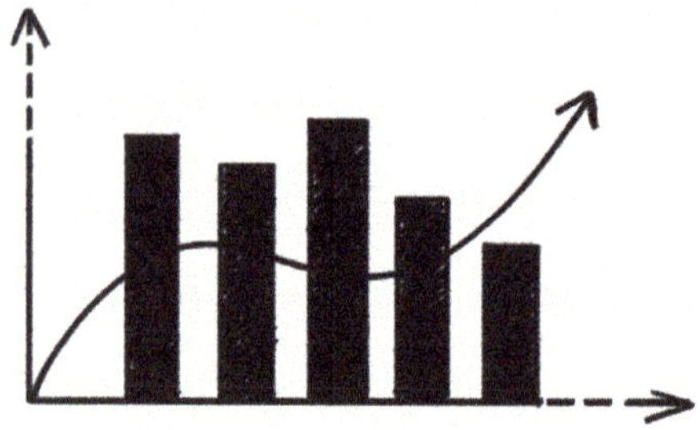

NOTES

QU'EST-CE QUI PRIME : LA CAUSE, LA FAMILLE OU L'ENTREPRISE ?

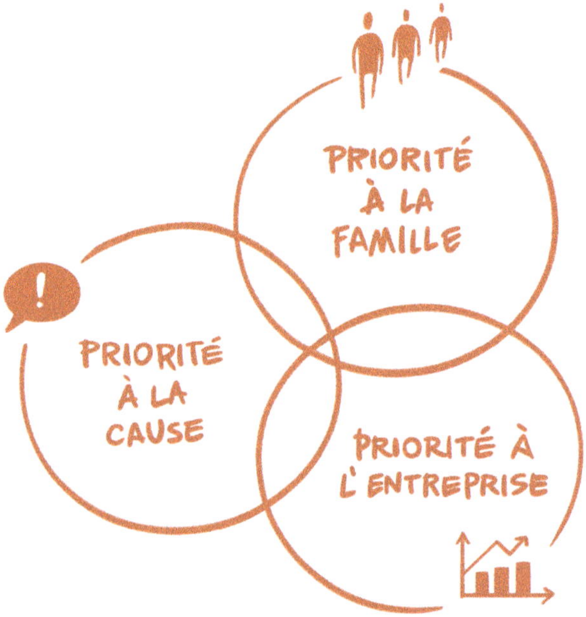

Il est utile de vous demander si le moteur principal de vos dons résulte de la cause qui vous intéresse, de votre famille ou de votre entreprise – mais aussi à la manière dont ces différentes influences s'entremêlent.
Si votre motivation peut bien sûr se résumer à un seul de ces ressorts, il est probable qu'elle conjugue les trois influences, avec un facteur dominant.

PRIORITÉ À LA CAUSE

→ Quelle est l'importance des **causes** dans votre motivation à donner ?
→ Dans quelle mesure souhaitez-vous soutenir une **cause spécifique** ou répondre à un **problème ou défi particulier** ?
→ Quelles causes **spécifiques** vous **touchent** profondément ?

PRIORITÉ À LA FAMILLE

→ Quelle est l'importance des **facteurs familiaux** dans votre motivation philanthropique ?
→ Dans quelle mesure souhaitez-vous **souder** la famille, **préparer l'arrivée** de la nouvelle génération ou **faire participer** des membres de la famille qui ne travaillent pas dans l'entreprise, mais qui pourraient **contribuer activement** à l'écosystème familial ?
→ Souhaitez-vous **mettre à profit** la philanthropie à des fins de **transmission** et de **gestion** patrimoniale ?

PRIORITÉ À L'ENTREPRISE

→ Envisagez-vous un **legs moral** pour la postérité ?
→ Des considérations liées à l'**entreprise** sont-elles les **principaux moteurs** de vos dons ?
→ Dans quelle mesure souhaitez-vous, en tant que propriétaire d'entreprise, **exploiter les synergies** avec votre firme ou encore offrir à vos salariés une **opportunité** de prendre part à des projets solidaires ?
→ Souhaitez-vous gagner le **respect** et la **bienveillance** d'institutions ou de partenaires spécifiques ?
→ Souhaitez-vous **améliorer l'image de marque** et la **réputation** de votre entreprise ou **tirer bénéfice** de systèmes d'**incitation** financière ?

Activités

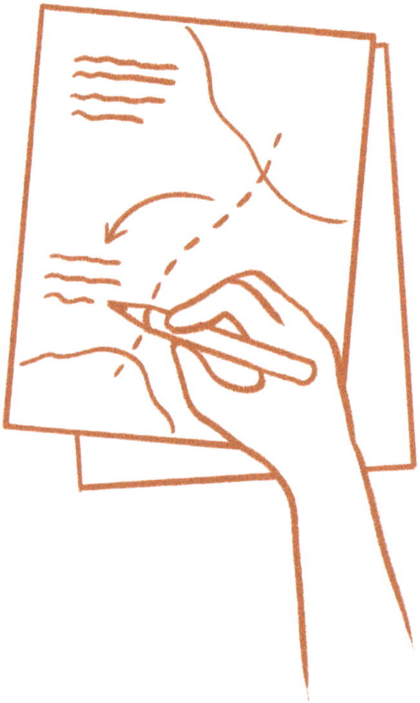

Maintenant que vous avez exploré les considérations générales de l'étape « Motivations » du *Navigateur*, il est temps de définir le « pourquoi » de votre philanthropie.

Dans cette partie, nous vous présentons des activités simples, mais importantes, qui vous aideront à prendre des décisions concernant cet aspect très personnel du don et à répondre aux questions clés du *Navigateur* qui clôturent ce chapitre.

S'il existe de nombreuses raisons à l'engagement philanthropique, l'étude de nombreux profils révèle des tendances et des similarités permettant de catégoriser ces motivations. Nous pouvons les utiliser pour comprendre et cerner nos propres motivations personnelles, ainsi que celles des membres de notre famille.

Questions du *Navigateur* :

→ Quelles sont nos motivations ?
→ Qu'est-ce qui motive notre philanthropie ?
→ Qu'est-ce qui nous pousse à donner, aujourd'hui et à l'avenir ?

Activité n° 1 :
Passez en revue vos arbitrages

Étape 1

Reprenez les arbitrages présentés plus haut dans ce chapitre et répondez individuellement aux questions suivantes. Sur chaque axe, marquez d'une couleur là où vous pensez vous situer actuellement et d'une autre couleur, là où vous souhaiteriez arriver dans le futur. Vous pouvez positionner chacun de ces deux repères où vous le souhaitez sur l'échelle graduée.

1. **Où en est notre philanthropie à l'heure actuelle ?**
2. **Où souhaiterais-je que notre philanthropie se situe demain ?**

Étape 2

Comparez vos notes en famille et discutez-en. Quelles sont les similitudes et les différences ? Où vous rejoignez-vous et où y a-t-il des divergences ? Est-ce que cela pourrait influencer votre parcours ?

Étape 3

Chaque fois que vous avez des réponses différentes, discutez de la manière dont vous souhaitez y faire face.

***Remarque pour les philanthropes qui démarrent :** si vous n'avez pas encore débuté votre action philanthropique, concentrez-vous simplement sur la deuxième question de l'étape 1.

Activité n° 2 :
Définissez les raisons pour lesquelles vous donnez

Étape 1

Chaque membre de la famille doit identifier les trois principales raisons l'incitant à donner. Aidez-vous pour cela de la liste de moteurs potentiels ci-contre.

Étape 2

Assignez chacune de vos motivations principales à l'une des zones numérotées de 1 à 7 formées par les entrecroisements de cercles. Ainsi, vous attribuerez le numéro 6 à une motivation où entreraient en jeu à la fois la famille et l'entreprise, mais pas la cause.

Étape 3

Discutez en famille des résultats, puis tirez-en les motivations philanthropiques profondes de la famille. Vous découvrirez ainsi le sens du « pourquoi » de votre générosité, ce qui permettra de l'organiser de manière efficace.

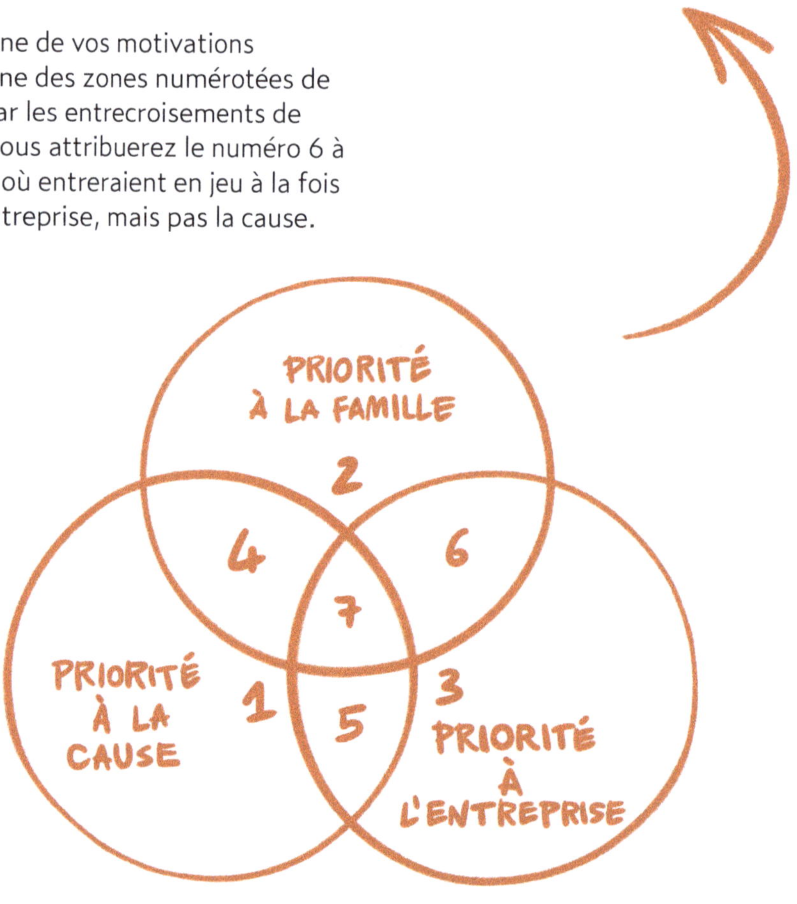

LISTE D'AFFIRMATIONS

Cette liste non exhaustive d'affirmations accompagnera votre réflexion dans le cadre de l'activité n° 2.

→ **J'ai connaissance de besoins spécifiques et négligés auxquels j'entends répondre par ma philanthropie.**

→ **Mon altruisme est sincère et j'agis par compassion et empathie.**

→ **Je puise ma motivation première dans mes valeurs et mes convictions.**

→ **Mon désir de donner a été déclenché par un événement extérieur (par exemple une guerre, une pandémie ou une catastrophe naturelle).**

→ **Je souhaite rendre quelque chose à la société.**

→ **J'ai vécu une expérience forte qui m'a ouvert les yeux.**

→ **J'aime donner et j'ai plaisir à aider autrui.**

→ **Je veux changer le monde pour le rendre meilleur.**

→ **J'aspire à laisser derrière moi un héritage moral personnel ou familial. La philanthropie constitue pour moi une manière de réconcilier les membres de la famille et de faire participer la famille élargie.**

→ **Je souhaite utiliser la philanthropie comme outil pour impliquer la jeune génération ou lui transmettre des valeurs.**

→ **Ma générosité est principalement activée par des demandes de soutien spontanées.**

→ **Je désire asseoir ma réputation et consolider mon image de marque, celle de ma famille ou celle de notre entreprise.**

→ **Je vois dans la philanthropie un moyen d'attirer et de retenir des personnes talentueuses au sein de notre organisation.**

→ **La philanthropie offre à nos salariés une opportunité de contribuer au bien commun.**

→ **Je souhaite exploiter des synergies entre notre entreprise et notre philanthropie.**

Focale

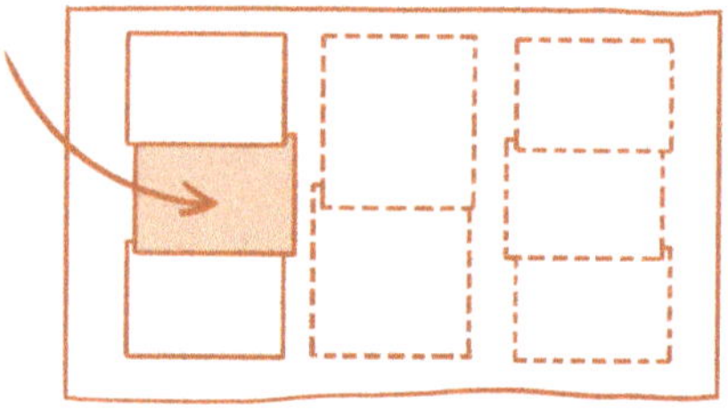

Plantons le décor

Après avoir exploré les motivations qui vous poussent à donner, le moment est venu de décider quelles sortes de causes votre famille et vous-même souhaitez soutenir – autrement dit de définir le point focal de votre philanthropie.

Dans le monde instable d'aujourd'hui, les besoins sont innombrables. Vous avez peut-être déjà identifié un problème ou une cause spécifiques sur la base de vos motivations. Par exemple, si un membre de votre famille a souffert d'une maladie grave et que votre motivation est d'aider d'autres victimes de cette même pathologie ou de la prévenir. Voilà un exemple de focale très claire. Dans le cas où une cible ne s'imposerait pas d'elle-même, explorez le champ des possibilités et passez en revue une liste de causes pour vous aider dans votre choix.

Cette étape du *Navigateur* vous aidera à décider des causes, du champ d'action et de la destination finale de votre philanthropie. Pour les néophytes, il s'agira d'un voyage de découverte ; les philanthropes expérimentés y verront pour leur part l'occasion de procéder à une vérification de la pertinence des cibles qu'ils se sont déjà fixées et, si nécessaire, d'envisager un changement de cap.

Afin de structurer les choix qui s'offrent à vous, nous vous recommandons de vous référer aux Objectifs de développement durable (ODD) de l'ONU adoptés par l'ensemble des États membres en 2015 et qui se veulent un « appel universel à l'action pour éliminer la pauvreté, protéger la planète et garantir que tous les peuples bénéficient de la paix et de la prospérité d'ici 2030 ».

Ces dix-sept objectifs couvrent un ensemble de domaines cibles allant de la pauvreté et du changement climatique à la consolidation de la paix et à l'égalité des droits.

Nous constatons de plus en plus que l'adoption du cadre largement reconnu des ODD de l'ONU et son langage commun permet à la pluralité d'acteurs de la philanthropie de coordonner leurs activités, nouer des partenariats et maximiser leur impact.

Prendre une décision sur votre focale demande un investissement de temps, des recherches et un examen approfondi. La participation et l'adhésion des membres de la famille sont parfois nécessaires ; or, ceux-ci peuvent avoir des visions et des intérêts divergents. Il s'avérera utile d'en discuter au plus tôt et de rechercher des solutions qui favorisent l'engagement familial. Vous devrez peut-être adopter autant d'approches variées qu'il existe d'objectifs portés par différents membres de la famille, ou peut-être parviendrez-vous à aligner vos intérêts et vos efforts et convenir d'un point focal unifié pour votre philanthropie.

Repères

MENEZ VOTRE ENQUÊTE

Il est capital de procéder à des vérifications approfondies préalables (*due diligence*) lorsque vous réfléchissez à la question de savoir « quoi » donner et « à qui (ou pour qui) ». Vous pouvez mener cette enquête en solitaire, en famille ou vous pouvez la confier à un conseiller externe. Le soutien envisagé est-il adapté à la cible ? La philanthropie est un partenariat qui procure des avantages à l'ensemble des parties, s'il est bien exécuté. Comme pour tous les partenariats, le mieux est de collaborer en partageant d'entrée de jeu une Raison d'être commune. En comprenant les besoins spécifiques de vos domaines cibles, vous poserez les bases d'une philanthropie plus efficace et gratifiante.

Ajustez votre boussole

En réfléchissant aux arbitrages et aux dilemmes suivants, vous serez en mesure d'explorer et de définir la focale de votre philanthropie. Soyez aussi précis que possible. Si vous êtes sensible aux causes écologiques par exemple, est-ce que cela signifie que vous voudrez travailler avec une petite ONG pour protéger les rhinocéros noirs en Namibie, proposer de planter plus d'arbres dans votre quartier, ou bien nouer un partenariat avec une grande organisation de plaidoyer pour financer une campagne de sensibilisation mondiale sur le changement climatique ?

Repères

TROUVER LE BON CIBLAGE

Donner, c'est choisir. Il est utile de s'interroger sur la manière de faire concorder votre motivation philanthropique avec vos passions et les sujets qui vous tiennent à cœur, à vous-même et à votre famille, et ne pas faire l'erreur de vous saisir de la première cause venue. Aligner à la fois votre motivation, vos centres d'intérêt et les causes que vous voulez soutenir peut aider au maintien de l'engagement à long terme et permettre d'obtenir de meilleurs résultats.

APPROFONDIR — ÉLARGIR

Soutenir une cause ou un projet spécifique dans un secteur donné

Examiner la manière dont vous répartissez vos efforts vous aidera à vous assurer que vos objectifs, vos partenaires, vos ressources et vos structures sont en concordance. Si vous cherchez à intensifier l'impact, alors vous pourriez cibler la totalité de votre philanthropie sur une seule cause, comme celle d'aider à l'insertion professionnelle de femmes sans emploi dans une zone géographique délimitée. Si vous tenez avant tout à donner de l'ampleur à votre champ d'action, peut-être voudrez-vous au contraire répartir vos efforts sur un certain nombre d'organisations travaillant dans des domaines différents. Le choix de votre approche pourra être influencé par l'existence d'intérêts communs ou distincts au sein de votre famille.

Répartir votre soutien sur différentes causes et projets dans de nombreux domaines

→ Quels sont vos **centres d'intérêt** et **passions** en tant que famille ?
→ Voulez-vous **soutenir** uniquement une **cause** ciblée en tant que famille ?
→ Souhaitez-vous répartir votre philanthropie sur un ensemble de causes et d'activités **différentes**, telles que l'éducation, la santé et les arts ?
→ Existe-t-il des **différences de sensibilités** entre membres de la famille pouvant exiger une **approche mixte** ?

NOTES

CAUSE PROFONDE / CHANGEMENT SYSTÉMIQUE

S'attaquer en amont à la racine profonde ou au mécanisme de déclenchement d'un enjeu ou d'un problème

EFFET / SYMPTÔMES

S'intéresser en aval aux multiples manières de traiter ou d'atténuer les symptômes d'un problème identifié

Il existe de nombreuses manières d'aborder vos domaines philanthropiques prioritaires : vous pouvez chercher à vous attaquer aux causes premières d'un problème ou à en atténuer les symptômes. Il est parfois souhaitable de cibler ces derniers pour fournir un appui crucial quand le besoin est le plus criant, par exemple en réponse à un appel d'urgence lors d'une pandémie. Un grand nombre de philanthropes préfèrent cependant focaliser leur philanthropie sur des solutions qui produisent des changements durables. Prenez le cas d'une famille qui souhaite améliorer le sort de patients atteints de démence sénile, peut-être inspirée par son vécu : elle pourra choisir de s'attaquer aux racines profondes du problème et financer la recherche médicale, soutenir des initiatives cherchant à faciliter la vie des patients atteints de démence et de leurs familles, ou bien combiner les deux approches.

→ Souhaitez-vous vous **concentrer** sur l'origine ou l'**effet** du problème qui se pose ?
→ Existe-t-il des **raisons convaincantes** de s'attaquer aux symptômes ?
→ Serait-il plus avisé de cibler les **causes profondes** ?
→ Pourriez-vous adopter une **double approche** ?

NOTES

LOCAL — GLOBAL

Donner à des causes et des projets uniquement à l'échelle locale

Soutenir des causes plus générales et pertinentes au niveau mondial

Vous avez peut-être un lien particulièrement fort avec une certaine communauté (pour des raisons personnelles, familiales ou professionnelles) qui vous incite à positionner votre philanthropie en conséquence, par exemple en soutenant des écoles situées à proximité de là où se déroulent les activités de l'entreprise. Vous pourriez vouloir donner à plus large échelle, par exemple pour réduire la pauvreté ou lutter contre le changement climatique. Concrètement, les familles peuvent décider de cibler différentes régions du monde ou encore décliner leur action sur différents échelons territoriaux, allant de la communauté locale à la ville, la région, le pays, le continent et la planète. Son champ d'action peut, au contraire, s'étendre sur une mosaïque de localités, comme lorsqu'il s'agit d'étendre l'accès à des solutions d'assainissement dans les villages d'Inde.

→ Votre philanthropie **cible**-t-elle une **région géographique** particulière ?
→ Vous attaquez-vous à des **enjeux planétaires** ?
→ Existe-t-il **différents domaines** qui vous **intéressent particulièrement** ?

Repères

GARDEZ À L'ESPRIT CE QUI VOUS MOTIVE

La focalisation de votre philanthropie découle souvent de votre motivation. Si la perte d'un proche des suites d'une maladie grave interpelle et stimule votre générosité, vous pourriez cibler les traitements ou la recherche contre cette pathologie. Cherchez à garder à l'esprit votre motivation initiale à mesure que vous ajustez votre focale.

PROMOUVOIR UNE SOLUTION — **RÉPONDRE À UN BESOIN**

Chercher à résoudre des enjeux en développant et déployant vos propres solutions

Nous observons actuellement que la philanthropie tend plutôt vers une approche en « flux tiré » (*pull*) qui appelle des solutions *ad hoc*, plutôt qu'en « flux poussé » (*push*) qui promeut une solution standardisée. Davantage de philanthropes cherchent à travailler étroitement avec des partenaires pour tirer parti de leur expertise et répondre plus efficacement aux besoins des bénéficiaires. Le récit sur la distribution de moustiquaires dans le cadre de la lutte contre le paludisme en milieu rural (voir *Avant-propos*) est édifiant quant aux limites de l'approche en « flux poussé ». Ces équipements venus d'ailleurs ont en effet été, dans certaines circonstances, détournés de leur finalité et utilisés comme filets de pêche, avec des effets néfastes sur les populations de petits poissons.

→ Cherchez-vous à changer les choses en appliquant une **solution prête à l'emploi** à une situation de votre choix ?
→ Donnez-vous principalement sur la base de vos **convictions,** vos **préférences** et votre **expertise** personnelles ?
→ Répondez-vous à des **demandes spontanées et sollicitations externes** ?
→ Avez-vous noué un dialogue avec des individus et des organisations sur le terrain pour **comprendre leurs besoins** particuliers ?

Élaborer des solutions concertées en partant d'une compréhension fine des besoins et grâce à la collaboration des partenaires et bénéficiaires

NOTES

Aligner strictement votre philanthropie sur les activités principales de votre entreprise

Donner à des causes et des projets qui n'ont aucun lien avec votre entreprise

Il peut être judicieux de calibrer vos efforts philanthropiques sur vos activités d'entreprise, pour mobiliser une expertise professionnelle et des réseaux, ou encore pour favoriser une approche plus cohérente au sein de votre écosystème d'entreprise familiale. Songeons ainsi à une famille détenant une société du secteur de la santé et qui souhaite soutenir des hôpitaux ou un banquier fortuné voulant offrir des solutions de microfinance à des entrepreneurs à faibles revenus sur des marchés émergents. Vous pourriez néanmoins vouloir porter votre attention au-delà du périmètre de votre écosystème entrepreneurial afin de permettre aux membres de votre famille d'explorer de nouveaux domaines.

- → Votre philanthropie est-elle **liée à vos activités d'entreprise** ?
- → Existe-t-il des **synergies potentielles** entre votre entreprise et vos activités philanthropiques ?
- → Voulez-vous **impliquer vos salariés** dans votre philanthropie ?
- → Préférez-vous focaliser votre générosité sur des domaines **exogènes à votre entreprise** (ou à votre secteur habituel) ?

Repères

APPRENDRE DU PASSÉ

L'histoire nous enseigne que le modèle traditionnel d'action caritative « descendante » (*top down*) a souvent peiné à produire des résultats durables. Calquer des expertises et des solutions d'une région du monde sur une autre s'avère souvent contre-productif et déstabilisant : vous ne pouvez pas partir du principe qu'elles se traduiront automatiquement par des bénéfices concrets. Nous vous recommandons de mener des recherches approfondies et de travailler avec vos partenaires philanthropiques de manière holistique pour faire émerger des solutions (*bottom up*).

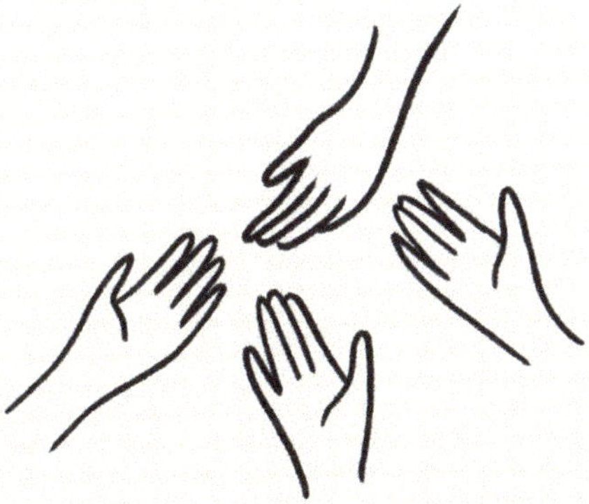

Activités

A présent que vous avez réfléchi aux causes, au champ d'action et à la focale de votre philanthropie, le moment est venu de prendre des engagements initiaux s'il s'agit de votre première aventure, ou à envisager un changement de cap si vous êtes déjà engagés dans le domaine. Les exercices suivants vous apporteront structure et orientations pour vous aider à répondre aux questions finales du *Navigateur* et à progresser dans votre démarche philanthropique.

Questions du *Navigateur* :

→ Quel est notre focale ?
→ Quelles causes nous touchent tout particulièrement ?
→ Dans quelles régions du monde allons-nous agir ?
→ À qui ou à quoi bénéficie notre philanthropie ?

Activité n° 1 :
Passez en revue vos arbitrages

Étape 1

Reprenez les arbitrages présentés plus haut dans ce chapitre et répondez individuellement aux questions suivantes. Sur chaque axe, marquez d'une couleur là où vous pensez vous situer actuellement et d'une autre couleur, là où vous souhaiteriez arriver dans le futur. Vous pouvez positionner chacun de ces deux repères où vous le souhaitez sur l'échelle graduée.

1. **Où en est notre philanthropie à l'heure actuelle ?**
2. **Où souhaiterais-je que notre philanthropie se situe demain ?**

Étape 2

Comparez vos notes en famille et discutez-en. Quelles sont les similitudes et les différences ? Où vous rejoignez-vous et où y a-t-il des divergences ? Est-ce que cela pourrait influencer votre parcours ?

Étape 3

Chaque fois que vous avez des réponses différentes, discutez de la manière dont vous souhaitez y faire face.

***Remarque pour les philanthropes qui démarrent :** si vous n'avez pas encore débuté votre action philanthropique, concentrez-vous simplement sur la deuxième question de l'étape 1.

Activité n° 2 : Choisissez une cause

Étape 1

Passez en revue la liste des dix-sept Objectifs de développement durable (ODD) présentée ci-dessous et choisissez les trois domaines qui vous touchent le plus. Vous pouvez consulter le site Internet de l'ONU pour plus d'informations sur chaque thème. Par ailleurs, vous trouverez ci-contre une liste de causes philanthropiques qui pourraient vous inspirer. Il ne s'agit pas d'une liste exhaustive et vous pouvez donc la compléter à votre guise.

CAUSES À CONSIDÉRER

AIDE HUMANITAIRE

- → Aide aux sinistrés d'une catastrophe
- → Appui post-conflit
- → Changements démographiques (exode rural, etc.)
- → Crise migratoire et crise des réfugiés
- → Protection de l'enfance

CAUSES SOCIÉTALES

- → Arts
- → Culture
- → Musique
- → Recherche médicale
- → Religion
- → Science
- → Sport

ENVIRONNEMENT

- → Agriculture et pêche
- → Énergies propres
- → Forêts
- → Pollution de l'air
- → Pollution de l'eau
- → Préservation des espèces menacées
- → Protection de la biodiversité
- → Protection de la nature
- → Rareté des ressources naturelles
- → Réchauffement climatique

DÉVELOPPEMENT ÉCONOMIQUE ET SOCIAL

- → Accès aux soins de santé
- → Activités génératrices de revenus
- → Alimentation et eau potable
- → Croissance économique durable
- → Développement communautaire
- → Droits humains
- → Éducation
- → Égalité des genres
- → Handicap
- → Libertés civiles
- → Réduction de la pauvreté
- → Santé mentale
- → Soutien à la jeunesse (formation professionnelle, emploi, etc.)
- → Violence domestique

PLAIDOYER

- → Changements sur la scène politique
- → Diplomatie internationale
- → Instabilité politique
- → Paix et conflits
- → Populisme

Étape 2

Après avoir choisi vos thématiques de prédilection, réfléchissez aux régions géographiques où vous souhaiteriez intervenir : au niveau mondial, dans une région donnée, dans quelques pays ou dans des communautés spécifiques ?

Étape 3

Pensez à qui (ou à quoi) précisément vous souhaitez venir en aide, en considérant les facteurs suivants : l'âge, le genre, le peuple, l'origine ethnique ou raciale, ou encore l'espèce animale, l'habitat naturel, etc.

Étape 4

Décrivez en quoi ces causes vous semblent importantes et les raisons qui justifieraient votre engagement. Pourquoi vous touchent-elles tout particulièrement ? Continuez à travailler avec le tableau présenté ci-dessous.

CAUSES RETENUES	POURQUOI AVEZ-VOUS CHOISI CETTE CAUSE? POURQUOI VOUS TOUCHE-T-ELLE TOUT PARTICULIÈREMENT?
1.	
2.	
3.	

Étape 5

En famille, discutez de toutes les causes que chacun de vous a sélectionnées et essayez de présélectionner les trois causes principales de votre famille.

Étape 6

Formulez votre « Déclaration de mission philanthropique ». Plus nette sera la focale, plus il vous sera facile de verbaliser cette déclaration. Une déclaration de mission revêt toute son importance quand vous dialoguez avec des tiers. Une bonne déclaration doit être courte, simple, spécifique, ambitieuse et facile à retenir ou à associer avec votre identité profonde.

Voici quelques exemples de déclarations de mission issues des cas pratiques présentés à la fin de la partie sur la « Raison d'être » :

FONDATION	DÉCLARATION DE MISSION
Fondation Eva Ahlström	Notre mission est d'offrir un appui, en Finlande comme à l'étranger, à des organisations, des sociétés ou des individus jouissant d'une bonne réputation attestée pour travailler, sur un plan aussi bien local que mondial, à soutenir des femmes, des enfants ou d'autres personnes particulièrement vulnérables du fait de situations de pauvreté, d'oppression, de guerre, d'instabilité politique, de catastrophes naturelles ou d'autres circonstances difficiles.
Fondation Juniclair	La mission de la Fondation Juniclair est de soutenir et d'accompagner des projets de développement dans les domaines de l'éducation, de l'environnement, des droits des femmes et de la prévention de la violence.
Fondation Tsao Ng Yu Shun	Notre mission est de promouvoir l'accompagnement positif du vieillissement et de favoriser l'évolution des mentalités et un changement systémique en apportant des innovations en matière de soins communautaires aux personnes âgées, de formation et d'éducation, de recherches sur les politiques publiques, de collaboration multi-acteurs et de plaidoyer.

Ambition

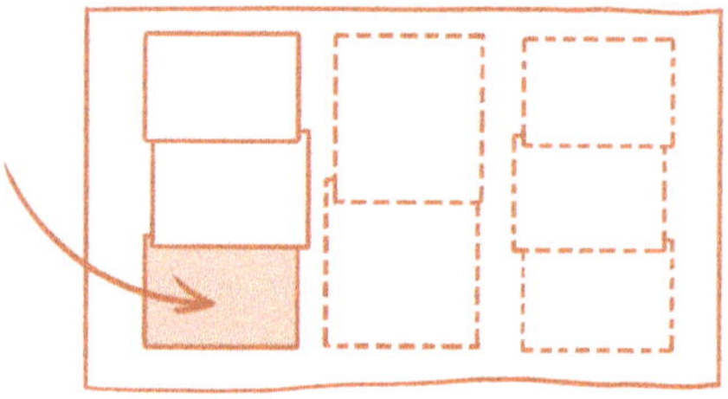

Plantons le décor

L'étape finale de la partie « Raison d'être » du *Navigateur* explore les ambitions qui sous-tendent votre générosité. Que cherchez-vous à accomplir ? L'objectif de cette étape est de partir de l'implicite et de le rendre explicite, c'est-à-dire de définir vos buts et vos attentes.

Il existe différentes manières d'envisager le succès : nos ambitions peuvent être plus ou moins larges, mais aussi plus ou moins difficiles à définir selon qu'on s'intéresse aux résultats immédiats de l'action philanthropique, facilement quantifiables, ou aux impacts de long terme, plus qualitatifs. Étant donné la complexité de cette notion, il est souhaitable qu'ensemble, votre famille et vous-même clarifiiez ce que vous entendez par « succès ».

Il convient également de réfléchir aux implications plus générales de votre philanthropie et à l'impact plus large que vos actions pourraient avoir avant même de commencer à donner. Vous pourriez vouloir mener à bien un projet unique, comme celui de restaurer un vieux théâtre, ou opter pour une intervention plus pérenne qui aurait des effets multiplicateurs. Si vous voulez par exemple améliorer l'accès à une éducation de qualité des enfants des campagnes mexicaines, vous fixerez-vous des objectifs spécifiques de fréquentation, de résultats scolaires ou encore d'accès à l'université ou à des emplois de qualité ?

Tous les philanthropes ne souhaitent pas utiliser des indicateurs clés de performance (les « *KPI* ») explicites pour mesurer les effets de leurs dons, suivant plus volontiers un chemin similaire à celui des dons caritatifs traditionnels. Nous soutenons toutefois qu'il reste préférable de définir, d'une manière ou d'une autre, votre niveau d'ambition.

L'ambition est étroitement liée à la motivation et à la focale choisie par votre famille. Quand vous saurez pourquoi vous voulez donner et où vous souhaitez porter votre attention, vos ambitions ne manqueront pas de s'imbriquer aux deux autres composantes de la Raison d'être.

L'impact et l'ambition sont si étroitement liés qu'ils sont à considérer comme un tout indissociable. Pour cette raison, il peut s'avérer utile de survoler dès cette étape le chapitre sur l'Impact qui conclut la présentation des dimensions clés du *Navigateur*.

EXEMPLES

→ Financer une campagne de vaccination gratuite des enfants dans un endroit donné du monde : vous pourrez compter le nombre de vaccinations réalisées par an (**résultats immédiatement quantifiables**).

→ Financer une campagne de sensibilisation à la vaccination : vous devrez alors considérer les changements de plus long terme des comportements, sans pouvoir savoir si une augmentation du nombre de vaccinations aura été attribuable à votre action (**impact qualitatif sur le long terme**).

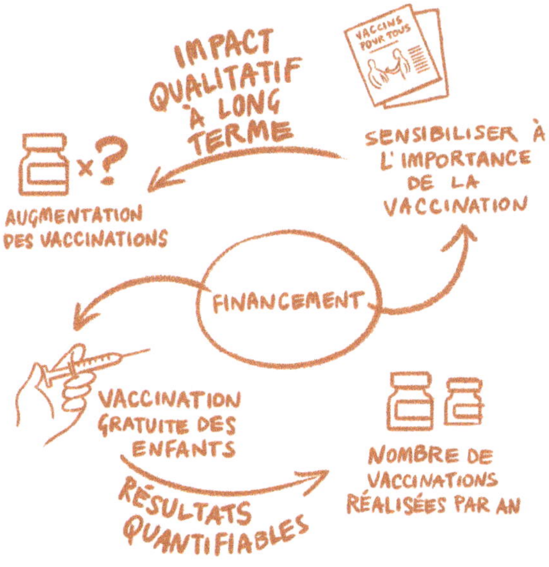

Ajustez votre boussole

NOTES

Explorer la variété de manières de mesurer l'ambition et le succès vous sera utile, à vous et à votre famille, pour fixer les attentes de vos nouvelles actions philanthropiques ou pour réévaluer et recentrer les objectifs de vos actions en cours.

COHÉRENCE STRATÉGIQUE

RÉACTIVITÉ AD HOC

Planifier une philanthropie stratégique, intégralement financée et axée sur le long terme, qui soit alignée avec la vision, la mission et les activités de l'écosystème d'entreprise familiale

Répondre spontanément à des demandes d'aide ou à des causes particulières ayant besoin de soutien

Il est possible de structurer vos dons de manière très organisée, en cohérence avec votre écosystème entrepreneurial. Vous préférez peut-être rester parfaitement agile et indépendant, libre d'effectuer des dons sous l'impulsion du moment si le besoin se fait sentir. Pour les familles disposant d'un écosystème d'entreprise étendu, il peut s'avérer judicieux d'y intégrer l'ensemble de sa philanthropie. Il peut cependant également faire sens de se donner une marge de manœuvre et ainsi conserver une capacité plus réactive pour que les membres de la famille puissent répondre indépendamment à des demandes ou à des situations d'urgence.

→ Est-ce que vos dons sont conformes à votre **stratégie philanthropique globale**, que ce soit à titre personnel, en tant que famille ou au niveau de l'entreprise ?
→ Voulez-vous que votre philanthropie soit **cohérente** et déployée de façon **homogène** ?
→ Souhaitez-vous **aller à la recherche proactive** de projets et de causes à soutenir qui soient en adéquation avec votre stratégie et votre vision ?
→ Voulez-vous être capable de **répondre spontanément** à des demandes extérieures ou à une crise éclatant quelque part dans le monde ?

PRIORITÉ À LA NARRATION ET AU RÉCIT

PRIORITÉ AUX MESURES ET AUX OBJECTIFS

Chercher et partager des récits, des expériences et des cas pratiques pour illustrer et mieux comprendre les besoins et les enjeux

Définir des indicateurs clés de performance et s'appuyer sur des données pour mettre au point les interventions

Alors que le monde prend le virage de la « donnée » (*data*), de plus en plus de philanthropes utilisent des mesures et des statistiques pour définir des indicateurs clés de performance ou des objectifs, garantir une utilisation efficace des ressources et travailler à réaliser leurs ambitions. Mais la narration (« *storytelling* ») et le partage d'expériences peuvent être tout aussi précieux, tout particulièrement lorsque vous êtes à la recherche de soutien de la part des membres de la famille ou que voulez donner matière à célébrer à vos partenaires. Vous pourriez par exemple spécifier un nombre de vaccinations contre la poliomyélite à administrer chaque année ou d'arbres à planter en Amazonie. Mais, dans le même temps, il peut être tout aussi important de documenter des études de cas sur l'amélioration de la qualité de vie des enfants vaccinés contre la poliomyélite ou l'histoire inspirante d'une journée passée à vivre dans un village indigène d'Amazonie pour mettre en avant l'importance de planter et de protéger les arbres dans cette partie du monde.

→ Que cherchez-vous **à accomplir** grâce à vos activités philanthropiques ?
→ Comment votre famille et vous-même **définissez-vous le succès** en matière de philanthropie ?
→ Voulez-vous que votre générosité soit **large** ou **restreinte**, **générique** ou **ciblée** ?
→ Êtes-vous plus intéressés par le fait de créer des **cas pratiques** et de partager des **histoires**, ou préférez-vous adopter une approche **guidée par les données** ?
→ Quelle importance revêtent les informations **quantitatives et qualitatives** dans la réalisation de vos ambitions ?

RÉSULTATS IMMÉDIATS — **RÉSULTATS À LONG TERME**

Apporter un soutien visant à pallier des problèmes à brève échéance

L'impact se mesure à la fois sur le court terme et le long terme. La plupart des philanthropes souhaitent aujourd'hui que leur action amène un impact durable et cherchent à éliminer les racines de problèmes sociaux, économiques ou environnementaux plutôt que de répondre de manière provisoire à leurs symptômes. Il existe toutefois des situations où une action immédiate peut produire un impact aussi appréciable : financer par exemple des banques alimentaires lors d'une récession économique, secourir les victimes d'un tsunami ou d'un séisme, ou offrir l'accès à des vaccins gratuits à des populations vulnérables lors d'une pandémie.

Apporter un soutien visant à produire des changements durables sur des problèmes de fond

→ Préférez-vous travailler sur des **enjeux systémiques** pour produire un impact durable ou appuyer des causes exigeant une **réponse immédiate** ?

→ Votre philanthropie est-elle **axée** sur l'obtention de **résultats immédiats** pour soulager un mal précis ?

→ Préférez-vous vous pencher sur des problèmes de **fond** et y apporter des solutions **durables** ?

NOTES

Repères

EST-CE QUANTIFIABLE ?

Nous recommandons de composer avec la complexité et de rechercher un équilibre entre méthodes qualitatives et quantitatives lorsque vous cherchez à évaluer le résultat final de votre philanthropie. Si vous voulez mesurer votre impact, alors des indicateurs clés de performance, inspirés du monde de l'entreprise avec des délais déterminés, peuvent aider à apporter clarté et structure. Toutefois, des ambitions moins tangibles, telles que la transmission de valeurs familiales, le partage de connaissances avec d'autres acteurs pertinents en siégeant au sein de différentes organisations ou encore la sensibilisation de l'opinion publique à un sujet brûlant, peuvent être mieux appréhendées en utilisant un cadre moins figé et sur un laps de temps plus long.

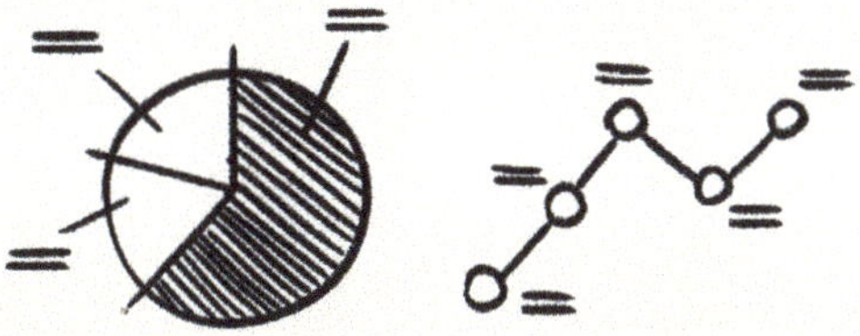

Repères

EXAMINEZ UNE MULTIPLICITÉ DE FACTEURS

Il est important de réfléchir à l'équilibre entre les ambitions et les attentes qui existe entre vous-même, votre famille, votre entreprise et la société. Comment trouverez-vous l'harmonie entre vos ambitions personnelles et celles de votre fratrie ou de vos enfants ? Vos intérêts commerciaux sont-ils susceptibles d'influencer la manière dont vous donnez et ce que vous souhaitez accomplir ? Y a-t-il des facteurs sociétaux qui devraient influencer vos actions et vos objectifs en tant que famille ou qu'entreprise ?

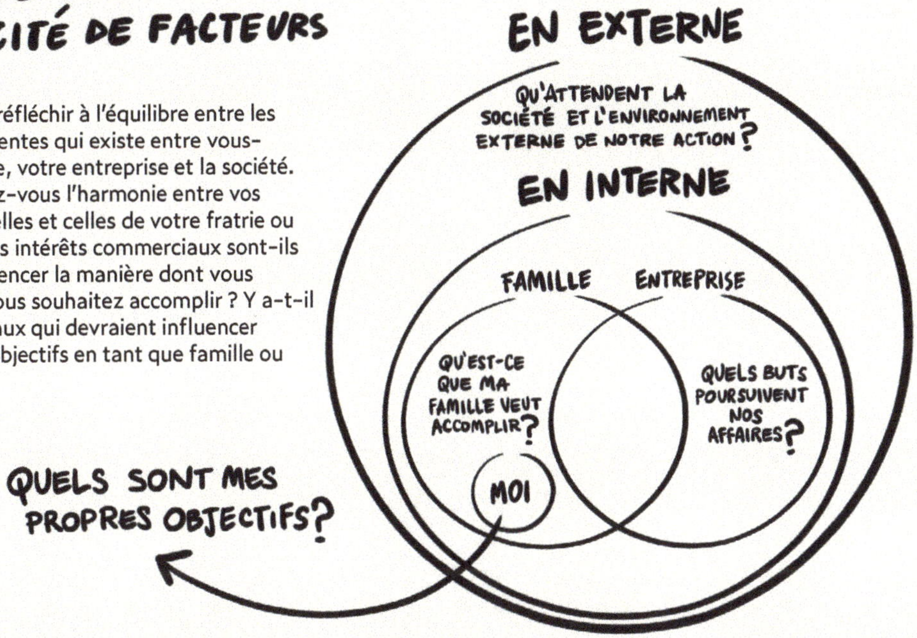

RETOMBÉES UNIQUEMENT SOCIOÉCONOMIQUES OU ENVIRONNEMENTALES

RETOURS FINANCIERS ÉGALEMENT

Donner au sens traditionnel du terme, sans s'attendre à un retour sur investissement et en s'intéressant uniquement aux retombées positives sur le plan socioéconomique ou environnemental

Vos ambitions en matière de philanthropie déterminent la nature du « retour sur investissement » que vous recherchez. Pour nombre de philanthropes, cela implique souvent de n'attendre aucune autre retombée qu'un effet positif sur le terrain. Une approche plus innovante de la philanthropie a fait émerger une mentalité d'investisseur qui présente un certain attrait pour de nombreuses familles d'entrepreneurs, selon leur Raison d'être et leur situation.

→ Vos dons sont-ils **traditionnels** dans le mode de soutien apporté, par exemple, à des causes sociales ou environnementales ?
→ Envisagez-vous des **investissements sociaux** ou la « **philanthropie de risque** » (*venture philanthropy*) comme des options pour votre aventure ?
→ Souhaitez-vous soutenir des entreprises sociales ayant un impact positif tout en offrant une **possibilité** de retour sur investissement financier ?
→ Chercherez-vous à appliquer des modes de philanthropie **innovants** pour produire plus d'impact et réaliser des gains d'efficacité et d'efficience ?

Adopter des formes alternatives de philanthropie associant retours socioéconomiques ou environnementaux d'une part et retours financiers de l'autre (comme la « philanthropie de risque », ou *venture philanthropy*, et l'investissement à impact)

Repères

QUANTIFIEZ VOTRE AMBITION

Examiner la portée de votre ambition vous permettra de bien calibrer vos ressources et vos attentes. Tandis que vous définissez cette ambition, réfléchissez aux différentes manières dont vous pouvez produire un impact avec les moyens que vous avez à votre disposition. Allez-vous par exemple soutenir 10 000 jeunes mères en Inde sur une période d'une année ou pourriez-vous avoir un impact plus significatif en aidant 1 000 mères pendant dix ans ?

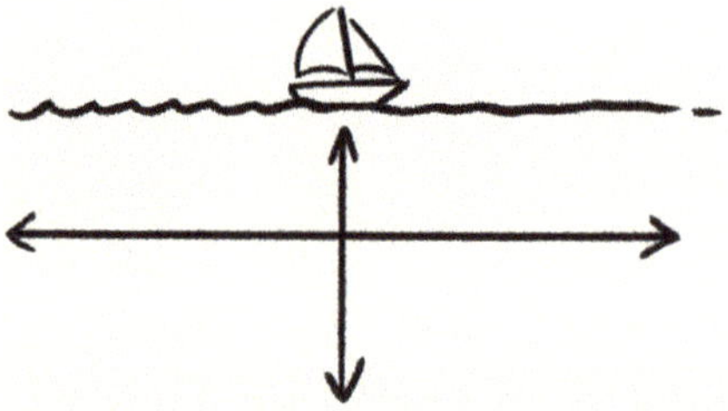

L'ÉVENTAIL DE L'INVESTISSEMENT

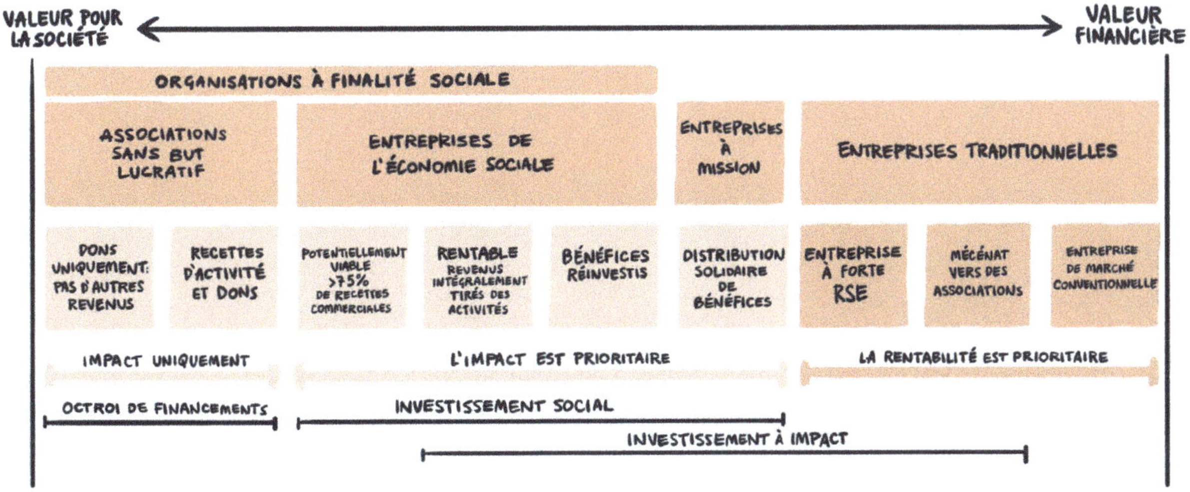

Alors que vous réfléchissez au modèle approprié pour votre philanthropie, vous pourriez souhaiter examiner l'ensemble de l'éventail d'investissements possibles, depuis les dons purement caritatifs jusqu'au modèle classique de l'entreprise et de l'investissement rentables. Les situations qui font passer la finance avant toute valeur sociétale (partie droite du spectre) ne sont pas rattachées au concept de philanthropie. Il est néanmoins utile de regarder là où se situent vos différentes activités afin de pouvoir définir quelle serait la meilleure approche, conforme avec la vision globale, la mission et les valeurs que vous portez, tant vous-même que votre famille.

Vous n'avez peut-être pas besoin ou envie d'utiliser l'ensemble de ces registres. Certaines familles travaillent sur plusieurs de ces formes d'investissement, alors que d'autres ne se positionnent qu'aux deux extrémités, gagnant de l'argent grâce à leur entreprise et effectuant leurs dons par le biais de la philanthropie caritative traditionnelle.

Activités

A présent que vous avez examiné les facteurs pouvant guider les ambitions qui aiguillonnent votre philanthropie, le moment est venu de les décrire précisément pour vous permettre de passer aux prochaines étapes. Les activités suivantes et les questions clés du *Navigateur* vous aideront à définir vos ambitions. Vos conclusions éclaireront également l'activité du chapitre sur l'Impact, qui vous servira à définir votre stratégie d'impact.

Questions du *Navigateur* :

→ Quelles ambitions avons-nous ?
→ Quel est notre objectif ultime ?
→ Comment définissons-nous le succès ?

Activité n° 1 : Passez en revue vos arbitrages

Étape 1

Reprenez les arbitrages présentés plus haut dans ce chapitre et répondez individuellement aux questions suivantes. Sur chaque axe, marquez d'une couleur là où vous pensez vous situer actuellement et d'une autre couleur, là où vous souhaiteriez arriver dans le futur. Vous pouvez positionner chacun de ces deux repères où vous le souhaitez sur l'échelle graduée.

1. **Où en est notre philanthropie à l'heure actuelle ?**
2. **Où souhaiterais-je que notre philanthropie se situe demain ?**

Étape 2

Comparez vos notes en famille et discutez-en. Quelles sont les similitudes et les différences ? Où vous rejoignez-vous et où y a-t-il des divergences ? Est-ce que cela pourrait influencer votre parcours ?

Étape 3

Chaque fois que vous avez des réponses différentes, discutez de la manière dont vous souhaitez y faire face.

***Remarque pour les philanthropes qui démarrent :** si vous n'avez pas encore débuté votre action philanthropique, concentrez-vous simplement sur la deuxième question de l'étape 1.

Activité n° 2 :
Formulez votre ambition

Étape 1

Décrivez ce que vous entendez par succès : qu'est-ce qui doit être accompli pour vous convaincre que votre action philanthropique vaut la peine d'être menée ?

Étape 2

Chaque membre de la famille doit partager ses notes de l'étape 1. Déterminez ensemble dans quelle mesure vous partagez une seule et même conception de la réussite.

Étape 3

En tant que famille, réfléchissez à la manière dont vous pourriez mesurer le succès de votre philanthropie. Songez à nouveau au distinguo entre mesures de succès qualitatives et quantitatives introduites au début de ce chapitre. Vous pouvez soit commencer par un exercice de remue-méninges (*brainstorming*) individuel, puis partager et échanger au sein du groupe, ou directement procéder à une discussion familiale.

Cas pratique

Fondation Eva Ahlström

Entretien avec Maria Ahlström-Bondestam

> « Ensemble, nous avons créé quelque chose de nouveau à partir de nos valeurs et de notre histoire familiales. »

- **Nom :** Maria Ahlström-Bondestam, co-fondatrice et présidente de la Fondation Eva Ahlström.
- **Pays d'origine :** Finlande.
- **Taille de la famille (nombre total de membres) :** 420 membres (en comptant la famille par alliance) sur 7 générations.
- **Éléments de contexte sur votre héritage familial et les activités actuelles de l'entreprise :** Mon arrière-arrière-grand-père, Antti Ahlström, a fondé l'entreprise familiale en 1851 dans le commerce du bois, l'exploitation de scieries et le transport de marchandises.
  Aujourd'hui, les sociétés de notre portefeuille comptent 15 500 employés répartis dans 29 pays et génèrent un chiffre d'affaires de 5 milliards d'euros par an. On retrouve encore nos racines dans notre plus grosse société cotée en bourse, Ahlstrom-Munksjö, qui fournit des solutions innovantes et durables à base de fibres.
  Nous avons aussi des activités dans les technologies industrielles, l'immobilier et l'exploitation forestière.
- **De quelle génération faites-vous partie ?** La 5e génération.
- **Nombre de membres de la famille prenant part à vos activités philanthropiques :** La 5e génération a cofondé la Fondation Eva Ahlström en 2010. La fondation compte désormais plusieurs satellites, ainsi qu'une antenne internationale sise à Genève. Environ 20 à 25 membres de la famille prennent une part active à notre engagement philanthropique, mais l'ensemble de la famille le soutient.

Domaines d'intervention

Priorités
Nous soutenons des femmes, des enfants et des familles défavorisés.

Pays/régions
Nous sommes actifs en Finlande et à l'international, de préférence dans des lieux où nous avons des entreprises ou un historique.

Autres aspects notables
Collectivement, nous avons trois fondations en activité. Nous avons récemment fusionné une fondation d'une autre branche de la famille au sein de la Fondation Eva Ahlström dans l'intention de mettre en commun nos ressources et ainsi produire un plus grand impact. Nous avons nommé un parent de cette branche au Conseil d'administration de la Fondation Eva Ahlström.

Organisation philanthropique

Type de structure
Les ressources financières de la Fondation Eva Ahlström proviennent de membres de la famille et d'entreprises familiales. Nous ne recevons pas de financement externe significatif. Depuis mars 2020, la fondation emploie un assistant à temps partiel, mais à part cela, la fondation et tous ses sous-groupes sont gérés par des membres de la famille qui contribuent de leur temps et leurs compétences à titre bénévole. Nous avons un ensemble de critères en place qui définissent les compétences requises pour siéger au Conseil de la fondation.

Gouvernance/prise de décision familiale
Le Conseil de fondation présente les accomplissements lors de notre journée familiale annuelle qui se tient dans notre demeure familiale. Initialement, le Conseil émettait des demandes annuelles de financement à la famille et ses entreprises. La fondation est aujourd'hui indépendante, quoique les dons restent volontiers acceptés. Pour la créer, les vingt-cinq femmes de la famille ont apporté des ressources financières. Au fil du temps, les actifs de la fondation sont passés de 25 000 euros en 2010 à 5,1 millions d'euros en 2019.

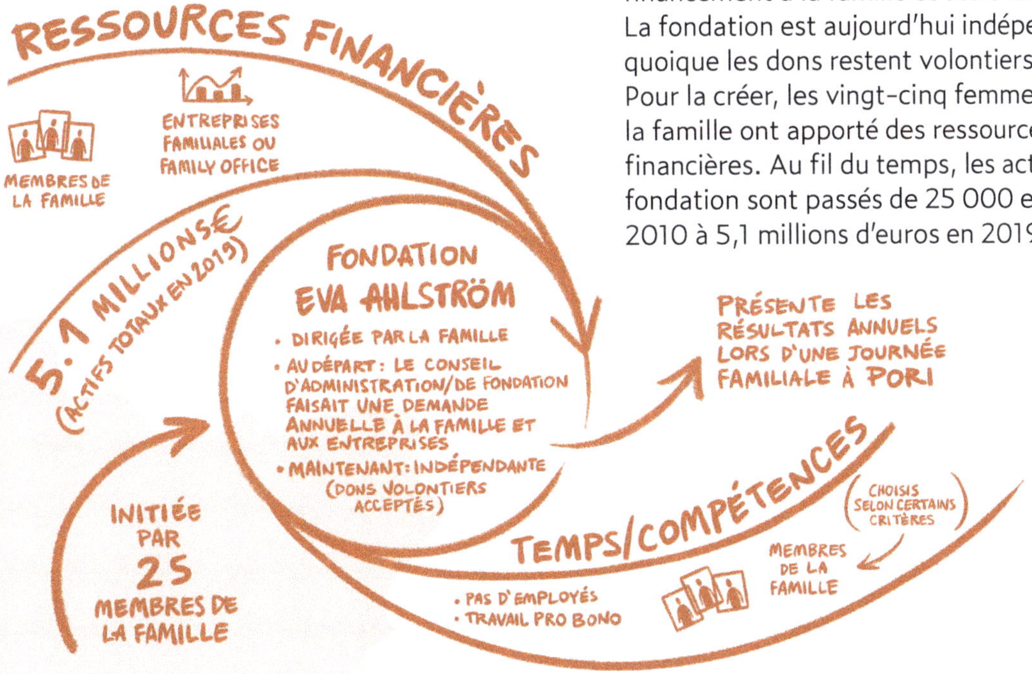

Questions du Navigateur

Motivation

→ **Qu'est-ce qui motive notre philanthropie ? Qu'est-ce qui nous pousse à donner, aujourd'hui et à l'avenir ?**
Nos aïeux Eva et Antti Ahlström ont œuvré en faveur de l'égalité d'accès à l'éducation pour les femmes en Finlande et soutenu le passage d'une loi visant à reconnaître aux femmes les mêmes droits en matière de succession que les hommes. Ils ont également apporté différentes formes de soutien aux communautés situées à proximité de leurs affaires commerciales à travers tout le pays.

Avec le temps, la famille s'est désinvestie des formules de don direct étant donné qu'avec le développement de l'impôt, l'État a graduellement assumé un plus grand rôle sur le plan local, et notamment dans la santé et l'éducation. Quand l'entreprise a commencé à prendre une envergure internationale et à investir dans des pays émergents à bas salaires, nous avons toutefois revisité notre rôle sociétal et nous avons cherché à apporter un soutien local là où nous travaillons.

En 2010 fut créée la Fondation Eva Ahlström, qui a permis aux membres de la famille de s'investir et d'apporter leur pierre à l'édifice sans avoir à faire partie de l'entreprise. La fondation est devenue une plateforme pour l'ensemble des membres de la famille, leur permettant d'avoir le sentiment de faire partie de quelque chose qui les dépasse et de contribuer authentiquement à l'héritage familial.

Focale

→ **Quelles causes nous touchent tout particulièrement ? Dans quelles régions du monde allons-nous agir ? À qui ou à quoi bénéficie notre philanthropie ?**
Nous soutenons des femmes, des enfants et des familles défavorisés, en Finlande comme à l'étranger. Nous avons pris la décision stratégique de travailler comme partenaire financeur avec des organisations reconnues qui se chargent quant à elles de la mise en œuvre. L'UNICEF est ainsi notre partenaire principal.

Ambition

→ **Quel est notre objectif ultime ? Comment définissons-nous le succès ?**
Nous croyons sincèrement à l'importance de faire « ce qui est juste » selon les valeurs universelles, notamment l'honnêteté, l'empathie, le respect et la justice. Notre vision consiste à changer la manière dont « faire le bien » est perçu en prônant la compassion et l'action et en s'efforçant d'être nous-mêmes exemplaires.

Nous reconnaissons que l'argent seul ne suffira pas à régler les problèmes du monde, mais qu'un changement d'attitudes et de structures peut mener loin. Nous sommes très ouverts à la discussion et au partage d'apprentissages avec d'autres philanthropes.

Pour nous, le succès, c'est bâtir de la cohésion autour de notre famille, de notre entreprise et de notre action philanthropique. Nous avons récemment lancé une initiative audacieuse, l'Ahlström Collective Impact, pour nous assurer que nos activités sont alignées et que nous tendons collectivement vers un impact positif maximal. Nous cherchons à inspirer notre famille, nos salariés, nos clients, nos partenaires commerciaux et d'autres parties prenantes à faire toujours « ce qui est juste » selon les valeurs universelles, dans nos réalités et nos vies respectives.

Nous sommes d'avis que cette approche, qui va de pair avec le versement de contributions financières adaptées à des partenaires de mise en œuvre bien choisis, aura une incidence positive sur la vie de femmes et d'enfants en situation de vulnérabilité.

PRINCIPAUX APPRENTISSAGES ET RECOMMANDATIONS

1. **Communiquez, et beaucoup !** Vingt-cinq femmes de la famille sont parties d'une vision commune : travailler en famille pour améliorer l'état du monde. Cependant, au fil des années, nous avons compris que pour atteindre cet objectif, nous devions communiquer nettement plus et de manière beaucoup plus claire avec les différents membres de la famille pour pouvoir nous assurer de leur engagement. Ne l'avoir pas fait suffisamment tôt a entraîné un clivage entre « nous » et « eux ». Si vous souhaitez faire participer votre famille élargie, formulez une vision claire et communiquez-la régulièrement aux différents membres de la famille pour vous assurer qu'ils sont aussi enthousiastes que vous et, à terme, qu'ils rejoignent votre cause.

2. **Identifiez vos alliés au sein de la famille.** Il est important d'identifier les précurseurs et les alliés qui croient en vous et qui partagent vos rêves au sein de votre réseau familial. Idéalement, il s'agira de personnes respectées au plus haut degré par de nombreux membres de la famille, vous permettant de mettre à profit leur soutien en créant un effet multiplicateur. Nouer les liens nécessaires prendra beaucoup de temps et d'efforts, mais s'avérera très certainement payant – pour votre famille et, à terme, pour votre cause.

3. **Cherchez à obtenir très vite des petits succès.** Commencez par des étapes modestes et simples, mais tangibles et réalisables, afin de vous permettre de célébrer de premiers succès rapides. Il n'y a aucun intérêt à faire semblant que vous allez résoudre tous les problèmes du monde dans une déclaration de mission démesurée. Obtenir un premier succès, même de caractère limité, vous aidera à gagner la confiance et l'estime de votre famille élargie.

4. **Suscitez un sentiment d'appropriation.** L'on souhaite tous se sentir utiles et faire partie de quelque chose de spécial. Attribuez une tâche à chacun et félicitez-les pour leurs contributions : toute contribution, même petite, concourt à quelque chose de plus substantiel. C'est particulièrement le cas si vous cherchez à travailler uniquement avec des membres de la famille (vraisemblablement de manière bénévole) et n'embauchez pas de professionnels extérieurs.

5. **Identifiez et exploitez les synergies.** Au démarrage, trouvez une cause qui rassemble tout le monde ou dans laquelle chacun peut se reconnaître. Ensemble, créez quelque chose de nouveau à partir de l'histoire familiale ou de valeurs communes.

6. **Jouez collectif.** Comme dans tout sport collectif, vous ne pouvez pas marquer des points en solitaire : appréciez et structurez le travail d'équipe.

Cas pratique
Fondation Tsao Ng Yu Shun

Entretien avec le Dr Mary Ann Tsao

> « Quand on a une idée claire de ses objectifs, tout le reste se met en place plus facilement. »

→ **Nom :** Dr Mary Ann Tsao, Fondatrice et présidente de la Fondation Tsao Ng Yu Shun, membre du Conseil de famille et directrice du Tsao Family Office.

→ **Pays d'origine :** La famille est issue à l'origine de Shangaï. La génération du Dr Tsao est née à Hong Kong, mais elle est actuellement basée à Singapour.

→ **Taille de la famille (nombre total de membres) :** quatre membres de la 4ᵉ génération, cinq de la 5ᵉ génération et deux de la 6ᵉ génération (primogéniture jusqu'à la 4ᵉ génération).

→ **Éléments de contexte sur votre héritage familial et les activités actuelles de l'entreprise :** Nous avons fondé notre entreprise familiale à la fin du 19ᵉ siècle dans le transport de marchandises et la logistique. Elle détient aussi actuellement des terminaux portuaires et des chantiers navals, de l'immobilier, de l'hôtellerie et des investissements.

→ **De quelle génération faites-vous partie ?** De la 4ᵉ génération.

→ **Nombre de membres de la famille prenant part à vos activités philanthropiques :** Quatre frères et sœurs de la 4ᵉ génération.

Domaines d'intervention

Priorités
Nous ciblons les questions du vieillissement de la population, de la longévité et du bien-être des générations aînées dans une société inclusive.

Pays/régions
Nous sommes principalement actifs à Singapour, mais avons de temps à autre des activités en Asie du Sud-Est ou en Asie du Sud.

Autres aspects notables
Notre objectif est de catalyser un changement constructif. Nous menons des travaux de recherche sur les tendances émergentes et des solutions pionnières et agissons également en plaidoyer auprès des gouvernements pour contribuer au changement.

Organisation philanthropique

Type de structure
Nous avons établi la Fondation Tsao à Singapour en 1992 avec un caractère opérationnel. Si nous accordons de petits financements à d'autres organisations, nous mettons essentiellement en œuvre nos propres programmes. Notre famille apporte des ressources financières et la fondation propose également différentes prestations qui génèrent des revenus. Elle recherche par ailleurs des financements externes, provenant d'autres fondations ou du secteur public.

Gouvernance/prise de décision familiale
La fondation est dotée de son propre Conseil d'administration où siègent aussi bien des personnes de la famille que des administrateurs indépendants. Quatre membres de la famille (issus de la 4e génération) travaillent activement au sein du Conseil familial et prennent ensemble des décisions concernant aussi bien les activités philanthropiques de la fondation, d'autres œuvres de bienfaisance que les investissements d'impact du *family office*.

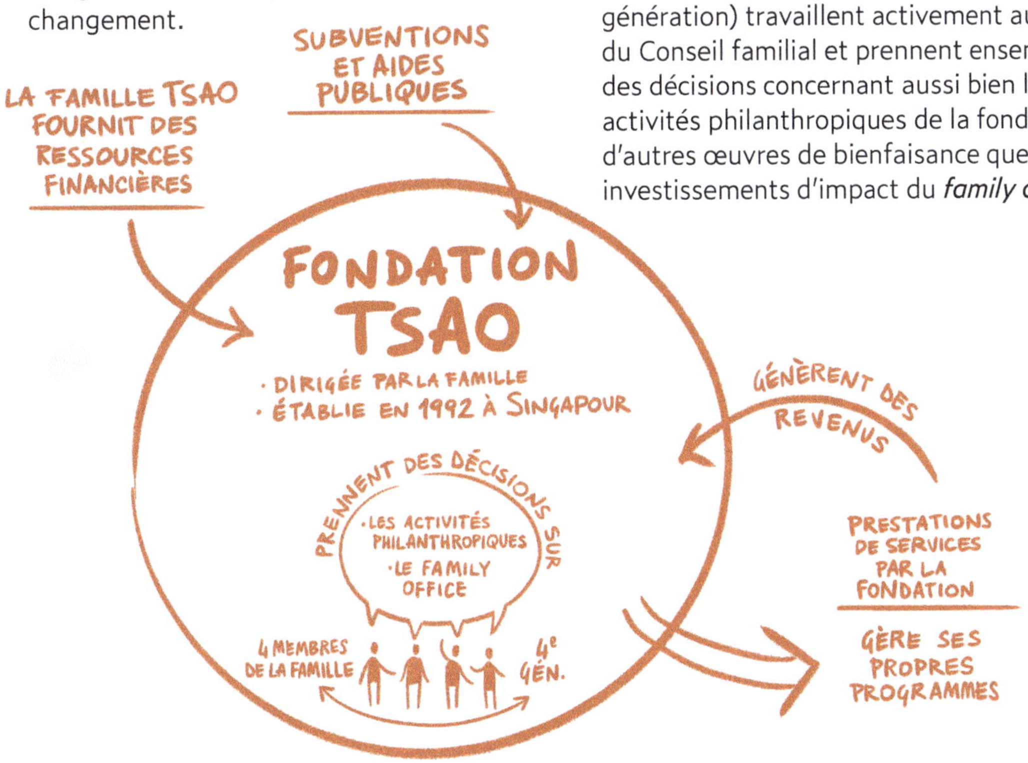

Questions du Navigateur

Motivation

→ **Qu'est-ce qui motive notre philanthropie ? Qu'est-ce qui nous pousse à donner, aujourd'hui et à l'avenir ?**
La fondation a été imaginée par ma grand-mère, Tsao Ng Yu Shun, et je l'ai dirigée depuis sa création en 1992.

Ses moteurs étaient multiples. En premier lieu, elle souhaitait contribuer à la société en son nom propre et pas juste dans l'un de ses nombreux rôles – de fille, de sœur, d'épouse, de mère et de matriarche. En deuxième lieu, elle estimait que la société moderne était dure envers les personnes âgées et elle voulait que celles-ci puissent avoir une vie plus agréable et occuper une meilleure place dans la société. Enfin, elle voulait laisser derrière elle un héritage et une plateforme pour ses cinq enfants et les générations suivantes, afin qu'ils puissent (ainsi que les futurs membres de la famille) rester proches, fédérés par leur travail en commun en tant que responsables (*trustees*) de la fondation.

Ce qui m'a motivé au début était mon dévouement à ma grand-mère. Par la suite, ayant appris davantage sur la situation des personnes âgées, j'ai aussi souhaité m'attaquer aux problèmes d'iniquité et à la gravité de la situation sociale de ces populations à Singapour.

Focale

→ **Quelles causes nous touchent tout particulièrement ? Dans quelles régions du monde allons-nous agir ? À qui ou à quoi bénéficie notre philanthropie ?**
Nos efforts portent principalement sur la promotion et la facilitation du maintien à domicile des personnes âgées par le biais du développement d'une série de modèles de démonstration de services de proximité (ayant notamment trait à la gestion des soins, aux soins de santé à domicile et aux soins en fin de vie), ainsi qu'un travail de plaidoyer pour un déploiement à l'échelle nationale, la solidarité intergénérationnelle, le renforcement de capacités, la recherche, le développement communautaire et une approche systémique et axée sur la population du « bien vieillir » impliquant l'ensemble de la collectivité. Nous faisons la promotion du vieillissement actif pour tous, quelle que soit la condition physique. À travers nos principales initiatives – le *Hua Mei Centre for Successful Ageing*, la *Hua Mei Training Academy*, l'*International Longevity Centre Singapore* et la *Community for Successful Ageing* – nous sommes à l'avant-garde de méthodes novatrices permettant de renforcer la capacité des individus âgés à prendre en main leur parcours de vieillissement et notamment en matière d'autogestion de leur santé et d'épanouissement.

Nous travaillons principalement à Singapour, mais la Cité-État tend de plus en plus à devenir pour nous un terrain d'essai, avant d'essaimer ailleurs en Asie, comme nous le faisons à travers notre collaboration actuelle avec la Banque asiatique de développement, qui appuie les activités d'élaboration de politiques publiques et de bonnes pratiques des soins de longue durée dans six pays asiatiques.

Ambition

Quel est notre objectif ultime ?
Comment définissons-nous le succès ?
Nous espérons que par nos efforts nous contribuerons non seulement au bien-être des personnes âgées, mais aussi à renforcer les liens familiaux entre différentes générations ainsi que les relations de proximité, et également améliorer la capacité des sociétés à tirer parti du dividende de l'accroissement de la longévité. Nous voulons avoir un impact social positif avec ce que nous faisons et devenir un phare pour d'autres.

Nous avons identifié deux facteurs clés de succès :

1. Nous voulons sensibiliser aux problèmes liés au vieillissement et promouvoir des solutions viables sur le plan politique et pratique, telles que le maintien à domicile, le bien-vieillir ou encore le vieillissement actif (suivant la définition de l'Organisation mondiale de la santé), avec une approche qui implique l'ensemble de la collectivité. Nous avons conçu un plan complet pour la création de services de proximité visant à permettre à nos anciens de vivre confortablement à domicile. Plus nous touchons de personnes, mieux ce sera.
2. La fondation doit être financièrement autonome (ne pas faire qu'accepter des dons, mais également générer des revenus). Nous avons pour cette raison introduit des services et des formations spécialisées qui ont pour finalité de générer des recettes par le biais de redevances.

PRINCIPAUX APPRENTISSAGES ET RECOMMANDATIONS

1. **Ayez une finalité claire.** C'est primordial. Quand on a une idée claire de ses objectifs, tout le reste se met en place plus facilement. Bien sûr, sans stratégie adéquate ou ressources suffisantes, l'objectif ne sera pas atteint, mais ce qui est encore plus sûr, c'est que si on ne sait pas où l'on va, on a peu de chances d'arriver à destination.

2. **Devenez un catalyseur de changement constructif grâce à votre excellence.** Pour jouer ce rôle efficacement et aboutir à l'impact souhaité, tout ce que vous faites doit être empreint d'excellence. Pour produire un changement durable, vous devez montrer aux autres que la solution proposée fonctionne – que ce qui semble impossible est en fait possible. Il est également important d'encourager les autres à fixer leurs propres aspirations à des niveaux d'exigence très élevés et aussi à avoir le courage et la confiance d'incarner le changement qu'ils veulent voir adopter autour d'eux.

3. **Assurez la pérennité financière.** Gérez vos fonds de manière responsable : vos entrées d'argent doivent correspondre précisément aux engagements en sortie. Cherchez à atteindre l'autonomie financière pour votre organisation et à générer des sources de revenus supplémentaires.

4. **Assurez la « bonne santé » de votre organisation.** Le succès de votre philanthropie tient au bon fonctionnement de votre structure. Vos collaborateurs, qu'ils soient issus de la famille ou non, ne doivent pas simplement avoir du cœur et être dévoués à la cause, mais aussi être compétents et capables de produire ce que vous attendez d'eux.

Cas pratique
Fondation Juniclair

Entretien avec Marianne Ruggieri

> « Si vous pensez que vous êtes trop petit pour pouvoir changer quelque chose, essayez de dormir avec un moustique. »

- **Nom :** Famille Ruggieri.
- **Pays d'origine :** France (basée au Luxembourg).
- **Taille de la famille (nombre total de membres) :** À la 2e génération, trois frères et sœurs et deux parents.
- **Éléments de contexte sur votre héritage familial et les activités actuelles de l'entreprise :** Batipart a été fondée en 1988 par Charles Ruggieri. L'entreprise familiale a commencé dans l'immobilier avant de diversifier par la suite ses activités dans les soins de santé, le tourisme et l'hôtellerie. Le groupe est actuellement actif en Europe, en Amérique du Nord et en Afrique. En 2018, la gestion du groupe Batipart a été transférée à la 2e génération, c'est-à-dire aux trois enfants de Marianne et de Charles Ruggieri.
- **De quelle génération faites-vous partie ?** De la première génération.
- **Nombre de membres de la famille prenant part à vos activités philanthropiques :** Cinq membres de la famille (deux de la 1re génération et trois de la 2e génération).

Domaines d'intervention

Priorités
Nous soutenons différents projets d'aide au développement dans les domaines de l'éducation et de l'environnement. Nous cherchons également à venir en appui de femmes en difficulté qui sont marginalisées ou victimes de violence, sous quelque forme que ce soit.

Pays/régions
Nous sommes ou avons été actifs dans des pays d'Asie, du Moyen-Orient, d'Afrique, d'Amérique du Sud et d'Europe.

Organisation philanthropique

Type de structure
Juniclair (pour Julien, Nicolas et Claire) a été fondée en 2007 sous la forme d'une association ; elle a été ensuite restructurée sous forme d'une fondation d'utilité publique en 2013. La fondation opère légalement depuis le Luxembourg.

Gouvernance/prise de décision familiale
La société holding Batipart regroupe plusieurs divisions – santé, tourisme, immobilier, hôtellerie –, associées à une fondation. L'unique source de financement de la fondation est la holding familiale. La contribution annuelle du groupe Batipart à Juniclair est d'environ 1 million d'euros. La philosophie de Batipart : sa prospérité et sa viabilité reposent sur un socle solide de valeurs morales partagées.

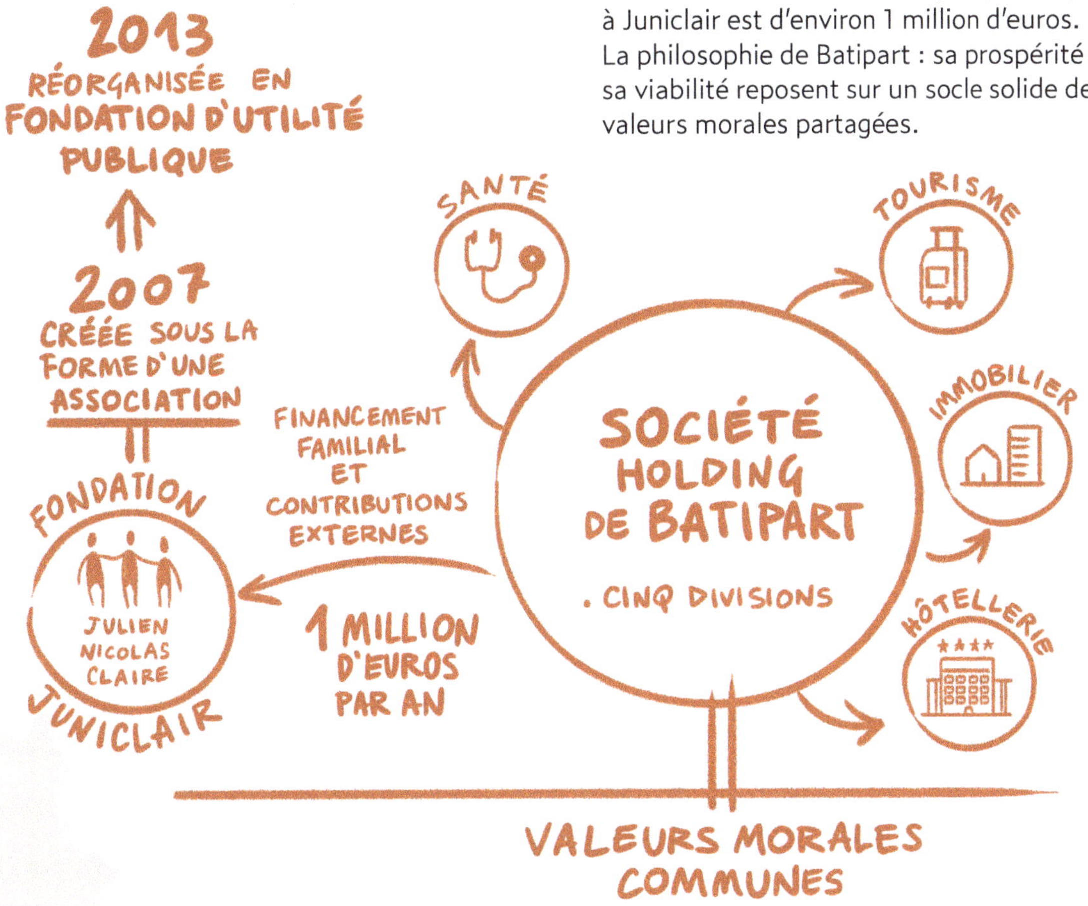

Questions du Navigateur

Motivation

→ **Qu'est-ce qui motive notre philanthropie ? Qu'est-ce qui nous pousse à donner, aujourd'hui et à l'avenir ?**
La motivation initiale derrière la mise en place de Juniclair était de transmettre nos valeurs familiales à la nouvelle génération et également de souder la famille. Ce projet s'est concrétisé à la suite de la naissance des petits-enfants de Marianne et Charles Ruggieri (la 3e génération) et a été envisagé comme une manière de leur apprendre l'importance de partager la réussite économique avec ceux qui ont eu moins de chance que nous.

Nous avons une double motivation. Premièrement, nous souhaitons changer les choses et voir que notre philanthropie a un impact tangible. Deuxièmement, nous voulons sensibiliser notre plus jeune génération à l'importance de donner – et de le faire de la « bonne façon ».

Focale

→ **Quelles causes nous touchent tout particulièrement ? Dans quelles régions du monde allons-nous agir ? À qui ou à quoi bénéficie notre philanthropie ?**
Nous tenons réellement à améliorer la situation dans les domaines de l'éducation et de l'environnement. Nous cherchons également à travailler avec des femmes de tous les milieux qui sont aux prises avec de graves difficultés, ainsi que les victimes de violences ou de maltraitance, en les aidant à accéder ou à recouvrer leur autonomie. L'expérience de Marianne Ruggieri et son empathie pour les enfants vulnérables et leurs familles ont constitué un facteur important dans le choix des causes que nous soutenons.

Nous choisissons d'octroyer des financements à des associations à but non lucratif locales assez peu connues qui sont souvent négligées par les institutions philanthropiques traditionnelles. Nous cherchons à cultiver des relations à long terme avec toutes les organisations que nous finançons et à leur apporter un soutien continu et bien ciblé, tout en prenant en compte divers contextes de collaboration.

Ambition

→ **Quel est notre objectif ultime ? Comment définissons-nous le succès ?** Nous avons pour objectif d'améliorer sensiblement la situation de long terme des bénéficiaires, en portant une attention toute particulière à « ceux que l'histoire a laissés pour compte » et ceux qui ne bénéficient pas des mêmes opportunités que nous avons dans les sociétés industrialisées. Nous apportons un soutien personnalisé de grande qualité et essayons de nouer et d'entretenir des relations étroites et privilégiées avec nos bénéficiaires.

Les principes suivants constituent pour nous des facteurs clés de réussite :

- → Être et rester humbles sur l'importance de l'aide que nous pouvons apporter.
- → Faire le bien et bien le faire, en toute discrétion.
- → Se montrer exigeants en matière d'impact, mais également rester attentifs au fait que les circonstances changent souvent.

Principaux apprentissages et recommandations

1. **Définissez votre impact et la manière dont vous le mesurez.** Mesurer l'impact ne devrait pas constituer un objectif en soi, mais plutôt un instrument indispensable pour vous aider à construire et entretenir vos collaborations. La seule fois qu'un projet que nous soutenions n'a pas fonctionné comme nous l'espérions, la raison en était que nous n'avions pas pris assez de temps pour clarifier quel impact nous voulions produire.

2. **Mettez la philanthropie à profit comme mécanisme d'apprentissage.** La fondation nous a ouvert une formidable fenêtre sur le monde. Notre famille est engagée dans de nombreux domaines différents et la philanthropie nous a vraiment permis de découvrir ce que l'humanisme signifie, dans toute sa grandeur et sa simplicité, et d'explorer le monde ensemble.

3. **La Raison d'être vient en premier.** Il est essentiel de commencer par définir pourquoi vous voulez donner, avant de vous engager de manière plus structurée. C'est un processus qui prend du temps, et vous allez devoir laisser mûrir vos idées avant de les partager avec d'autres membres de la famille et avant de pouvoir réellement démarrer vos activités philanthropiques.

4. **Montrez l'exemple à la nouvelle génération.** Nous estimons qu'il est important de partager sa richesse et donner l'exemple à la génération montante. Vous servez de modèle aux jeunes et ils apprendront de vos actions.

5. **Laissez les membres de la jeune génération définir leur propre raison de donner et appuyez leur démarche.** Acceptez que chaque génération veuille redéfinir sa ligne de conduite, et notamment sa raison de donner. Soyez également présents pour l'encourager dans la définition d'un parcours philanthropique original.

Relations

Introduction

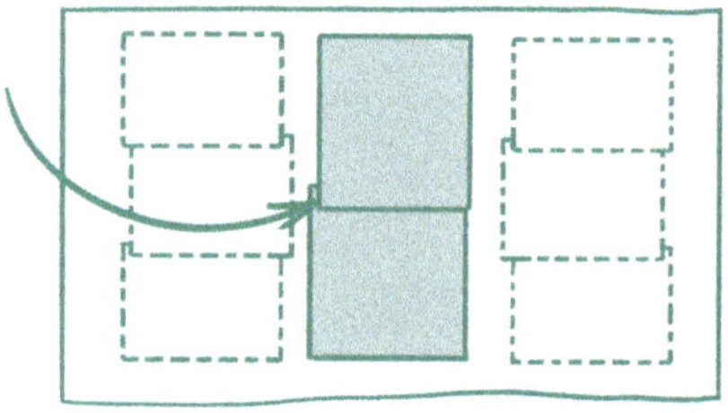

De qui avez-vous besoin pour activer votre philanthropie et concrétiser vos ambitions ? Comment comptez-vous impliquer votre famille et votre réseau ? Travaillerez-vous avec de nombreux partenaires différents ou seulement avec un nombre limité ? Comment allez-vous choisir celles et ceux qui feront partie de votre aventure et de votre équipe ?

La philanthropie germe souvent dans l'esprit d'une personne, mais se transforme en un parcours à plusieurs. Aucun philanthrope n'est isolé de son écosystème. Une démarche de don efficace ne peut pas se dérouler en vase clos. La philanthropie, comme tant d'aspects de la vie, est un enjeu relationnel. Elle mêle nos amis et notre famille, les organisations et les experts avec lesquels nous nous associons pour s'assurer que nos ressources soient mises en œuvre efficacement dans la poursuite de nos objectifs. En philanthropie, le succès dépend surtout de la solidité et de la bonne santé des relations entre tous les acteurs impliqués. *A minima*, la philanthropie suppose une relation entre un donateur et un partenaire soutenu. En réalité, elle nécessite aussi la gestion proactive de relations complexes et étroitement entrelacées, au sein même des familles et bien au-delà.

Maintenant que vous êtes arrivés à des conclusions pertinentes sur la Raison d'être de votre philanthropie, il est temps pour vous de constituer votre équipe.

→ **Philanthropes qui démarrent**, nous vous aiderons dans cette étape du *Navigateur* à explorer et à comprendre les manières dont votre famille et vos partenaires peuvent contribuer à votre démarche philanthropique.

→ **Philanthropes expérimentés**, vous trouverez ici l'opportunité de faire un bilan de santé de votre écosystème familial et partenarial, et d'envisager des ajustements à effectuer, que ce soit pour améliorer votre méthode de travail ou pour réagir à un changement de circonstances.

Pour continuer, nous vous proposons de répondre aux deux questions clés du *Navigateur* pour recruter votre équipe et répartir les rôles :

→ **Engagement Familial** : Qui, de notre famille, participe (ou participera) ? Comment et sous quelle forme vont-ils s'engager ?

→ **Partenaires** : Avec qui aurions-nous besoin (ou envie) de travailler afin de réaliser notre projet philanthropique ?

Il est important de prendre le temps de réfléchir à qui doit faire partie de votre équipe pour réaliser vos ambitions, et quels rôles ces membres peuvent (ou devraient) jouer. Il peut s'agir aussi bien d'individus que d'organisations.

Souhaitez-vous initier et animer une activité philanthropique en créant vos propres projets, ou plutôt contribuer à l'œuvre d'une fondation ou d'un organisme caritatif préexistant ? Voulez-vous mobiliser les talents ou le temps disponible de membres de votre famille proche pour construire ou affiner une démarche philanthropique familiale ? Comment allez-vous gérer leur participation ? Aurez-vous besoin de travailler avec d'autres donateurs ? De quels profils de partenaires professionnels aurez-vous besoin ? Quelle sorte de relations voulez-vous avoir avec les destinataires de vos dons ? Pourquoi auriez-vous besoin de partenaires supplémentaires ? Si votre intention est de verser des fonds à une cause bien ciblée, ne pourriez-vous pas tout simplement aller de l'avant sans intermédiaires ? Cela peut se faire au démarrage, bien sûr, mais ensuite il est préférable de travailler avec des partenaires, car l'action philanthropique requiert aujourd'hui autant de professionnalisme et d'intégrité que toute autre sphère de la vie.

Beaucoup de partenaires auront besoin de chercher un soutien externe additionnel. Des relations solidement constituées dès l'amont créent les conditions d'un meilleur départ et favorisent des résultats durables en aval. Demander à un ami compétent et expérimenté de siéger au Conseil de votre fondation, solliciter l'assistance d'un conseiller indépendant ou travailler avec une ONG qui connaît au mieux les réalités du terrain renforcera votre approche et augmentera vos chances de concrétiser vos ambitions avec succès.

Sélectionner les relations adéquates pour votre action philanthropique permettra également de combler les lacunes qui existent dans vos connaissances, vos compétences et votre expérience. Des banquiers et des avocats peuvent vous aider sur les aspects financiers et structurels du montage d'une fondation, ou planifier une série de dons sur plusieurs années. Des conseillers en philanthropie peuvent vous aider à apprendre de vos pairs ou à vous mettre en route en prenant d'emblée le bon cap. Embaucher des collaborateurs et collaboratrices expérimentés peut enfin vous aider à faire de votre rêve une réalité. Par analogie aux entreprises familiales qui réussissent grâce à de l'aide extérieure, la philanthropie ne déroge pas à cette règle.

Cela étant dit, la famille proche (voire élargie) fait partie intégrante du parcours de la plupart des philanthropes. D'une part, beaucoup de familles donatrices se servent de la philanthropie comme d'une plateforme efficace pour introduire des membres de la famille au sein de l'écosystème d'entreprise familiale, et tout particulièrement pour celles et ceux qui ne sont pas directement impliqués dans le cœur des affaires. La philanthropie peut alors constituer un excellent moyen de renforcer la cohésion familiale et de poursuivre ensemble une finalité plus grande, qui dépasse les individualités.

D'autre part, la philanthropie implique forcément l'utilisation de ressources familiales. Afin de parer à tout malentendu ou conflit d'intérêts, il est souhaitable d'informer les autres membres de la famille et d'obtenir une forme de consentement avant de vous embarquer dans une quelconque aventure philanthropique.

À la fin de cette section, vous aurez réfléchi à la manière de faire participer des membres de votre famille et d'autres partenaires à votre « écosystème philanthropique ». La structure et la gouvernance de votre action reposeront sur celui-ci. Vous étudierez plus en détails ces deux dimensions dans les chapitres dédiés de la partie « Organisation » du *Navigateur*. Pour démarrer, il est utile de dresser la carte de votre écosystème personnel comme le suggère le graphique suivant.

ÉPARGNER 10 % ET DONNER 10 %

Quand des familles partagent des richesses sur plusieurs générations, il peut être difficile pour la nouvelle génération de définir sa propre identité en relation avec cette fortune. Par conséquent, en plus de développer des compétences professionnelles pour pouvoir vivre de leur travail, les jeunes doivent apprendre à économiser et à partager l'argent. Appliquez par exemple le principe des 2 x 10 %, où vous mettez de côté 20 % de vos revenus pour en épargner 10 % et en donner 10 % à des causes philanthropiques. De cette manière, les membres de la nouvelle génération pourront explorer leurs passions philanthropiques et se construire leur propre identité. Les familles qui réussissent sur plusieurs générations sont celles qui reconnaissent l'importance pour chacun des membres de la nouvelle génération d'avoir à gagner leur propre argent, d'économiser et d'apprendre à donner.

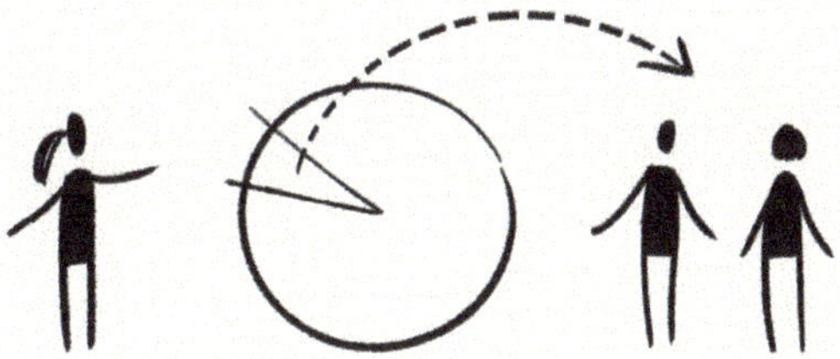

L'ÉVOLUTION DE VOTRE PHILANTHROPIE

ÉTAPE 1

MA PHILANTHROPIE

AU DÉMARRAGE DE VOTRE RÉFLEXION

ÉTAPE 2

L'ÉCOSYSTÈME INITIAL DE NOTRE PHILANTHROPIE

LORS DU MONTAGE DE VOTRE STRUCTURE

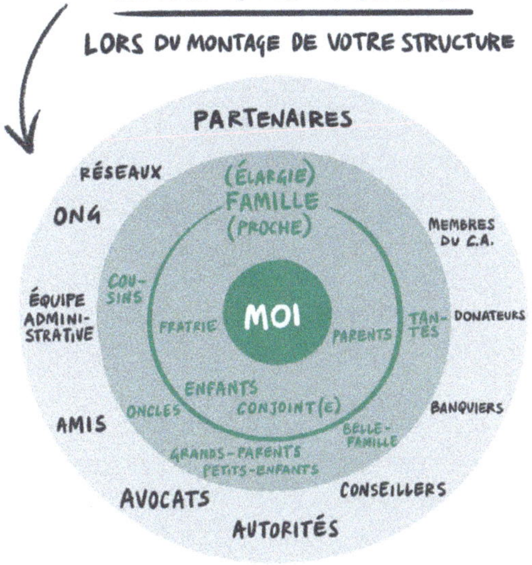

ÉTAPE 3

UNE APPROCHE INTÉGRÉE POUR NOTRE PHILANTHROPIE FAMILIALE

AU FIL DE VOTRE AVENTURE PHILANTHROPIQUE EN FAMILLE

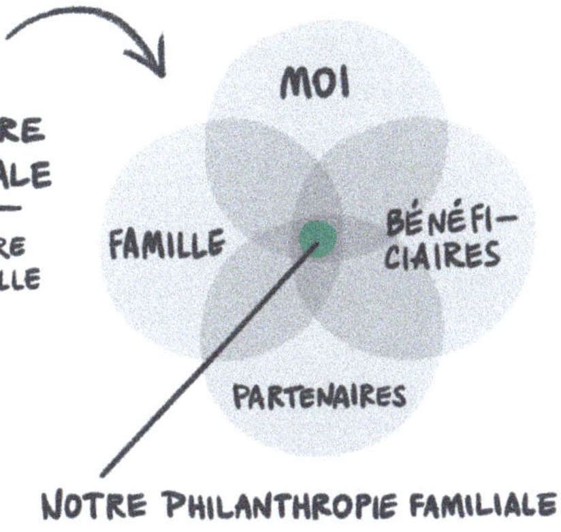

Selon l'étendue de vos ambitions et l'ampleur de vos ressources, vous pourriez préférer ne pas compliquer les choses en travaillant uniquement avec quelques membres proches de votre famille et un ou deux partenaires externes. Toutefois, si vous mettez sur pied une fondation en la dotant de montants financiers substantiels et que vous souhaitez mobiliser l'expertise et les ressources de votre famille élargie, il est probable que vos plans en matière de philanthropie nécessiteront d'impliquer un plus grand nombre d'acteurs.

Chacune de ces relations, tant à l'intérieur qu'à l'extérieur de la famille, aura alors besoin d'être orientée et accompagnée de manière claire et réfléchie afin d'assurer le bon fonctionnement de l'ensemble du dispositif. La question de la gouvernance prendra également une importance capitale au fur et à mesure que le système va se complexifier, ainsi que nous l'expliquerons dans la partie suivante.

Comme nous l'avons déjà précisé, la philanthropie part souvent de l'idée d'une seule personne, mais se transforme ensuite en un parcours à plusieurs. Il est parfaitement naturel que vous commenciez en solitaire dans cette démarche. La philanthropie est toutefois, par essence, un mouvement et un geste de soi envers les autres, où toutes et tous deviennent partenaires. La philanthropie la plus efficace s'incarne souvent dans un écosystème fort de partenariats, fondé sur la confiance, le respect et l'égalité, où l'intelligence collective prend le pas sur les intérêts particuliers.

Nous vous recommandons de bâtir votre parcours philanthropique au fil du temps à la manière d'un voyage collaboratif et incluant les apprentissages de façon ponctuelle. Ce processus a commencé dès la partie sur la « Raison d'être » de cet ouvrage, quand vous réfléchissiez à la motivation, à la cible et à l'ambition de votre philanthropie personnelle et familiale.

Dans ce nouveau chapitre, nous vous invitons à explorer la manière dont la philanthropie gagne à tisser des relations franches et bien gérées au sein d'un écosystème philanthropique fluide.

Engagement Familial

Le premier chapitre de la partie « Relations » du *Navigateur* est consacré à l'engagement familial. Il s'agit d'une dimension importante et souvent sensible qui demande beaucoup de délicatesse. Vous devrez en effet réaliser une évaluation attentive des personnes de votre famille pour décider lesquelles seront impliquées, comment et pour quelles raisons. Une bonne approche pour démarrer (ou relancer) ce processus est de procéder ouvertement et avec des modalités claires, par exemple dans le cadre d'une discussion familiale. Quelles que soient vos ambitions, cette réflexion est primordiale pour passer ensuite de la définition des objectifs à la mise en route effective. Pour les philanthropes déjà expérimentés, il s'agit d'une opportunité de (re-)lancer une dynamique de famille par le biais du don ou de repenser la manière dont votre famille travaille de concert dans ses engagements philanthropiques. Ce chapitre offre une véritable chance de comprendre comment utiliser la philanthropie comme une manière de faire participer la nouvelle génération au sein de la dynamique entrepreneuriale familiale.

Partenaires

En tant que philanthrope, vous aurez pour ainsi dire deux cercles familiaux : d'abord votre parentèle, et, ensuite, un réseau plus large d'amis, de pairs, de professionnels et d'organisations dont l'aide vous serait bénéfique pour structurer et mettre en œuvre votre engagement. Ce second chapitre de la partie sur les Relations vous aidera à identifier les profils de partenaires externes à la famille dont vous aurez besoin pour donner vie à votre vision philanthropique. Nous vous y aiderons en exposant les options qui s'offrent à vous pour compléter votre équipe. Pour les philanthropes expérimentés, cela vous donnera l'opportunité de faire le bilan de votre écosystème actuel et de réfléchir à d'éventuels changements.

Engagement familial

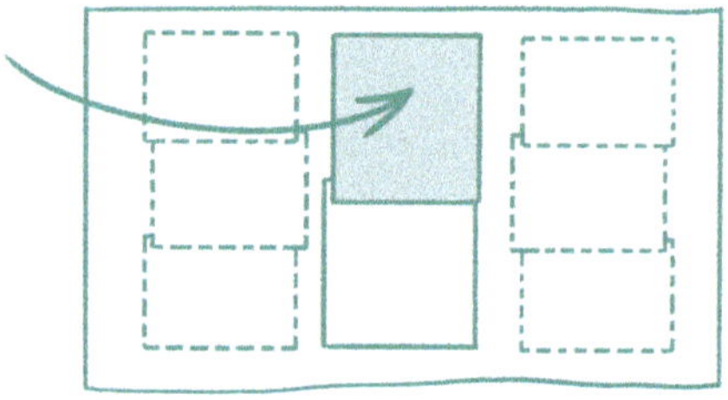

Plantons le décor

Les familles qui prospèrent et qui perdurent dans le temps, raisonnent souvent en termes de générations et non pas d'années. Il est donc utile d'examiner comment le concept de « *famille* » a évolué ces dernières décennies.

La notion de famille a changé à mesure que nos sociétés ont elles-mêmes évolué. Il y a cinquante ans, la vie de la majorité d'entre nous était principalement cantonnée à un milieu géographique limité, avec environ deux cents contacts au sein d'une même communauté. La solidarité intergénérationnelle constituait la norme et la notion d'individu n'était pas au cœur des sociétés.

Aujourd'hui, nous vivons pour la plupart en ville, et notre communauté semble être le monde avec des milliers d'« amis » sur les réseaux sociaux, tandis que l'individualisme passe souvent avant la famille. L'objectif poursuivi n'est plus seulement de devenir indépendant, mais autonome.
Le consumérisme est au cœur de nos vies : dans les médias, à travers nos achats, nos vacances et nos relations.

La centralité de la famille n'est plus la même pour la nouvelle génération. Le concept de « famille » a subi une métamorphose, passant d'une proximité aux autres membres du cercle familial à la proximité ressentie envers des individus aux vues similaires partout dans le monde. Nous assistons en conséquence à l'essor de « communautés » locales ou globales. Celles-ci attirent particulièrement la Génération Y et les « enfants du numérique » (*digital natives*), qui cherchent à se constituer une « base de sécurité » et à développer un fort sentiment d'appartenance. En même temps, cette

nouvelle génération est aussi confrontée à une nouvelle exigence morale (imposée par leurs pairs ou adoptée de leur plein gré) : celle de la poursuite de la « liste de choses à faire » (dite ***bucket list***). Cette pression peut limiter le temps de discernement qu'ils s'octroient, voire nuire à leur attachement à de grands principes de vie. Enfin, les jeunes sont avides de sources d'inspiration, de balises et d'espérance en notre monde souvent empreint d'incertitude et d'anxiété.

Si la générosité a existé à toutes les époques, aujourd'hui se dessine une opportunité grandissante de l'accueillir et la développer au sein des familles de façon plus proactive ou explicite. Les différentes générations aspirent à créer un nouvel espace pour des conversations et des collaborations constructives. La philanthropie peut ainsi devenir une plateforme féconde, permettant de souder la famille en vivant des moments de vérité et de sagesse. Elle permet d'expérimenter la générosité, elle facilite la transmission de valeurs et de croyances, elle met l'accent sur la quête de sens et sur l'importance d'autrui.

Les rapports mutuels entre parents et enfants sont en train d'évoluer. Il semblerait que nous assistions au basculement d'un modèle d'aide unilatérale à un modèle de réciprocité au sein des familles. Les membres de la génération ascendante deviennent en effet plus indépendants vis-à-vis de la génération de leurs aînés et prennent davantage en main les responsabilités qu'ils prétendent assumer.

Suivant ce nouveau paradigme, les familles peuvent être considérées comme une source précieuse d'expertise, d'idées, de talents, d'énergie et d'expérience. Solliciter des membres de votre famille élargie ouvre certes un vaste gisement de ressources, mais peut aussi entraîner d'autres défis sur des questions allant de la gouvernance et la résolution de conflits jusqu'à la communication et la gestion administrative. Trouver le juste équilibre entre membres de la famille proche et ceux de la famille élargie peut constituer un enjeu de première importance.

Le fait d'entretenir vos rapports familiaux ne doit pas constituer l'unique motivation d'une philanthropie familiale. Néanmoins cette dernière peut s'avérer bénéfique à la bonne santé de l'écosystème familial à long terme, servant de plateforme neutre (voire de soupape) pour la communication et la collaboration. Elle permet également d'épouser la diversité des points de vue et des principes qui coexistent au sein de la famille.

Cette escale du *Navigateur* vous équipera des outils nécessaires pour examiner qui, dans votre famille, vous voudriez ou auriez besoin d'impliquer pour concrétiser vos ambitions, tant philanthropiques que familiales.

Pour finir, elle vous permettra de répondre aux questions suivantes du *Navigateur* :

→ Qui, de notre famille, participe (ou participera) ?
→ Comment et sous quelle forme vont-ils s'engager ?

Si la finalité (« Raison d'être ») de votre philanthropie met l'accent sur la famille par exemple, alors vous aurez peut-être besoin de prendre en compte la meilleure manière d'y parvenir en pratique grâce à un engagement familial concret et structuré. Cette étape amorcera également le processus de réflexion au sujet des rôles et ressources : il ne s'agit pas seulement de savoir qui vous avez besoin de solliciter au sein de votre famille, mais également ce que chacun peut apporter, ainsi que les lacunes qui demeurent et doivent être comblées par des partenaires externes. Aidez-vous pour cela du chapitre sur les Ressources de la partie « Organisation » de cet ouvrage. Elle vous permettra de mener à bien une analyse approfondie des ressources que vous avez à disposition et des carences que vous aurez à compenser.

EMBARQUER DE BONNE HEURE LA NOUVELLE GÉNÉRATION

La philanthropie se situe à la croisée des dynamiques familiales et des questions financières. Il n'est pas toujours facile de susciter un élan ou une relation initiale de franchise entre les membres donateurs et les jeunes issus de la nouvelle génération au sein d'une même famille. Voici quelques conseils pratiques sur les nombreuses possibilités de faire participer la génération montante de manière efficace :

Les jeunes enfants

→ Commencez à discuter des causes qui vous touchent avec vos enfants quand ils sont encore jeunes, ainsi que sur la contribution que vous apportez à la société et votre manière favorite de donner.

→ L'argent de poche doit initialement servir à faire « l'expérience » de l'argent par soi-même. La famille Rockefeller avait élaboré le principe des allocations en trois portions égales pour l'argent de poche reçu : dépenser, épargner et partager (les « *3S* » : *spending, saving, sharing*).

→ Les enfants sont inspirés et édifiés par votre conduite personnelle : parlez-leur de vos rituels familiaux et de votre bénévolat.

Les adolescents

→ Discutez avec eux du sens de l'argent.

→ Encouragez les activités entre camarades en milieu scolaire ou pendant leurs camps d'été s'ils en font.

→ Emmenez-les lors des visites de sites pour leur faire rencontrer vos partenaires philanthropiques ou leur faire voir ce que vous soutenez.

→ Explorez l'idée de créer un fonds pour les petits-enfants de votre famille, pour initier une conversation au-delà de votre propre génération.

→ Si vous avez un fonds ou une fondation familiale, associez-les de manière informelle au sein du Conseil d'administration ou de discussions internes afin de rendre ces activités tangibles et « réelles » pour eux.

Les étudiants et jeunes adultes

→ Créez des fonds permettant d'abonder leurs dons afin d'encourager leurs initiatives caritatives naissantes.

→ Offrez une possibilité d'octroi discrétionnaire de fonds au sein de votre fondation familiale (en d'autres termes, accordez aux membres de la famille la possibilité d'allouer une portion des fonds selon leurs préférences individuelles) afin qu'ils puissent explorer leurs propres responsabilités en matière de philanthropie.

→ Encouragez et soutenez les formations en apprentissage pendant leurs vacances ou leur temps libre, ainsi que la formation professionnelle en continu.

→ Réfléchissez à les faire participer par le biais d'un comité consultatif « *Next Gen* » au sein du Conseil d'administration de la fondation, afin qu'ils puissent explorer la philanthropie entre eux.

« Enfants » majeurs

→ Soyez transparents sur le processus et les prérequis ouvrant la voie à devenir administrateurs de plein droit.

→ Partagez avec eux les documents fondateurs officiels, tels que l'exposé d'intentions initiales du fondateur (*donor's intent*) et les statuts de la fondation.

Ajustez votre boussole

Avant de vous décider sur la meilleure façon de tirer parti du potentiel qui existe au sein de votre famille, les arbitrages suivants serviront à éclairer vos réflexions et vos choix. Prenez le temps de discerner les différentes manières dont vous pouvez combiner les options à votre disposition pour mieux concrétiser vos objectifs en tant que philanthrope, mais également en tant que membre de la famille. Ayez en mémoire vos conclusions issues de la partie « Raison d'être » de cet ouvrage. Par exemple, si l'une de vos motivations profondes est de souder votre famille, d'éduquer et de préparer la nouvelle génération, vous devrez sans doute adopter une approche plus inclusive en matière d'implication d'autres membres de la famille.

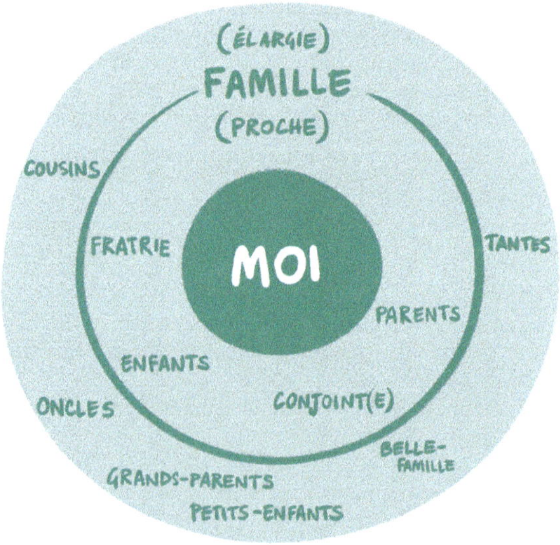

INDIVIDU, FAMILLE NUCLÉAIRE OU FAMILLE ÉLARGIE

Les familles diffèrent par leur taille, leur complexité et leurs dynamiques internes. Il existe ainsi de nombreuses manières de mobiliser sa famille dans une action philanthropique. Pour décider quels membres impliquer, et de quelle façon, il faut commencer par songer à votre propre rôle, puis considérer si les membres de votre famille immédiate peuvent et doivent être impliqués, et enfin s'intéresser à votre famille élargie. C'est un processus qui peut s'avérer compliqué, exigeant beaucoup de tact, de clarté et de prévoyance.

→ Souhaitez-vous donner **seul(e)** ?
→ Souhaitez-vous uniquement **faire participer** votre strict noyau familial ou **recruter au-delà** ?
→ Souhaitez-vous inclure des **branches** de la famille ?
→ Voulez-vous **agréger** les ressources d'un grand nombre de membres issus de votre **famille élargie** avec **différents** rôles et niveaux de responsabilités ?
→ Allez-vous inclure des membres de la **belle-famille** ou des **enfants** issus de mariages récents ou précédents ?

GÉNÉRATION UNIQUE — GÉNÉRATIONS MULTIPLES

Faire participer une seule génération à votre action philanthropique

La philanthropie familiale peut porter principalement sur l'activité très soudée d'une fratrie, ou s'étendre jusqu'à englober toutes les générations, potentiellement pour servir à unifier la famille, préparer la nouvelle génération ou transmettre des valeurs. Chacune de ces approches – et toute itération entre ces deux extrémités du spectre – comporte des forces et des faiblesses, et se rapporte également à la Raison d'être de votre démarche philanthropique. Par exemple, impliquer plusieurs générations peut exiger de connaître les différentes expériences passées et perspectives présentes des membres de votre famille, allant des plus âgés aux plus jeunes.

Faire participer plusieurs générations à votre action philanthropique

- → Désirez-vous seulement travailler avec votre **fratrie** ou également vos **cousins**, peut-être pour **(re)nouer des liens** ou **poursuivre des intérêts partagés** ?
- → Voulez-vous **renforcer le pouvoir d'agir** de la nouvelle génération, transmettre certaines valeurs ou **adopter la philanthropie** comme moyen de **préparer l'entrée** de membres de la famille dans les affaires économiques familiales ?
- → Y a-t-il eu un **changement à la tête de la famille**, ou une modification des circonstances, qui vous oblige à **réévaluer** qui doit y prend part ?
- → Avez-vous de nouvelles ambitions pour un **projet fédérateur** permettant d'impliquer les générations montantes ?

NOTES

STYLE DIRECTIF — **STYLE DÉLÉGATIF**

S'impliquer fortement dans la direction de vos activités philanthropiques

Déléguer la gestion opérationnelle de votre activité philanthropique

Il est important de clarifier la nature exacte de l'engagement philanthropique de chacun des membres de la famille. D'un côté du spectre, une possibilité consiste à participer à l'ensemble de l'aventure en étant en retrait dans la mise en œuvre des dons. Dans ce schéma, votre famille et vous-même définissez en amont les cibles et les ambitions de votre générosité avant d'externaliser la suite à des partenaires externes ou d'embaucher des professionnels comme salariés. À l'autre extrémité du champ des possibles, la famille peut vouloir être fortement impliquée dans la gestion de chaque étape du processus et vraiment « mettre la main à l'ouvrage » sur le terrain. Il y a évidemment une myriade de possibilités entre ces deux pôles extrêmes et le juste équilibre dépendra des attentes et besoins particuliers de votre famille. Beaucoup de familles d'entrepreneurs trouvent leur équilibre en s'impliquant là où elles le peuvent, tout en embauchant des conseillers pour les guider et en travaillant avec des partenaires pour mettre en œuvre leurs desseins philanthropiques *via* des projets concrets.

→ Voulez-vous partir sur une approche plutôt **directive** ou **délégative** pour votre philanthropie familiale ?
→ Quel **degré d'investissement** souhaitez-vous (ou pouvez-vous envisager) pour vous-même et votre famille dans le déploiement de votre générosité ?
→ Voulez-vous **sélectionner** une poignée de membres de la famille pour des rôles-clés actifs et demander aux autres d'être **plus en retrait** ?
→ Votre famille **veut**-elle s'impliquer dans cette aventure ?
→ Quel **niveau d'engagement** attendez-vous de la part des membres de votre famille ?
→ Quels rôles les membres de votre famille **veulent-ils jouer** ?

NOTES

PRIORITÉ À LA LIGNÉE — **PRIORITÉ À L'APTITUDE**

L'accès et le droit de participer sont déterminés par le fait d'être un descendant du fondateur (par les liens du sang)

L'accès et le droit de participer sont déterminés par les qualifications, les réalisations et les facultés de chacun

Si vous souhaitez que votre philanthropie soit à la fois contrôlée et dirigée par la famille, alors la question de la légitimité, de l'accès et des responsabilités pourrait devenir plus criante à mesure que la famille s'agrandit et que les générations se succèdent. Vous pouvez décider que seuls les membres de la lignée directe puissent participer à votre démarche philanthropique, ou au contraire ouvrir la participation uniquement en fonction des qualifications professionnelles et de l'expertise de chacun, ou encore choisir une approche mixte. Comme vous ne pouvez pas « posséder », au sens légal, une fondation qui est dédiée à l'intérêt général, il peut s'avérer utile et pertinent de songer aux principes fondamentaux que vous voulez adopter pour régir l'engagement de votre famille et, tout particulièrement, la participation des conjoints. Ces principes n'ont pas à être immuables, mais il est important de continuer à réfléchir au fil du temps aux sources des talents et des engagements dont bénéficie votre action.

→ Est-ce que la légitimité, l'accès ou le droit de s'impliquer et de prendre part aux décisions diffèrent selon que les membres de la famille soient ou non des **descendants directs** des fondateurs ?
→ Prendrez-vous vos décisions en matière de participation uniquement sur la base des **compétences** et des **qualifications professionnelles** ?
→ Si votre famille grandit, comment les différentes **compétences** et **expériences** des membres de la famille seront-elles **mises à contribution et gérées** ?
→ Comptez-vous **combiner** les **deux approches** d'une manière ou d'une autre ?

NOTES

Bonnes pratiques pour la création d'une culture familiale de générosité

Les motivations philanthropiques peuvent varier, comme nous l'avons vu, allant d'un sentiment de responsabilité (« *À quiconque il a été beaucoup donné, il sera beaucoup demandé* ») à un sentiment de joie. Il est important d'encourager les membres de la famille à réfléchir à leurs passions, leurs intérêts et leurs préoccupations propres afin qu'ils puissent apprécier la philanthropie et promouvoir une culture de don sur différentes générations. Voici quelques « bonnes pratiques » à l'usage des différentes générations.

1

Trahisons légitimes
Il peut exister une tension entre l'héritage de la génération des aînés et les idées innovantes de la nouvelle génération. Acceptez que les membres de cette dernière puissent vouloir se construire leur propre identité, tant individuelle que collective, tout en trouvant leur propre équilibre face aux pressions qui les poussent à s'aligner sur le « code » et les activités préexistantes de la famille. Les membres de la nouvelle génération développeront une personnalité propre, menant probablement à des divergences de vision. Lors du passage de témoin entre générations, les aînés doivent admettre que leurs cadets puissent vouloir agir différemment.

2

Une nouvelle plateforme permettant le rapprochement entre générations
Comme dans toute famille, la période de transition intergénérationnelle ouvre des perspectives d'avenir en même temps qu'elle fait émerger les regrets. Les relations parents-enfants et celles qui se tissent au sein d'une fratrie ne reposent pas sur les mêmes fondements. Pour ces dernières, le principe directeur est celui du partage. Cette relation entre membres de la fratrie doit être affermie par la prise de décisions en commun et la découverte d'intérêts mutuels. La philanthropie peut offrir un nouvel espace aux familles en leur permettant de créer de l'engagement sur différentes générations et, occasionnellement, d'exprimer des désaccords au sein d'un espace relativement « neutre ».

Susciter la bienveillance et montrer l'exemple

Cherchez à inspirer à chaque génération une bienveillance mutuelle et envers autrui. Les membres de la nouvelle génération sont plus enclins à reproduire le comportement de modèles parmi leurs aïeux qu'à adopter spontanément des valeurs « écrites » qui ne sont pas forcément incarnées par la génération des aînés. C'est donc aux parents de veiller à faire figure d'exemples et joindre le geste à la parole par souci de crédibilité et pour inciter les enfants à leur emboîter le pas.

Ménager un espace et un temps pour la narration (*storytelling*)

La notion de « legs moral » (*legacy*) est un puissant facteur de motivation. Le sens de cet héritage immatériel nous vient de la génération des aînés. Ceux qui nous ont précédés constituent en effet une grande source d'inspiration par ce qu'ils ont accompli au cours de leurs vies. Il est également important de consigner, rapporter la mémoire et célébrer l'engagement des autres membres de la famille, en cultivant une histoire familiale qui donne une place à tous. Il existe désormais de nombreuses manières d'y parvenir grâce aux nouveaux médias et aux technologies numériques.

Parlons d'argent
La philanthropie implique un transfert de fonds issus d'une famille à des causes et des partenaires externes. Pour les membres de la famille, ces dons peuvent avoir des répercussions sur la transmission patrimoniale et le périmètre des investissements actuels. Avant de vous embarquer dans une démarche philanthropique, ou au moment d'impliquer de nouveaux membres de la famille, n'oubliez pas de discuter ouvertement des questions financières avec l'ensemble des membres de la famille impactés par la décision. Cela permet d'accroître l'engagement et d'assainir l'atmosphère pour éviter des mésententes ou des confusions futures. A cet égard, la philanthropie peut ainsi alimenter des conversations sur qui reçoit quoi, et à quelles fins.

Communiquer clairement et faciliter l'engagement
Les progrès et les initiatives en matière de philanthropie doivent être rendus accessibles aux autres membres de la famille (par exemple au travers de retraites familiales, d'un intranet familial, de récits d'impact) dans un esprit de transparence. Il est également judicieux de prévoir des activités dédiées aux membres moins investis pour leur permettre de mieux comprendre le parcours philanthropique de la famille, par exemple des témoignages et des visites de terrain. Une communication clarifiée d'emblée en matière de prise de décisions, de rôles et de responsabilités, d'attentes et d'ambitions, donnera le ton de ce qui suivra, à l'instar de ce qui se passe dans n'importe quel environnement professionnel. C'est peut-être encore plus pertinent pour les familles, compte tenu des autres dynamiques relationnelles qui entrent en jeu.

CE QUE LA NOUVELLE GÉNÉRATION VOUDRAIT EXPRIMER

La communication intrafamiliale constitue un défi dans le contexte philanthropique. Les éléments suivants concernent les rapports entre les jeunes et leurs aînés. Ils ont été partagés par des membres de la nouvelle génération qui se rencontrent régulièrement au sein d'un groupe de discussion que nous animons :

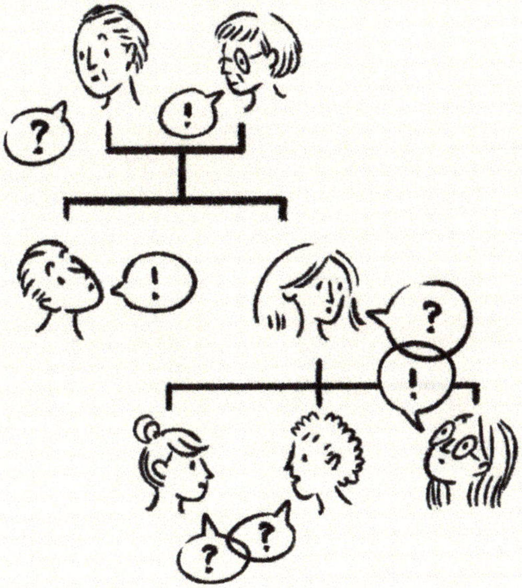

→ **Que souhaitons-nous apprendre de notre philanthropie familiale ?**
Meilleures pratiques, Diplomatie, Perspectives d'apprentissage, Expérience, Diversité d'opinions, Entrepreneuriat, Patience, Respect, Crédibilité, Réseau, Legs moral, Quête de sens, Valeurs, Relations professionnelles, Liens familiaux.

→ **Que souhaitons-nous apporter à notre philanthropie familiale ?**
Innovation, Créativité, Changement, Éducation, Perspectives, Vision, Passion, Rassembler la famille, Structure pour la génération montante, Les idées de notre génération, Ciblage, Croissance.

→ **Que souhaitons-nous entendre de nos parents ?**
Acceptation, Ouverture, Confiance, Encouragements, Autonomie, Soutien, Valeurs, Incarner le changement, Communication.

→ **Que souhaitons-nous dire à nos parents ?**
Montrez un intérêt dans les projets actuels, Soyez engagés, Racontez-nous vos histoires pour nous inspirer, Collaborez, Ayez confiance, Faites-nous participer, Renforcez nos capacités d'action, Merci de ne pas nous brider, Ayez foi en nous, Équilibrez votre autorité et l'autonomie que vous nous accordez, Cherchez à comprendre le monde dans lequel nous vivons.

Activités

Vous venez d'explorer les thèmes et les facteurs qui orienteront vos décisions relatives à la participation des membres de la famille dans votre dessein philanthropique. Les activités suivantes vous aideront à affiner vos préférences. Si vous êtes entré(e) récemment en philanthropie, cela signifie que vous aurez à choisir quels membres de la famille impliquer et comment. Si vous êtes plus avancé(e) dans votre parcours, il est temps de faire le point et de réexaminer votre configuration actuelle.

Questions du *Navigateur* :

→ Qui, de notre famille, participe (ou participera) ?
→ Comment et sous quelle forme vont-ils s'engager ?

Activité n° 1 :
Passez en revue vos arbitrages

Étape 1

Reprenez les arbitrages présentés plus haut dans ce chapitre et répondez individuellement aux questions suivantes. Sur chaque axe, marquez d'une couleur là où vous pensez vous situer actuellement et d'une autre couleur, là où vous souhaiteriez arriver dans le futur. Vous pouvez positionner chacun de ces deux repères où vous le souhaitez sur l'échelle graduée.

1. **Où en est notre philanthropie à l'heure actuelle ?**
2. **Où souhaiterais-je que notre philanthropie se situe demain ?**

Étape 2

Comparez vos notes en famille et discutez-en. Quelles sont les similitudes et les différences ? Où vous rejoignez-vous et où y a-t-il des divergences ? Est-ce que cela pourrait influencer votre parcours ?

Étape 3

Chaque fois que vous avez des réponses différentes, discutez de la manière dont vous souhaitez y faire face.

***Remarque pour les philanthropes qui démarrent :** si vous n'avez pas encore débuté votre action philanthropique, concentrez-vous simplement sur la deuxième question de l'étape 1.

Activité n° 2 : Fondez votre « communauté » philanthropique

Maintenant que vous avez travaillé sur quelques-unes des options qui s'offrent à vous, il est temps de tracer le plan détaillé de l'engagement de votre famille dans votre parcours philanthropique. Les exercices suivants vous aideront à tâtonner et à fixer vos choix, et, enfin, à répondre aux questions clés du *Navigateur* proposées dans cette section.

Étape 1

Identifiez les bonnes personnes
Remplissez individuellement le tableau suivant. Utilisez cet outil pour identifier les membres de votre famille avec lesquels vous voulez travailler, ou qu'il vous paraît important de tenir informés de votre démarche philanthropique. À cette étape, considérez principalement les membres du réseau familial sous l'angle de leur pertinence par rapport à l'ambition de votre projet.

Habituellement, l'une des principales décisions est de savoir si vous souhaitez faire uniquement participer des membres de votre famille proche – enfants, conjoint, frères et sœurs, parents (votre « premier cercle ») – ou également des membres de la famille élargie – oncles, tantes, membres de la belle-famille ou cousins (votre « deuxième cercle »).

NOM			
Branche/génération, etc. Qui sont-elles ? Quel rôle jouent-elles au sein de la famille ?			
Contribution à votre aventure Comment pourraient-elles soutenir votre démarche philanthropique ?			
Attentes Quelles pourraient être leurs attentes en participant à cette démarche ?			
Rôles Quels rôles formels ou informels pourraient-elles jouer ?			

Étape 2

Constituez l'équipage initial de votre navire
Commencez à esquisser les rôles dont chaque personne peut (ou pourrait) s'acquitter, tout en songeant à leurs contributions possibles et leurs attentes. Poursuivez votre réflexion en remplissant les différentes rangées du tableau.

À terme, il sera utile de réaliser cet exercice en groupe. Néanmoins, dans un premier temps, nous vous recommandons de commencer par explorer seul(e) ces possibilités.

Si vous décidez de faire l'exercice en groupe, il est important de prévoir qu'une personne pilote le processus et anime la discussion. Il peut s'agir d'une personne de la famille ou d'un tiers indépendant. Nous vous préconisons de ne pas jouer vous-même ce rôle afin d'être en mesure de participer pleinement à l'exercice.

Une alternative consiste à mener chaque conversation séparément, puis de consolider les résultats. Vous aurez peut-être alors besoin d'une personne indépendante pour vous aider car cette approche est plus chronophage.

Étape 3

Consolidez vos réponses
Rassemblez toutes vos réponses sur un tableau unique. Réfléchissez, individuellement et en tant que groupe, à la manière dont vous pourriez gérer les attentes soulevées par votre famille. Précisez clairement à tous les membres de la famille que vous avez impliqués (ou qu'il faudrait tenir informés) ce qui peut et ne peut pas être fait. Enfin, mettez-vous d'accord sur une feuille de route répartissant les rôles et les responsabilités.

Rappelez-vous qu'une communication claire et un processus transparent constituent des facteurs clés pour progresser non seulement dans cet exercice, mais aussi dans votre démarche philanthropique.

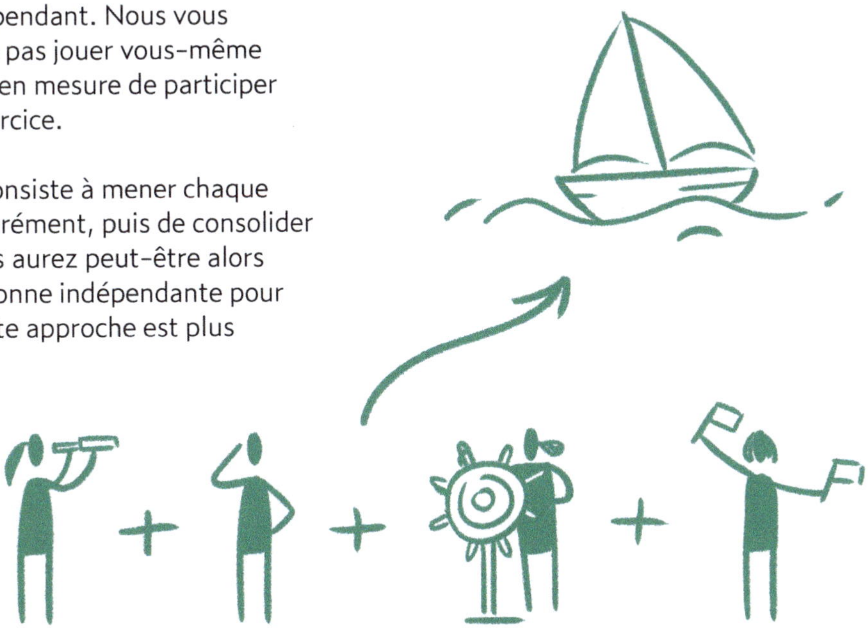

Partenaires

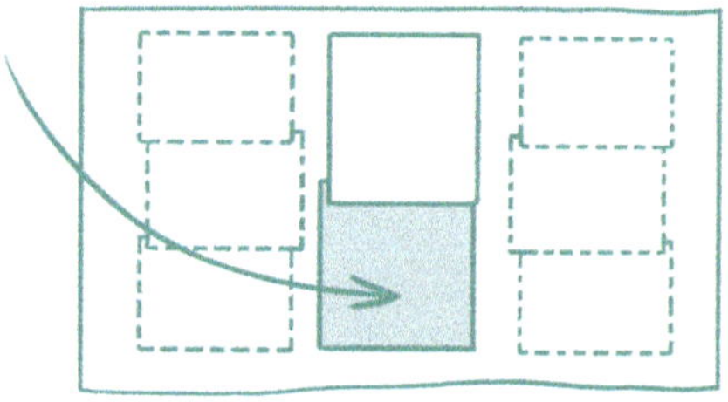

Plantons le décor

Dans un monde de plus en plus interconnecté et complexe, il est très probable qu'il faille vous aventurer au-delà des domaines de prédilection de votre famille pour concrétiser vos ambitions philanthropiques.

Des partenaires externes peuvent combler des lacunes en matière de compétences et de ressources, partager leur expérience ainsi que des connaissances précieuses.
Ils peuvent aussi offrir des perspectives et des orientations indispensables à votre succès. Ces alliés potentiels ont des profils variés : il peut s'agir d'administrateurs de la fondation extérieurs à votre famille, ou encore des destinataires finaux de votre générosité. En fin de compte, la philanthropie ne peut réellement se concrétiser que lorsque les projets, les organisations ou leurs dirigeants sont soutenus (financièrement ou via d'autres moyens) par un ensemble de partenaires. Nous reviendrons sur ce fonctionnement dans la partie « Organisation » de cet ouvrage.

Choisir des partenaires externes à la famille constitue une décision importante. C'est aussi un processus délicat qui doit découler d'une évaluation précise de vos besoins, de l'étendue de vos ambitions et du degré de professionnalisme que vous souhaitez. Maintenant que vous savez ce que vous voulez accomplir et connaissez les ressources qui existent au sein de votre famille, il est temps de définir avec qui vous devrez engager le dialogue et de quelle manière. Nous vous suggérons de chercher à impliquer deux principales catégories de partenaires.

Vos conseillers comme premiers partenaires

Nous entendons ici les conseillers spécialisés en philanthropie, experts juridiques et financiers, formateurs, salariés ou encore membres du Conseil d'administration/ de fondation qui vont vous venir en appui dans vos prises de décisions, vos montages de structures et dans le déploiement de votre action. Il s'agit là de votre « équipe en coulisse ». Au sein de l'écosystème philanthropique, il existe toute une diversité de partenaires externes à la famille qui sont disposés à vous épauler. Il est peu probable que vous ayez besoin d'avoir recours à tout cet éventail à chacune des étapes de votre parcours. Certains partenaires seront très fortement engagés ; d'autres seront peut-être plus en retrait ; d'autres encore ne participeront qu'à une étape bien particulière de votre périple. Les partenaires ayant un rôle de conseil pourront notamment vous aider à choisir la structure adéquate, gérer votre fondation, obtenir un plus grand impact, ou faciliter la collaboration entre les générations.

Ces questions clés guideront vos premières réflexions :

1. De quelles autres compétences, expériences et savoirs aurez-vous besoin afin de concrétiser votre « Raison d'être » ?
2. Qui peut vous aider à poursuivre vos objectifs philanthropiques ?
3. Comment avez-vous l'intention de sélectionner ces personnes ?

Vous pourriez également examiner en quelle qualité et à quelle étape faire participer ces profils à votre philanthropie :

→ **Membres du Conseil d'administration/ de fondation, membres du Comité consultatif.** Vous pourriez inclure des consultants indépendants au sein de l'organe de direction de votre structure. Il s'agit habituellement d'engagements sur le long terme et qui sont la plupart du temps réalisés *pro bono* dans le milieu de la philanthropie, ou bien moyennant des honoraires minimes.

→ **Conseillers externes.** Vous pourriez vouloir bénéficier du soutien *ad hoc* de tiers pour une tâche précise et ponctuelle (comme du conseil juridique, ou stratégique, l'engagement des jeunes de votre famille ou une prestation de formation) ou à plus long terme pour développer une compétence propre (en gestion d'actifs par exemple). Ces relations reposent en général sur un contrat ou un mandat délégué.

→ **Salariés.** Selon l'ampleur de vos opérations, ou votre besoin d'expertises particulières, envisagez éventuellement d'embaucher des personnes au sein de votre structure pour accomplir certaines des tâches requises pour mener à bien votre initiative philanthropique.

→ **Réseaux.** Vous pourriez chercher à tisser des liens avec des acteurs importants œuvrant dans le champ d'action choisi pour votre philanthropie, que ce soit par le biais de réseaux formels (par exemple l'appartenance à une association) ou informels (groupes de travail, autres entrepreneurs ou fondations).

Vos interlocuteurs opérationnels comme partenaires

Vous devrez aussi choisir un opérateur qui sera le destinataire final de votre philanthropie et qui se montrera actif et efficace dans la concrétisation de vos ambitions sur le terrain. Ce choix (et la relation qu'il implique) est primordial, qu'il s'agisse d'une ONG, d'une association caritative, d'une entreprise sociale, voire de dons effectués directement à un individu, une école, un hôpital ou une galerie d'art. Au moment où vous organisez ce partenariat essentiel, il peut s'avérer utile de travailler avec un conseiller ou un autre philanthrope pour bénéficier de leur expérience et de leur expertise. Si vous projetez d'entreprendre une action à plus grande échelle, le recrutement de professionnels chevronnés doit être sérieusement envisagé.

Ces questions clés aiguilleront votre réflexion initiale :

1. Quel **type d'organisation** voudrais-je soutenir (par exemple une ONG internationale, une organisation caritative de premier plan, une petite association locale, une entreprise sociale) ?
2. Comment ai-je l'intention de les **identifier** ?
3. Quels seront mes **critères de sélection** pour m'engager à leurs côtés ?
4. Comment vais-je **échanger** avec elles tout au long du processus ?

Plus loin dans ce chapitre, nous proposerons également une liste de cinq bonnes pratiques visant à développer des relations saines avec les partenaires avec lesquels vous travaillez et auxquels vous accordez des financements.

Il est important que vous réfléchissiez attentivement aux différentes options qui s'offrent à vous et que vous vous preniez le temps nécessaire pour étudier des exemples de bonnes pratiques (notamment celles issues de familles ayant des ambitions similaires). Cela vous aidera à apporter de la clarté et une structure à ceux avec qui vous souhaiteriez devenir partenaires pour atteindre vos objectifs philanthropiques. Ce chapitre du *Navigateur* vous aiguillera dans l'identification des partenaires externes à la famille qui vous aideront à concrétiser votre vision.

D'ici la fin de ce chapitre, vous devriez être en mesure de répondre à cette question déterminante :

→ Avec quelles personnes **externes** aurions-nous besoin (ou envie) de travailler afin de réaliser notre objectif philanthropique ?

VOS ALLIÉS

On peut vouloir rechercher le soutien de partenaires philanthropiques externes pour de multiples raisons. Vous trouverez ici une brève description de certains de ces acteurs et de la manière dont ils pourraient étoffer votre écosystème. Il peut s'avérer utile, à cette étape, de procéder à une mise en regard avec le chapitre sur les Ressources de la partie « Organisation ». En particulier lorsque vous réfléchirez aux compétences à s'adjoindre, car vous ne les trouvez pas dans vos cercles familiaux.

→ **Expertise thématique** : Au cours de l'élaboration de votre stratégie philanthropique, vous pourriez avoir besoin d'experts capables de vous aider dans vos décisions de financement, ou d'identifier comment répondre au mieux à des enjeux précis. Au fil du temps, les partenaires que vous financez vous apporteront des éclairages, mais il est toujours utile d'avoir accès à une expertise et des suggestions en prise directe avec votre Comité directeur. De tels experts peuvent agir en tant que conseillers externes, ou vous rejoindre pour exercer un rôle plus formel, comme celui de membre du Conseil d'administration de votre fondation.

→ **Conseil juridique** : Mettre en place votre structure, rendre des comptes aux Autorités, et formaliser des contrats avec les bénéficiaires des financements et les fournisseurs sont des tâches incontournables pour toute fondation. Des avocats spécialisés et des fondations abritantes peuvent fournir les ressources nécessaires pour gérer ces enjeux. Vous avez aussi la possibilité de faire intervenir d'autres donateurs ou des conseillers en philanthropie pour vous aider à orienter vos choix.

→ **Conseil financier** : Traditionnellement, ce sont les banquiers qui ont joué ce rôle. Pourtant il est important de considérer, par exemple, s'ils sont capables de vous conseiller en siégeant dans votre Conseil tout en ayant le mandat formel de gérer vos actifs, aussi bien liquides qu'illiquides. Pour des raisons pratiques, vous voudrez peut-être séparer ces deux rôles pour conserver l'indépendance des décisions et limiter les conflits d'intérêts. En outre, il existe de nombreux conseillers financiers indépendants ayant une expertise pionnière en matière d'investissements à impact et de finance durable. Pour certaines familles, un *family office* pourra offrir des conseils financiers adaptés.

→ **Animation ou modération de discussions familiales** : Une fondation familiale, animée par une famille, gagne souvent à s'appuyer sur un tiers impartial pour animer les discussions internes. Les échanges faisant participer de nombreux membres de la famille sur plusieurs générations manquent rarement de soulever des sujets sensibles. Faire intervenir quelqu'un d'extérieur peut aider à favoriser un climat propice au foisonnement d'idées.

→ **Évaluation externe ou apprentissage continu** : Dans un monde en mutation rapide, où il est difficile de se ménager du temps, prendre du recul pour réfléchir à votre impact constitue une partie importante du processus d'apprentissage que nous préconisons. Des évaluateurs externes peuvent vous aider dans cette tâche. Un apprentissage en continu aide à acquérir de nouvelles perspectives, de nouvelles connaissances et autorise à forger une entente entre toutes les parties.

Ajustez votre boussole

Tandis que vous commencez à explorer et à comprendre vos besoins et l'éventail de partenaires potentiels qui s'offre à vous, les arbitrages suivants vous aideront à cadrer votre réflexion et simplifier les choix futurs. Souhaitez-vous travailler avec des personnes en dehors de votre famille ? Quels types d'interactions envisagez-vous avec ces intermédiaires ? Quels sont les meilleurs partenaires potentiels pour matérialiser vos objectifs ?

Il est utile de se rappeler les choix que vous avez faits dans la partie « Raison d'être » tandis que vous amorcez ces nouvelles réflexions.

Nous présentons ici certains des arbitrages que vous aurez à faire pour bâtir ou entretenir votre réseau de soutiens.

Repères

GÉRER LES CONFLITS D'INTÉRÊTS

Si nous avons besoin de différents types de relations avec des partenaires variés pour réaliser notre vision philanthropique, il convient d'être conscient des éventuelles divergences d'intérêts au sein de cet écosystème. Par exemple, un banquier qui gère vos fonds et qui siège au Conseil de votre fondation pourrait préférer un modèle privilégiant la stabilité et la pérennité avec une approche graduelle, alors que votre famille et vous-même pourriez être enclins à avancer de manière plus rapide et flexible. Peut-être un membre de la famille voudra-t-il être impliqué et, en parallèle, siéger au Conseil d'administration/Comité d'associations que vous soutenez. Commencez donc par vous demander s'il s'agit de blocages ponctuels ou de conflits récurrents. Considérez ensuite les manières de limiter ces conflits pour éviter toute perturbation durable, en mettant éventuellement en place des mécanismes de gouvernance clairement définis au sein de votre écosystème.

Nous recommandons en général de :

1. Demander aux partenaires avec lesquels vous travaillez de déclarer ouvertement leurs éventuels conflits d'intérêts.
2. Formaliser par un accord écrit les éventuels conflits d'intérêts récurrents.
3. Réexaminer la situation tous les ans pour vous assurer de rester sur la bonne voie.

RÉACTIVITÉ — PROACTIVITÉ

Réagir exclusivement à des propositions (spontanées ou sollicitées) émanant d'ONG, d'organisations caritatives et d'entreprises sociales

Proactivement identifier des opportunités à soutenir

Demandez-vous si vous accepteriez de recevoir des propositions en tant que philanthrope réactif ou si vous préféreriez chercher vous-même des opportunités, peut-être par le biais d'un appel à projets ou l'aide de professionnels, en tant que philanthrope proactif. Vous pourriez aussi opter pour une approche mixte ou *ad hoc*. Il est important de préciser ces choix en amont parce qu'ils façonneront la manière dont vous allez bâtir et entretenir vos principaux partenariats en aval. Si vous souhaitez agir en réactivité, il vous faudra d'abord dresser un profil-type de partenaire idéal, puis faire connaître la manière dont vous examinerez les demandes, et enfin répondre aux sollicitations.
Cela suppose une plus grande capacité à approuver ou refuser des projets, voire à demander des révisions. Si vous choisissez la méthode proactive, faites des recherches en amont, procédez aux vérifications approfondies préalables (*due diligence*) et échangez avec des experts pour comprendre qui vous aidera à accomplir votre finalité. Cela exigera de vous une plus grande capacité à comprendre en finesse le domaine dans lequel vous opérez.

→ Souhaitez-vous **recevoir des propositions (y compris non sollicitées)** ? Si c'est le cas, avez-vous la **capacité de gérer** ce processus ?
→ Préférez-vous **identifier vous-mêmes les causes et les partenaires** ? En ce cas, avez-vous la capacité d'**explorer votre domaine de manière approfondie** ?
→ En cas d'hésitation, une **approche mixte** ou ***ad hoc*** vous conviendrait-elle mieux ?

DONS AFFECTÉS — **DONS NON AFFECTÉS**

Donner à une organisation pour un projet spécifique, clairement délimité

Donner à une organisation de manière flexible et sans restreindre le soutien à un projet spécifique

Une fois que vous aurez choisi la ou les organisations que vous souhaitez soutenir, vous pourrez décider de financer des activités ou des projets spécifiques. C'est ce que l'on appelle des « dons affectés » (*restricted giving*) ou « fléchés » (*earmarked*), dont vous pourrez assurer conjointement le suivi avec vos partenaires, tant sur le plan des attentes que des éventuels changements en matière de transparence et de ciblage. Vos partenaires apprécieront également le caractère prévisible de ce type de soutien financier. D'un autre côté, vous pouvez choisir d'accorder des financements à une organisation sans avoir précisément à l'esprit un projet ou une activité spécifique. Dans le champ philanthropique, on appelle cela les dons « non affectés » (*unrestricted*). Cette deuxième approche offre plus de latitude à l'organisation partenaire, mais il peut s'avérer plus compliqué de recevoir un retour d'informations circonstancié et intelligible sur l'impact de votre contribution. Vos partenaires pourraient apprécier le fait d'avoir de la marge de manœuvre dans l'utilisation libre et souple de ces ressources financières.

→ Préférez-vous agir de façon **très ciblée** dans votre philanthropie en sélectionnant des **projets précis** ?
→ Serait-il plus adéquat de **donner de manière plus globale** et de permettre à vos partenaires d'**utiliser les fonds comme ils l'entendent** ?
→ Est-ce que **combiner les deux approches** pourrait s'avérer pertinent ?

NOTES

APPROCHE UNILATÉRALE — **APPROCHE COLLABORATIVE**

Donner en solo

Donner en collaboration avec d'autres

« Si tu veux aller vite, marche seul, mais si tu veux aller loin, marche avec les autres », dit le proverbe. En philanthropie, vous pouvez travailler seul(e) ou en configurations variées. Étant donné qu'une fondation n'a pas d'actionnaires, ni de « clients » ou de propriétaires, elle bénéficie d'une liberté d'action unique. Préférez-vous les prises de décisions rapides et l'autonomie du capitaine seul maître à bord du navire, ou comptez-vous faire participer d'autres donateurs (ou fondations) à votre aventure philanthropique ? Collaborer favorise l'émergence de nouvelles idées et de nouveaux réseaux, ce qui permet d'aboutir à de meilleurs résultats, mais requiert également un plus grand effort de coordination.

→ Souhaitez-vous déployer **seul(e)** votre philanthropie ? Sinon, dans quelles proportions souhaitez-vous **collaborer** avec d'autres **partenaires** (**fondations** ou autres) ?
→ Quel degré de **liberté** souhaitez-vous affirmer dans votre philanthropie ?
→ Comment **s'accorde** cette envie avec la « **Focale** » et les « **Ambitions** » de votre générosité ?

NOTES

EMBARQUER DES ADMINISTRATEURS INDÉPENDANTS

« Dans notre entreprise familiale, la décision d'ouvrir le Conseil d'administration à des personnes extérieures à la famille a constitué un facteur clé de réussite. Au sein de notre fondation, nous pouvons gérer les choses entre nous. »

Voilà un discours que nous entendons fréquemment de la part des familles philanthropes avec lesquelles nous travaillons. La philanthropie familiale consiste souvent à assigner des rôles et des responsabilités importants à des membres de la famille. Quand une fondation s'appuie sur des salariés dédiés qui ne sont pas issus de la famille, cela peut constituer une bonne approche. Pour autant, même dans ce contexte, nous estimons qu'inclure des membres externes à la famille au sein du Conseil de fondation, organiser des retraites pour les administrateurs qui soient animées par des facilitateurs externes et mener des évaluations externes de votre impact constituent des manières salutaires de s'assurer que vous faites le bien – et que vous le faites bien.

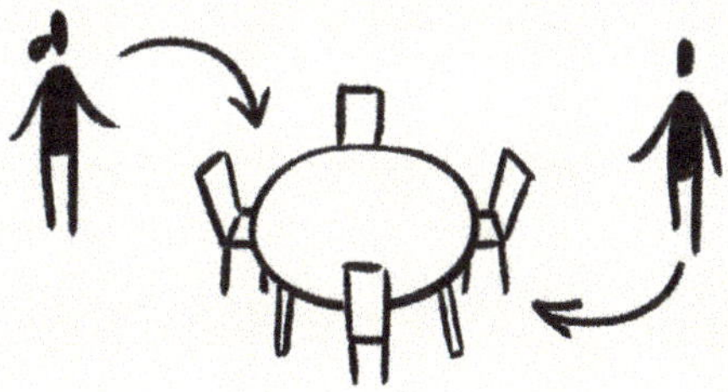

Bonnes pratiques pour bâtir des relations fortes avec vos partenaires

Bien donner n'est pas une science, mais un art. Néanmoins, plusieurs « bonnes pratiques » peuvent donner un cadre à votre style de philanthropie et permettre d'établir d'excellentes relations avec vos partenaires :

1 Cultivez la tête et le cœur
À mesure que vous établissez vos partenariats et développez vos structures philanthropiques, vous rencontrerez également des situations et questions ponctuelles qui vous touchent (le « cœur »), mais qui ne sont pas nécessairement prévues par votre stratégie initiale (la « tête »). Nous vous encourageons à réserver environ 15 à 20 % de vos ressources pour pouvoir les affecter à des actions « coup de cœur ». Bien que la philanthropie soit habituellement très organisée, elle doit demeurer un outil pour faciliter votre générosité, que ce soit d'une manière structurée ou en répondant spontanément à un appel à compassion dans des situations ponctuelles.

2 Commencez par choisir soigneusement vos partenaires
Vos financements visent à construire un monde meilleur, mais leur mise en œuvre se fera sur le terrain par d'autres que vous-même. C'est pourquoi nous recommandons de choisir vos organisations partenaires à l'issue d'une évaluation prudente, réalisée sur la base de critères de sélection propres. Une fois un partenaire sélectionné, vous pourrez ensuite en toute confiance définir ensemble les projets que vous soutiendrez pour réaliser vos objectifs.

3 Soyez un donateur fiable et régulier
Nous préconisons de partir sur un engagement de long terme (sur trois à cinq ans minimum) dès lors que vous cherchez à produire un changement et un impact durables par votre philanthropie. Nous vous conseillons d'être explicite quant à votre cycle de financement et l'horizon de clôture probable de votre soutien. Cela aidera vos partenaires à planifier et budgétiser efficacement.

4 Travaillez en toute souplesse
Établir un encadrement et une structure robustes permet de mieux prendre en compte les attentes de chacun. Il vous faudra toutefois aussi faire preuve d'une certaine souplesse pour permettre à vos partenaires de porter pleinement leur attention et leurs ressources aux bénéficiaires.

5 Soyez à la fois ambitieux et humble
L'humanité fait face à des défis majeurs et la philanthropie peut vraiment contribuer à améliorer les choses. Mais le changement se mesure parfois difficilement. Il peut être utile de comparer vos propres attentes et expériences avec celles d'autres donateurs ou d'experts indépendants.

PARTENAIRES ÉQUITABLES

Par le passé, la philanthropie était présentée comme une relation à sens unique entre donateurs et bénéficiaires. Cependant, sous l'influence de la complexité croissante des enjeux contemporains et des aspirations des donateurs à être plus impliqués dans l'univers de plus en plus professionnalisé de la philanthropie, une nouvelle ère est en train d'émerger : les parties prenantes choisissent désormais d'unir leurs forces et d'agir ensemble. Cette approche plus collaborative prend la forme d'une démarche partagée d'étroite coopération, avec des avantages pour les deux parties.

Peu de donateurs pensent désormais avoir toutes les réponses ou souhaitent imposer unilatéralement des solutions. En réalité, une philanthropie efficace aborde la totalité de son écosystème comme une communauté de partenaires égaux œuvrant ensemble dans un objectif commun. Le donateur tient le gouvernail de l'activité philanthropique tout en étant fortement influencé par un écosystème qui lui est proche et d'un soutien bénéfique. Au sein de celui-ci, le destinataire des ressources (qui peut être une association petite ou grande ou même une flotte de pêche située dans un pays en développement) joue un rôle tout aussi vital dans la réalisation des objectifs du projet.

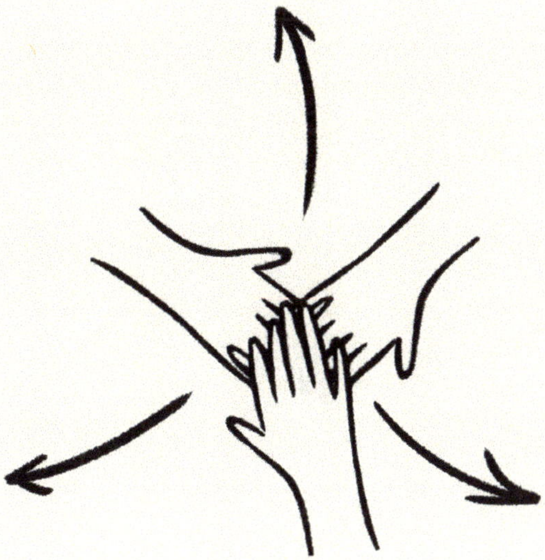

Activités

Maintenant que vous avez pris conscience de l'importance qu'ont les partenaires au sein du parcours philanthropique, vous pouvez passer au stade où vous définissez quels types de partenaires apporteront le meilleur appui à votre philanthropie et la manière idoine de les impliquer à vos côtés. Les exercices suivants vous aideront à prendre ces décisions stratégiques.
Pour les nouveaux philanthropes, cela signifie que vous allez devoir choisir votre « communauté » initiale de partenaires externes. Pour les philanthropes déjà actifs, il s'agit d'une bonne occasion de réexaminer votre réseau actuel et d'y apporter des changements s'il y a lieu.

Question du *Navigateur* :

→ Avec qui aurions-nous besoin (ou envie) de travailler afin de réaliser notre projet philanthropique ?

Activité n° 1 :
Passez en revue vos arbitrages

Étape 1

Reprenez les arbitrages présentés plus haut dans ce chapitre et répondez individuellement aux questions suivantes. Sur chaque axe, marquez d'une couleur là où vous pensez vous situer actuellement et d'une autre couleur, là où vous souhaiteriez arriver dans le futur. Vous pouvez positionner chacun de ces deux repères où vous le souhaitez sur l'échelle graduée.

1. **Où en est notre philanthropie à l'heure actuelle ?**
2. **Où souhaiterais-je que notre philanthropie se situe demain ?**

Étape 2

Comparez vos notes en famille et discutez-en. Quelles sont les similitudes et les différences ? Où vous rejoignez-vous et où y a-t-il des divergences ? Est-ce que cela pourrait influencer votre parcours ?

Étape 3

Chaque fois que vous avez des réponses différentes, discutez de la manière dont vous souhaitez y faire face.

***Remarque pour les philanthropes qui démarrent :** si vous n'avez pas encore débuté votre action philanthropique, concentrez-vous simplement sur la deuxième question de l'étape 1.

Activité n° 2 : Vos conseillers comme partenaires

Après avoir réfléchi aux arbitrages et aux options qui s'offrent à vous au sein de l'écosystème de partenaires, il est temps de lister les partenaires externes à la famille qui viendront compléter votre équipe. Les activités suivantes vous guideront à travers ce processus.

NOM DU PARTENAIRE

Contribution
Quel soutien pourrait-il vous apporter dans votre parcours philanthropique ?

Étape 1

Étoffez votre équipage
Reprenez le tableau que vous avez rempli dans le cadre de l'Activité n° 2 du précédent chapitre sur « l'Engagement familial » et imaginez comment vous pourriez obtenir un appui complémentaire, ainsi que les bienfaits que vous pourriez tirer d'une collaboration avec des partenaires externes choisis, tels que des co-donateurs, des conseillers, des administrateurs, etc. Existe-t-il des lacunes en termes de connaissances, d'expertise, d'accès à des réseaux ou à d'autres types de ressources devant être comblées par des acteurs externes à la famille ?

Étape 2

Cartographiez votre écosystème élargi pour démultiplier l'impact

Vous avez maintenant une meilleure connaissance de votre « équipage » composé de membres de la famille et de partenaires externes choisis. Cela ne suffira toutefois peut-être pas pour mener à terme votre mission. Envisagez éventuellement de tisser votre toile au-delà de votre « premier cercle » et de former un écosystème dense de partenaires, d'ambassadeurs et de leaders d'opinion qui seront autant de relais susceptibles de vous aider à réaliser vos objectifs. Servez-vous du schéma ci-contre pour identifier les catégories principales de relais et vecteurs d'influence que vous souhaitez mobiliser dans votre aventure.

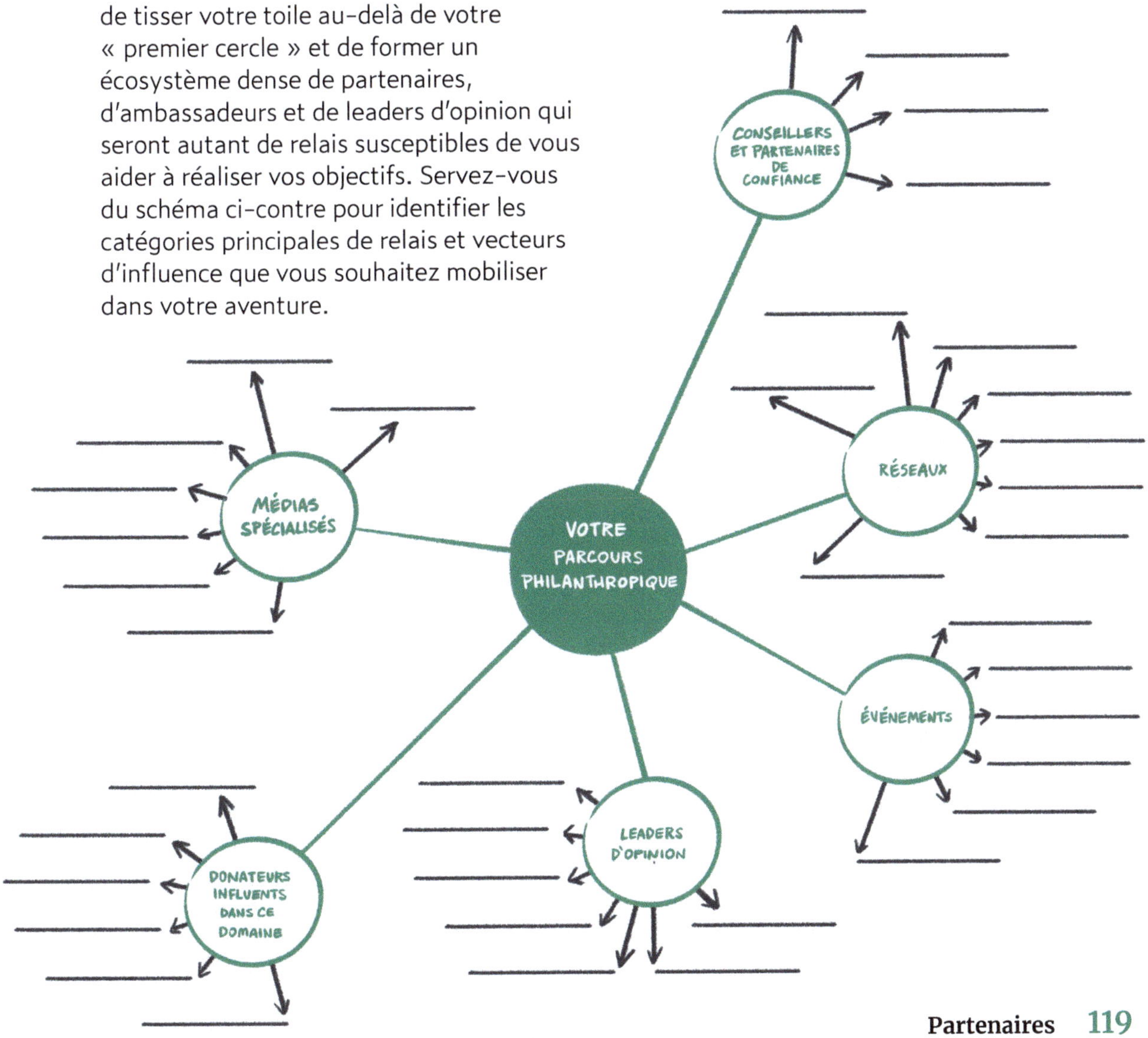

Activité n° 3 : Traduisez les valeurs familiales en critères de sélection

Vos dons sont animés et guidés par des valeurs. Celles-ci vous permettent de comprendre d'une part le contexte dans lequel vous donnez et d'autre part ce que vous voulez accomplir en tant qu'individu et que famille. L'exercice suivant vous aidera à vous interroger sur vos valeurs personnelles les plus intimes et à trouver un socle commun avec les membres de votre famille.

Ce processus servira à vous mettre d'accord sur une liste stable de valeurs susceptibles de servir de « boussole morale » à votre famille, pour identifier des valeurs que vous souhaitez transmettre à la nouvelle génération ou affiner des valeurs existantes. Cela vous aidera aussi à réaliser à quel point vos valeurs peuvent s'avérer déterminantes dans le choix du type d'organisations que vous voudrez soutenir ou avec lesquelles vous voudrez collaborer.

Si vous avez déjà défini vos valeurs, seul(e) et en famille, alors vous pouvez passer directement à l'étape 5, sauf si vous souhaitez co-créer de nouvelles valeurs partagées.

Étape 1

Chaque membre de la famille doit parcourir la liste d'exemples de valeurs ci-contre et choisir ses cinq valeurs principales, ainsi que cinq valeurs possibles pouvant servir d'options de rechange en cas de discordance. Sentez-vous libre d'ajouter des valeurs additionnelles qui ne figureraient pas dans le tableau.

MES 5 VALEURS PRINCIPALES

1. ______________________
2. ______________________
3. ______________________
4. ______________________
5. ______________________

MES 5 AUTRES VALEURS ENVISAGEABLES

1. ______________________
2. ______________________
3. ______________________
4. ______________________
5. ______________________

LISTE DE VALEURS

Divertissement Paix intérieure Responsabilité sociale

Curiosité Générosité Gratitude Amour Optimisme

Diversité Discipline Loyauté Gentillesse Egalité

Adaptabilité Devoir Motivation Unité

Intégrité Altruisme Ouverture Passion

Empathie Foi Réussite Honnêteté Reconnaissance

Santé

Authenticité Harmonie Humilité

Équité Créativité Fiabilité Frugalité

Bienveillance Accomplissement

Cohésion Indépendance

Compassion Autonomie

Legs moral Réputation

Compétence Humour

Performance Responsabilité

Impact Courage

Spiritualité Sérénité

Indulgence Environnement

Leadership Apprentissage

Amitié

Respect Relations Bonheur

Sagesse

Engagement Innovation Tradition Conviction

Service Autonomisation Bonne gestion Confiance Vision

Étape 2

Partagez vos cinq valeurs principales avec votre famille et agrégez-les sur une feuille unique.

Étape 3

Groupez vos valeurs familiales collectives par thème ou par catégorie.

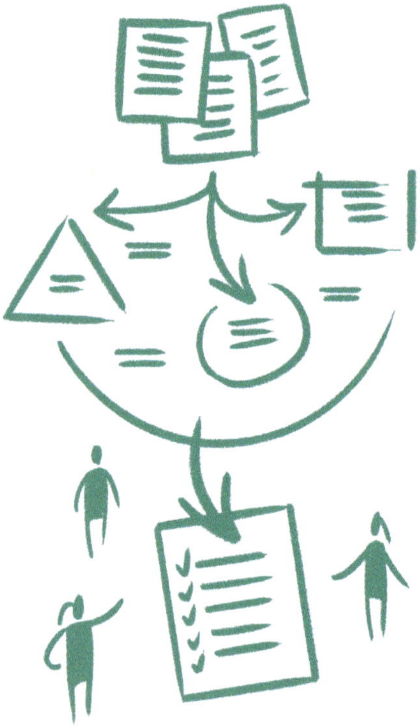

Étape 4

Utilisez un système de vote pour vous mettre d'accord sur les trois à cinq valeurs principales de votre famille, avec une liste de valeurs supplémentaires en réserve.

NOS 5 VALEURS PRINCIPALES

1. ____________________
2. ____________________
3. ____________________
4. ____________________
5. ____________________

NOS 5 AUTRES VALEURS ENVISAGEABLES

1. ____________________
2. ____________________
3. ____________________
4. ____________________
5. ____________________

Étape 5

Donner, c'est faire des choix. C'est pourquoi il est nécessaire d'expliciter les critères qui vous permettront de décider qui soutenir ou ne pas soutenir. Dans cette étape, nous vous demandons de traduire chacune de vos valeurs familiales en critères de sélection.

Étape 6

Accessoirement, pour vous aider à définir une politique claire en matière de relations avec vos bénéficiaires, nous vous recommandons de répondre aux questions suivantes avant d'octroyer vos premiers financements :

→ Quelle est la durée idéale des dons que vous comptez accorder (en années) ?
→ Quel niveau de formalisme souhaitez-vous pour vos octrois de financements ? (Échanges par courriel, conventions, etc.)
→ Voulez-vous être en relation directe avec les partenaires que vous soutenez ou bien travailler uniquement par le biais d'intermédiaires ?
→ Envisagez-vous une politique officielle de « sortie » en fin de projet ?

VALEUR	IMPLICATIONS POUR LA SÉLECTION DE PARTENAIRES PHILANTHROPIQUES
Exemple : la performance	*Il importe que nos partenaires puissent nous montrer comment ils s'acquittent de leurs tâches et quels sont les résultats produits grâce à notre financement. On pourrait retenir les critères suivants : (1) l'impact ou (2) l'efficacité dans l'utilisation de ressources.*
1.	
2.	
3.	
4.	
5.	

Cas pratique

Fonds philanthropique Bloom

Entretien avec Sara Ojjeh et Lia Ojjeh Martin

> « C'est important de respecter les différences au sein de la famille et entre les parcours de chacun. »

→ **Nom :** Famille Ojjeh.

→ **Pays d'origine :** Suisse.

→ **Taille de la famille (nombre total de membres) :** 10 personnes (dont les conjoints).

→ **Éléments de contexte sur votre héritage familial et les activités actuelles de l'entreprise :** Notre famille a une longue tradition d'investissement dans des domaines multiples, dont le sport automobile, les technologies médicales, l'agriculture durable et l'aviation.

→ **De quelle génération faites-vous partie ?** La 3e génération.

→ **Nombre de membres de la famille prenant part à vos activités philanthropiques :** Quatre frères et sœurs et leurs conjoints sont actifs ; les parents sont plus en retrait.

Domaines d'intervention

Priorités
Nous focalisons notre effort sur la santé et l'éducation. Plus récemment, nous avons aussi commencé à donner en faveur des réfugiés.

Pays/régions
Nous donnons (ou avons donné) principalement sur trois continents : en Europe, en Asie et en Afrique.

Autres aspects notables
Notre famille a développé une aptitude à transformer sa philanthropie au fil des générations. La philanthropie de la première génération était animée par un sens du devoir religieux, tandis que celle de la troisième génération est surtout portée par les valeurs de la famille.

Organisation philanthropique

Type de structure
Nos dons s'effectuent à travers deux canaux principaux :

3. Le *Bloom Fund*, notre fonds philanthropique supervisé par la fratrie (et leurs conjoints) et géré par des conseillers en philanthropie externes – les membres de la famille y contribuent financièrement à parts égales.
4. *Ethos Philanthropies Consulting*, une société de conseil en philanthropie co-fondée par les trois sœurs de la famille.

Notre philanthropie familiale n'a jamais eu de lien avec nos sociétés ou notre responsabilité sociale d'entreprise.

Gouvernance/prise de décision familiale
Tous les membres de notre famille (y compris leurs conjoints) ont une part égale dans la prise de décision. Il n'y a pas de politiques formelles ou de documents pour gouverner notre manière de donner. Le seul principe directeur est que la famille vient avant tout, et notre processus décisionnel est motivé par les valeurs.

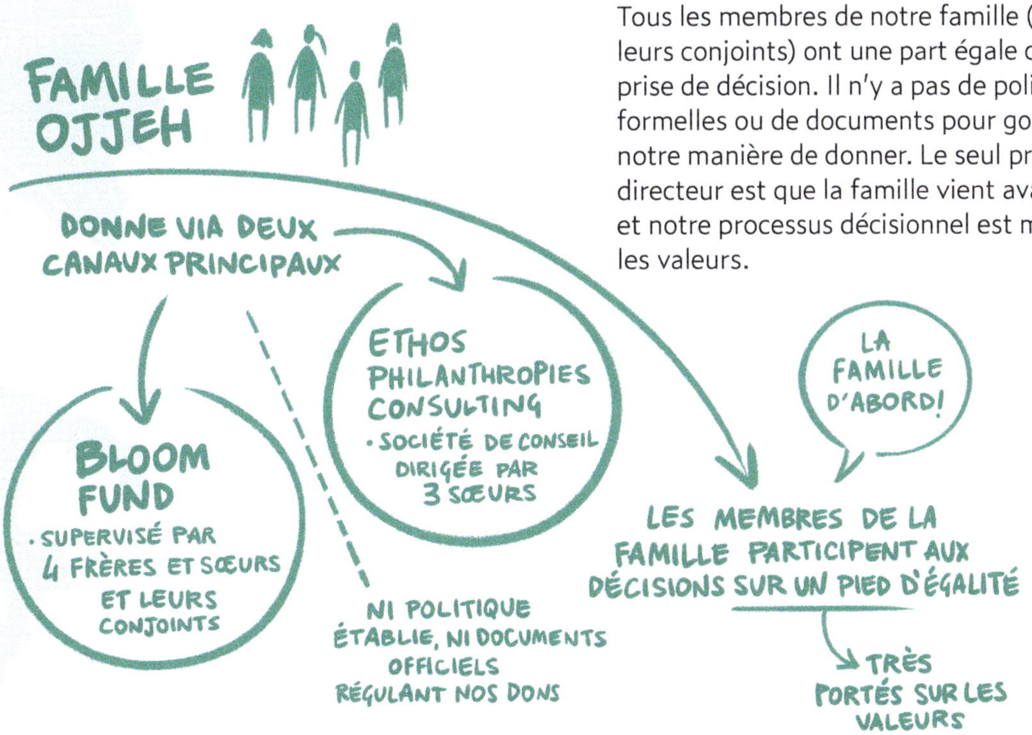

Questions du Navigateur

Engagement Familial

→ **Qui, de notre famille, participe (ou participera) ? Comment et sous quelle forme vont-ils s'engager ?**
Nous sommes une fratrie de quatre qui, avec nos conjoints, consacrons du temps et de l'argent au Fonds philanthropique Bloom. Les trois sœurs sont par ailleurs très impliquées dans la gestion de leur cabinet de conseil en philanthropie. Nous contribuons financièrement à parts égales et prenons conjointement les décisions importantes sur l'ensemble de nos projets. Chacun d'entre nous assume un rôle, soit plutôt actif, soit plutôt en support, selon nos capacités au temps « T ». Nous faisons preuve d'adaptabilité et privilégions une approche souple des rôles que nous assumons en fonction de ce que nous vivons à chaque phase de nos vies. Chacun d'entre nous est capable de prendre les rênes à différents moments, de prendre l'initiative et de devenir la figure de proue de notre philanthropie.

En tant que famille, nous avons pris à la fois un engagement financier sur le long terme et aussi un engagement affectif fort envers nos bénéficiaires. Nous – les quatre membres de la fratrie, nos conjoints et nos parents – sommes véritablement les principaux investis dans notre philanthropie, bien que chacun le soit à des titres différents et de manière flexible.

Partenaires

→ **Avec qui aurions-nous besoin (ou envie) de travailler afin de réaliser notre projet philanthropique ?**
Nous collaborons avec des conseillers en philanthropie externes pour identifier, explorer et mettre en œuvre nos projets. Nous désignons un chef de file pour chacun de nos projets. Notre principal véhicule philanthropique, le *Bloom Fund*, tire son nom des premières lettres de chacun des membres de la fratrie et de leurs conjoints. Ce modèle permet à la famille de se concentrer uniquement sur l'acte de donner et délègue à des tiers les charges administratives.

PRINCIPAUX APPRENTISSAGES ET RECOMMANDATIONS

1. **La famille vient d'abord.** Il est important de respecter les différences qui existent au sein de la famille et dans les parcours de chacun. Initialement, nous avions adopté un fonctionnement démocratique pour notre philanthropie, que ce soit pour décider de certaines structures de financement ou sur les montants et les destinataires de nos dons. Mais alors comment gérer les situations où l'on se retrouve à être deux en faveur et deux en défaveur d'un choix ? Étant donné que la famille constitue notre valeur cardinale, nous avons travaillé ensemble à édifier un système d'écoute active et de modalités acceptables pour tous afin de gérer paisiblement d'éventuels désaccords.

2. **Réussissez vos échecs.** Vous n'échouez véritablement que si vous ne tirez pas de leçons de vos erreurs. Vos financements, vos projets et vos procédures peuvent échouer. Nous avons nous-mêmes eu quelques ratés, avec des fonds dont l'affectation ne pouvait pas être tracée ou un impact impossible à mesurer. Parfois, vous n'atteignez pas les objectifs que vous aspirez à atteindre ; d'autres fois, le changement n'est pas aussi durable que vous l'espériez. Voyez vos erreurs comme des opportunités d'apprentissage pour pouvoir améliorer la manière dont vous travaillez au fil du temps.

3. **Inspirez, sans rien imposer.** Ne cherchez pas à dicter ce que les jeunes générations devraient faire et soyez ouverts à l'innovation et à l'évolution. L'idée est de partager vos apprentissages et de leur donner assez d'espace pour qu'ils puissent intégrer ce qui les aidera à se développer par eux-mêmes. Lorsque vous travaillez avec les membres de votre famille (et tout particulièrement la jeune génération) ou d'autres philanthropes et partenaires, partagez pour inspirer, pas pour imposer.

4. **Développez votre propre identité philanthropique.** Il existe une multitude de manières d'être philanthrope. Il y a toutes sortes de voies pour progresser en tant que donateur sans passer par des structures traditionnelles. Vous n'avez pas besoin d'accorder d'énormes financements à caractère international et devant être forcément pilotés de loin. C'est une option, mais il n'y a rien d'obligatoire. Une foisonnante génération de jeunes se préparent à devenir philanthropes dans leur vingtaine, leur trentaine et leur quarantaine : il ne s'agit plus d'une réflexion après coup qui viendrait après une carrière accomplie, mais de personnes qui se construisent un profil philanthropique en même temps qu'elles font carrière. Vous aussi, vous pouvez créer votre propre espace pour partager des idées, tisser des relations et donner ensemble.

5. **Investissez-vous.** Prenez part aux opérations, posez des questions et visitez les projets que vous soutenez : les principaux apprentissages ont lieu sur le terrain. Ayez des conversations constructives en famille. S'engager avec des partenaires vous apprend l'humilité face à l'ampleur du défi à relever.

6. **Formez des partenariats.** En tant que philanthropes jeunes et actifs, nous avons pris conscience que la fortune pouvait souvent isoler. Avoir la possibilité d'apprendre les uns des autres, de faire équipe et de donner ensemble revêt dès lors une importance capitale. Trouver l'aide et les partenaires dont vous avez besoin pour devenir un philanthrope efficace peut être difficile. Comme nous avons l'habitude de dire : « *Vous ne pouvez pas être l'argent qui est à la banque, les bottes qui sont le terrain et aussi le chef de programme : vous ne pouvez pas tout faire par vous-même.* »

7. **Ne vous cachez pas.** Ne vous cachez derrière rien, pour aucun motif. Racontez votre histoire si c'est votre souhait, pas pour une question d'ego, mais pour offrir votre expérience en partage. Au début, nous étions très discrets sur nos activités philanthropiques et tous nos dons restaient anonymes. Avec le temps, nous avons gagné en maturité et nous nous sommes laissé convaincre par l'idée moderne de partager nos réussites et nos échecs et de mettre à profit notre notoriété pour relater nos expériences dans l'espoir que d'autres philanthropes se reconnaissent dans notre action et se servent de notre apprentissage comme d'un tremplin.

Cas pratique
Fondation Oak

Entretien avec Kristian Parker

« Faites confiance à vos collaborateurs et à vos partenaires. »

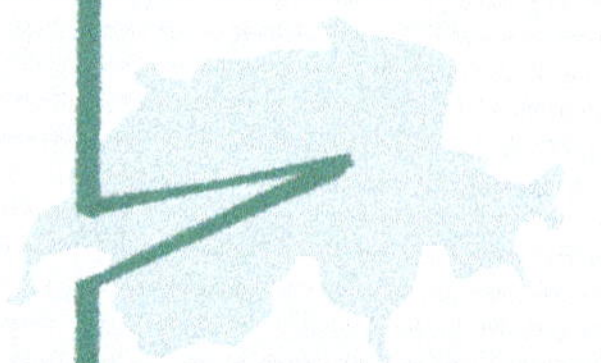

→ **Nom :** Kristian Parker, Fondation Oak.

→ **Pays d'origine :** Suisse.

→ **Taille de la famille (nombre total de membres) :** Quinze.

→ **Éléments de contexte sur votre héritage familial et les activités actuelles de l'entreprise :**
Les ressources de la fondation Oak sont issues de l'entreprise Duty Free Shoppers (DFS) que mon père, Alan Parker, a contribué à développer. La 1re et la 2e génération ont travaillé ensemble à définir des secteurs d'intervention pour la fondation familiale.

→ **De quelle génération faites-vous partie ?**
La 2e génération.

→ **Nombre de membres de la famille prenant part à vos activités philanthropiques :** Six membres de la famille (deux issus de la 1re génération, trois de la 2e génération et un de la 3e génération).

Domaines d'intervention

Priorités
La fondation Oak, fondée en 1983, déploie sept programmes portant sur le plaidoyer de politiques publiques : enjeux environnementaux (océans, climat et biodiversité), droits humains, lutte contre la maltraitance des enfants, problématiques touchant les femmes, sans-abrisme et mal-logement, apprentissage des différences, et intérêts particuliers hors programmes prédéfinis.

Pays/régions
Rayonnement international, avec des programmes spéciaux au Danemark, au Brésil, en Inde et au Zimbabwe.

Autres aspects notables
Nous avons mis sur pied une fondation gérée par des professionnels, qui pilote des programmes développés par des membres de la famille en fonction de leurs propres sensibilités. La fondation est statutairement limitée dans sa taille : pas plus de 100 employés.

Organisation philanthropique

Type de structure
Fondation familiale, octroyant des financements.

Gouvernance/prise de décision familiale
Notre prise de décisions revêt un caractère stratégique. Notre famille se pose régulièrement ces questions : Avons-nous fait tout notre possible ? Avons-nous atteint nos objectifs ? Qu'avons-nous appris ?

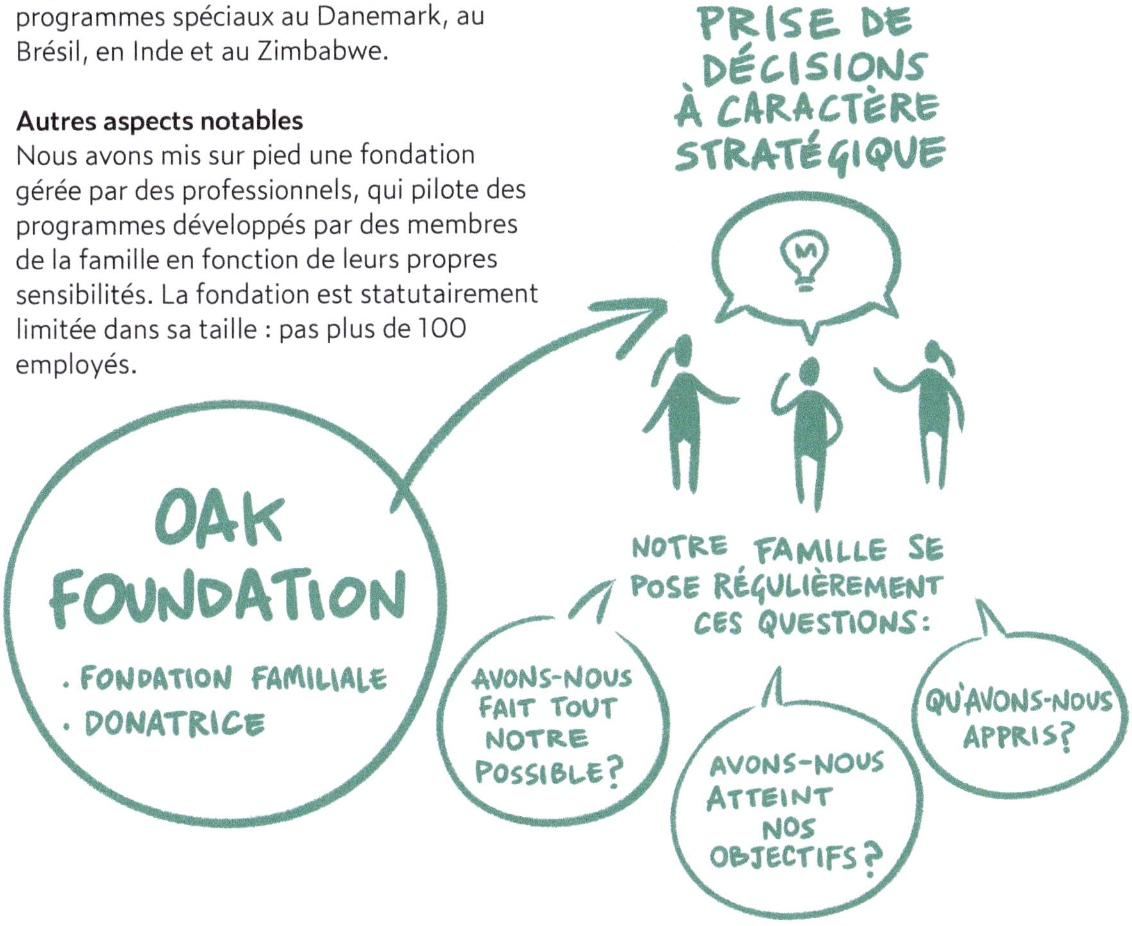

Questions du Navigateur

Engagement Familial

→ **Qui, de notre famille, participe (ou participera) ? Comment et sous quelle forme vont-ils s'engager ?**
Quand mes parents ont mis en place la fondation, ils avaient l'attente ou l'espoir qu'elle resterait familiale, ce qui impliquait qu'elle devait être contrôlée et dirigée par la famille. Notre famille est donc étroitement associée à la fondation depuis le départ. Chaque membre de la famille passe un temps variable sur les projets dans lesquels ils interviennent. Nous prenons tous part aux activités telles que le recrutement de salariés, l'élaboration de notre stratégie, l'octroi de financements, les visites de sites, la supervision financière ou encore les aspects administratifs du projet.

Le Conseil d'administration réunit uniquement des membres de la famille en tant que décisionnaires finaux. Pour le rejoindre, il faut être âgé d'au moins 25 ans. Nous faisons participer au processus d'attribution de financements des membres pressentis n'ayant pas encore atteint cet âge. Ces derniers peuvent également assister à des réunions du Conseil de temps à autre, afin de se faire une idée de sa fonction, avant d'assumer plus de responsabilités au fil du temps, s'ils le souhaitent. À l'heure actuelle, six personnes siègent au C.A. et nous pourrions en accueillir jusqu'à douze.

Partenaires

→ **Avec qui aurions-nous besoin (ou envie) de travailler afin de réaliser notre projet philanthropique ?**
Nous invitons des conseillers n'ayant pas le droit de vote à prendre part à des réunions du Conseil pour éprouver nos idées et nous conseiller, notamment un avocat, un docteur enseignant notamment l'éthique et une personne dotée d'un parcours dans la société civile et la philanthropie. Nous employons par ailleurs un président qui n'est pas issu de la famille, une équipe de professionnels, des directeurs et chargés de programme ainsi que des assistants.

Nous collaborons étroitement avec un vaste réseau de partenaires pour la mise en œuvre de notre stratégie philanthropique. Nous nous appuyons sur nos partenaires pour concrétiser nos objectifs et investissons donc dans des institutions préexistantes et des ONG fiables en fournissant des financements structurels (*core funding*). Nous nous mettons à leur écoute pour les aider à élaborer leur stratégie et leur faisons confiance pour proposer des solutions adaptées. Nous co-investissons avec d'autres fondations, parce que nous estimons qu'un bénéficiaire ne doit pas devenir trop dépendant d'une seule source de financement. En conséquence, nous ne finançons en général pas plus de

PRINCIPAUX APPRENTISSAGES ET RECOMMANDATIONS

1. **Favorisez la bonne gouvernance.** Il est essentiel que vos partenaires aient une bonne gouvernance. Ils doivent avoir des conseils d'administration solides, équilibrés par un exécutif fort. La crise de la COVID-19 a fait émerger certaines faiblesses chez les partenaires et a forcé tout le monde à réfléchir. En réponse, nous avons fait le choix de consolider les financements structurels afin que nos partenaires puissent se constituer des réserves et survivre à la crise. Étant donné qu'ils produisent des services que nul autre ne peut facilement fournir sans créer une organisation *ex nihilo*, ce qui est extrêmement difficile et coûteux, nous avons décidé d'être flexibles et d'accroître notre soutien financier. Pour produire un impact, vous aurez besoin de partenaires solides ayant un excellent leadership et un organe de gouvernance robuste. Pour que cela soit le cas, vous devez investir dans vos partenaires à l'aide de financements structurels. Cela s'avérera payant à long terme.

2. **Soyez inclusifs.** Dans le cadre de votre « modèle de don », favorisez l'inclusion des membres de la famille afin de mieux réunir leurs intérêts dans leur diversité. Étant nous-mêmes une famille aux centres d'intérêt variés, nous avons mis au point un modèle qui trouve le juste milieu entre d'une part la liberté individuelle pour les membres de la famille de développer leurs propres programmes avec du personnel dédié, et d'autre part un léger contrôle exercé par les membres du Conseil (*trustees*). Dans certaines conditions particulières, nous pouvons même chacun individuellement valider un financement d'un demi-million de dollars américains sans que d'autres membres de la famille aient à s'en mêler.

3. **Déléguez, s'il y a lieu.** Écoutez vos partenaires et déléguez quand c'est opportun. Pour accroître l'impact, vous devrez également leur accorder un certain pouvoir de décision. Reconnaissant nos limites, nous avons tendance à créer de nouvelles plateformes pour faciliter le don en dehors du cadre de notre fondation. Cela aide nos partenaires à renforcer leurs propres capacités et à assumer des responsabilités, ainsi qu'une certaine latitude de pouvoir décisionnel.

4. **Ayez confiance et apprenez.** Faites confiance à vos collaborateurs et à vos partenaires. Ayez l'humilité d'apprendre d'eux. Vous n'en savez probablement pas plus que ceux qui sont sur le terrain. Tous les deux à trois ans, nous réalisons un sondage auprès des bénéficiaires de nos dons pour évaluer rétrospectivement la qualité de notre soutien et de notre réactivité.

5. **Tenez compte des dynamiques de pouvoir.** Vous ne produirez pas d'impact sur des enjeux complexes sans travailler avec d'autres, et cela implique de faire des compromis. Si vous avez décidé que vous avez la meilleure stratégie du monde et que vous en avez prévu les moindres détails avant même d'avoir parlé à quiconque, les choses ne vont pas bien se passer. Si vous n'êtes pas à l'écoute du terrain, la dynamique de la relation financière sabotera votre succès parce que l'on vous dira ce que vous souhaitez entendre.

50 % du budget des organisations que nous soutenons (en visant à l'idéal 20 à 30 %). Nous sommes d'avis que le cofinancement constitue une stratégie efficace pour éviter les situations de dépendance et pour exploiter au mieux les ressources de chacun.

Nous nous employons par ailleurs à créer de nouvelles organisations visant à faciliter et encourager les collaborations (par exemple *Oceans 5*, *European Climate Foundation* ou encore *Partners for a New Economy*), ou encore pour partager et apprendre avec d'autres donateurs (par exemple le *Climate Funders Table*).

Cas pratique
Fondation Carvajal

Entretien avec Manuel José Carvajal

→ **Nom :** Manuel José Carvajal, président du Conseil d'administration de la *Fundación Carvajal* ; membre du Conseil de fondation.

→ **Pays d'origine :** Colombie.

→ **Taille de la famille (nombre total de membres) :** 230 membres, sans compter la parentèle par alliance (300 au total). Nota : les conjoints et conjointes ne sont pas considérés comme des membres de la famille à part entière aux fins de la gouvernance de la fondation.

→ **Éléments de contexte sur votre héritage familial et les activités actuelles de l'entreprise :** Notre famille a fondé Carvajal S.A. en 1904 dans la ville de Cali, en Colombie, avec des activités dans les emballages, les fournitures de bureau et scolaires, le commerce, ainsi que la publication de manuels scolaires et d'annuaires. Nos secteurs d'activité principaux actuels sont les emballages, la fabrication de papier, les services informatiques et les fournitures scolaires. Nous avons environ 19 000 employés dans 14 pays du continent américain.

→ **De quelle génération faites-vous partie ?** La 4e génération.

→ **Nombre de membres de la famille prenant part à vos activités philanthropiques :** Dix-huit.

Domaines d'intervention

Priorités
L'action de notre fondation s'articule autour de trois thématiques :

1. <u>La génération de revenus</u> : former des micro-entrepreneurs à la gestion d'une entreprise ; enseigner des compétences favorisant l'employabilité à des individus à bas revenus pour améliorer leur insertion professionnelle.
2. <u>L'éducation</u> : améliorer la qualité de l'éducation de base et les soins de la petite enfance.
3. <u>Le développement communautaire</u> : former des leaders au sein de la communauté et les rendre plus efficaces dans leurs rôles.

Pays/régions
Cali et Buenaventura, en Colombie.

Autres aspects notables
Nous avons créé notre fondation familiale en 1961, avec l'objectif d'améliorer le bien-être de personnes défavorisées dans notre communauté locale, partant de l'idée que l'on ne peut avoir une entreprise prospère dans un environnement social malade.
Les statuts de la fondation précisent que ses dons ne peuvent bénéficier à l'entreprise en termes de RSE.

Afin d'apporter un soutien à l'ensemble des descendants des propriétaires d'origine, nous avons créé un « dividende social » à la fin des années 1990. L'idée était de fournir des subsides dans trois domaines – l'éducation, l'assurance maladie et le logement – à tous les membres de la famille, qu'ils soient impliqués ou non dans l'entreprise.

Organisation philanthropique

Type de structure
La Fondation Carvajal est constituée sous la forme d'une fondation opérationnelle, c'est-à-dire qu'elle a vocation à mettre en œuvre ses propres programmes. En 2020, elle détenait 22,3 % des actions de l'entreprise familiale. Son budget annuel est en moyenne de 10 millions d'USD (pré-COVID). Nous employons dans notre fondation 52 personnes à plein temps et jusqu'à 700 personnes à temps partiel au sein de nos différents projets.

Gouvernance/prise de décision familiale
Notre fondation est financée :

→ à 25 % par les dividendes des actions qu'elle possède dans l'entreprise ;
→ à 75 % par des dons ou financements issus d'autres entités, et notamment d'autres entreprises, d'ONG colombiennes ou internationales, et d'administrations locales, régionales ou nationales.

Notre fondation comporte un Conseil de fondation qui a un rôle consultatif et dont les membres se rencontrent trois fois par an. Le Conseil d'administration de la fondation gère quant à lui la fondation au jour le jour.

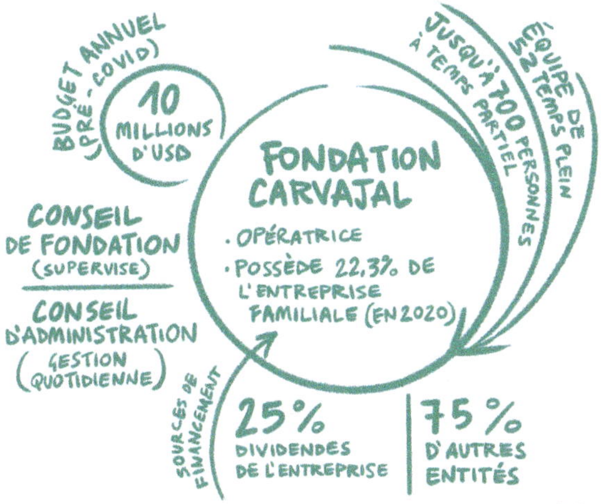

Questions du Navigateur

Engagement Familial

→ **Qui, de notre famille, participe (ou participera) ? Comment et sous quelle forme vont-ils s'engager ?**
Le Conseil de fondation est composé uniquement de membres de la famille et le Conseil d'administration est composé de six membres de la famille et de trois personnes extérieures. Le directeur général de la fondation rend des comptes au C.A. de la fondation.

Des membres de la famille ont pu exercer différentes fonctions au sein de la fondation au cours de son histoire. La nature du travail dépend de leurs appétences et de leur expérience. Certains ont assumé la direction générale ou travaillé dans la communication ou les finances. Nous offrons à notre jeune génération un stage d'été pour leur permettre de mieux connaître la société et les autres entités contrôlées par la famille, dont la fondation et nos activités philanthropiques.

L'emploi dans la fondation est ouvert à tous les membres de la famille à partir du moment où il y a un besoin et que la personne est qualifiée. Au cours du processus de recrutement, à qualifications égales, nous préférons embaucher quelqu'un de la famille, mais c'est la compétence qui prime dans les autres cas de figure.

Partenaires

→ **Avec qui aurions-nous besoin (ou envie) de travailler afin de réaliser notre projet philanthropique ?**
Nous formons des partenariats avec des ONG internationales, des entreprises, ainsi que des agences publiques à l'échelle locale, régionale et nationale et œuvrons au sein d'alliances pour accroître notre champ d'action philanthropique. Par « partenaires », nous entendons les individus ou organisations qui apportent soit des financements, soit leur savoir-faire. Nous cultivons un nombre très élevé d'alliances et de partenariats. C'est pourquoi nous cherchons à construire des passerelles entre les différents acteurs de notre communauté. Nous opérons au sein d'un écosystème et, pour produire un impact systémique, nous privilégions une approche faisant intervenir de multiples parties prenantes.

Principaux apprentissages et recommandations

1. **Institutionnalisez votre philanthropie.** Nous avons adressé un message clair et très fort à la famille et à notre communauté, leur faisant savoir que nous prenions un engagement permanent en faveur de nos actions philanthropiques en créant une entité séparée accomplissant le mandat de la famille et se voyant gratifiée d'une vocation, de ses propres statuts, d'une dotation, d'une gouvernance distinctive et d'une équipe salariée. Il est également spécifié dans les statuts que, si pour quelque raison que ce soit, la fondation devait être liquidée, alors les actions qu'elle possède devront être dévolues à une entité ayant une action analogue : elles ne pourront jamais revenir aux descendants des donateurs d'origine.

2. **Examinez votre philanthropie pour mieux la transformer.** Soyez transparents dans l'évaluation rétrospective de l'efficacité de vos programmes, explorez avec une curiosité sincère les besoins de vos partenaires et de vos bénéficiaires, visualisez un avenir « idéal » et ajustez votre philanthropie en conséquence.

3. **Construisez des passerelles.** Certains défis mondiaux sont bien trop grands pour être résolus par une seule organisation. Mobilisez l'intégralité de votre écosystème pour produire l'impact que vous souhaitez avoir. Évitez de séparer les « eux » et les « nous », car ensemble vous pourrez accomplir davantage.

4. **Préparez votre sortie.** Anticipez votre sortie très en amont et accompagnez vos partenaires vers l'autonomie pour éviter toute dépendance. Une issue bien planifiée et exécutée aidera vos partenaires à prospérer sans vous dans la poursuite de leur parcours.

5. **Visez à produire un impact systémique.** Nous avons œuvré dans l'entrepreneuriat pendant de très nombreuses années, mais le taux de chômage dans notre région continue néanmoins à être très élevé. De nouvelles questions se sont donc imposées à nous : avec tout le travail que nous avons réalisé, quel effet réel avons-nous eu sur le chômage ? Comment apprendre à travailler autrement pour accroître l'impact ? Cela nous a décidés à procéder différemment et nous avons choisi d'encourager la constitution d'un collectif associant notamment le secrétaire à l'Éducation de Cali, le syndicat des enseignants, des représentants des universités locales et d'autres fondations et groupements de la société civile pour réaliser un diagnostic du système éducatif et élaborer un projet d'avenir sur les quinze à vingt prochaines années. Les membres du groupe ont travaillé de concert et nous sommes proprement stupéfaits de la manière dont nous avons pu avancer ensemble pour amener ce changement.

6. **Ouvrez la porte à de possibles synergies avec la RSE.** Dans le passé, nous avions construit une « muraille » infranchissable entre la RSE du groupe et la fondation. Il faut savoir que dans notre région du monde, le recyclage est souvent la dernière des priorités et nous avons donc entamé un travail sur cet enjeu au sein de la fondation il y a longtemps déjà. Or, il s'avère que l'une des plus grandes sociétés de notre groupe est active dans le secteur de l'emballage et qu'elle produit beaucoup de gobelets et d'assiettes en plastique. Quand nous nous sommes attaqués au problème du plastique dans le cadre de cette entreprise, nous avons choisi de sauter les étapes en exploitant le savoir-faire développé par la fondation au fil des ans. C'est à ce moment-là que nous avons commencé à créer des connexions entre nos actions philanthropiques et le groupe, démontrant qu'il n'est jamais trop tard pour réaliser de véritables synergies entre philanthropie et RSE.

Organisation

Introduction

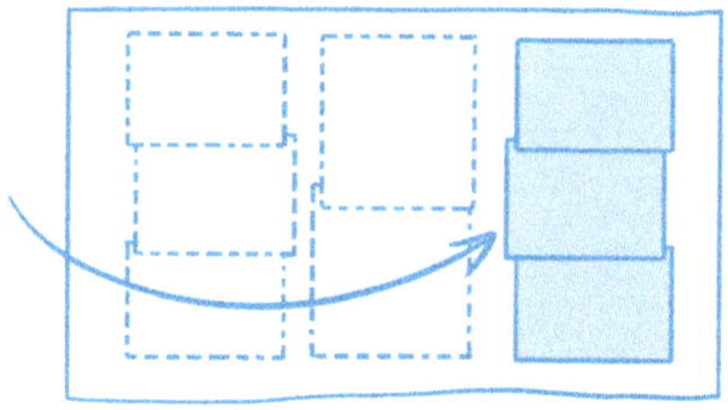

Quelles ressources aimeriez-vous donner ?

Donnez-vous uniquement de l'argent ou offrez-vous également de votre temps et votre énergie ? Comment comptez-vous structurer votre engagement ? Mettrez-vous en place une fondation ou comptez-vous donner individuellement à des projets « coup de cœur » ? Qui prendra les grandes décisions et de quelle manière ? Quelle surveillance et quel régime de gouvernance mettrez-vous en place ? Comment allez-vous évaluer et améliorer l'impact de vos dons ?

Arrivés à cette étape du *Navigateur de philanthropie familiale*, vous avez déjà envisagé et effectué des choix décisifs quant à la Raison d'être de votre philanthropie et aux relations qui vont la propulser. Vous avez développé une compréhension claire de votre motivation, de vos priorités et de vos ambitions, ainsi que des rôles que vous-même, votre famille et vos partenaires allez jouer.

À compter de maintenant, votre voyage philanthropique va passer du concept à la réalité. C'est le moment de penser concrètement à la manière dont vous souhaitez organiser votre philanthropie. Vous devrez définir quelles ressources sont nécessaires et lesquelles sont à votre disposition, puis comment vous prévoyez de les gérer et de les déployer de la manière la plus efficace et efficiente possible pour atteindre vos objectifs. Il vous faudra aussi déterminer la gouvernance, les structures et les processus décisionnels qui répondent le mieux à votre finalité. Enfin, vous devrez penser à la manière de mesurer et suivre l'impact de votre philanthropie.

Les questions clés du *Navigateur* auxquelles votre famille et vous-même aurez à répondre à cette étape sont les suivantes :

- → **Ressources** : Que donnons-nous ? De quoi avons-nous besoin ? Comment combler les lacunes ?
- → **Gouvernance** : Comment structurer notre philanthropie ? Quels principes, règles et procédures pourraient nous être utiles ?
- → **Impact** : Quels résultats voulons-nous atteindre ? Comment savoir si notre philanthropie a obtenu l'impact désiré ?

Cela peut paraître fastidieux et assez technique de prime abord. Il s'agit néanmoins d'une étape essentielle de votre cheminement et il est extrêmement important que vous consacriez le temps nécessaire à chacune des questions présentées ci-dessus. Trouver le bon montage organisationnel déterminera *in fine* si le succès de votre parcours philanthropique sera à la mesure de votre ambition.

La manière dont vous structurez votre philanthropie peut également vous amener à repenser à certains des choix que vous avez faits précédemment dans cet ouvrage. Par exemple, en vous penchant sur les ressources dont vous disposez et celles requises pour atteindre vos objectifs, vous pourrez être amené à reconsidérer qui dans la famille vous voulez impliquer (et comment), ainsi que le nombre et le type de partenaires externes à la famille que vous souhaitez associer à votre démarche.

Il s'agit clairement d'une bifurcation déterminante pour votre parcours et elle exige une réflexion et des discussions approfondies avant de se rallier à un modèle définitif – quel qu'il soit. S'il n'y a pas de bon ou de mauvais modèle organisationnel en matière de philanthropie, prenez néanmoins le temps d'évaluer les différentes options qui se présentent à vous avant d'aller de l'avant et de transformer vos pensées en action. Vous pourrez adapter et affiner votre démarche à tout moment, mais une fois que vous aurez mis en place un schéma organisationnel, il deviendra beaucoup plus complexe et chronophage de changer de direction.

Il s'agit ici d'une occasion unique de vous interroger sur la manière dont la philanthropie de votre famille peut s'intégrer au sein de l'écosystème plus large des affaires familiales. Comme nous l'avons souligné dans la partie « Raison d'être » de cet ouvrage, de nombreuses familles d'entrepreneurs se servent de la philanthropie comme d'un moyen pour partager des valeurs et des connaissances entre générations, favoriser la collaboration intergénérationnelle, préparer et former la jeunesse montante ou impliquer des membres de famille par ailleurs moins investis. Si une ou plusieurs de ces motivations s'appliquent à votre famille et à vous-même, vous devrez soigneusement examiner les moyens dont vous disposez et les ressources supplémentaires dont vous avez besoin, ainsi que le modèle de gouvernance qui vous permettra d'accomplir ces objectifs et d'apprécier leurs retombées bénéfiques pour la famille.

Ressources

De quelles ressources avez-vous besoin pour accomplir vos objectifs en matière de don ? D'où proviendront-elles ? Comment seront-elles gérées ? Ce chapitre vous aidera à déterminer quelles ressources vous pouvez et souhaitez donner et celles que vous devrez obtenir de vos alliés. S'il existe une large palette de typologies possibles, nous proposons de différencier les ressources en quatre catégories (les quatre « T ») et considérer que vous pouvez donner de votre « trésor », de votre temps, de vos talents et de votre tissu relationnel (en anglais : *treasure*, *time*, *talent*, *ties*).

Gouvernance

Quel type de configuration correspondrait le mieux à vos circonstances et à vos objectifs ? Quels rôles joueront les membres (issus de la famille ou extérieurs) dans ce dispositif ? Comment les décisions seront-elles prises ? Choisir le montage et la gouvernance idoines constitue une étape décisive pour la suite. Structurer votre philanthropie vous aidera à gérer vos ressources efficacement et vous assurera de sa viabilité, aussi bien à court terme qu'au fil des générations. Cela consolidera également la prise de décisions stratégiques, ainsi que les règles et mécanismes de surveillance et de gestion mis en place. S'il existe de nombreuses différences d'ordre réglementaire entre les pays, cette étape fournira des indications sur les manières les plus courantes de structurer des activités philanthropiques.

Impact

La philanthropie vise, en définitive, à produire un impact. Comment produisez-vous l'impact ambitionné par votre Raison d'être ? Comment choisissez-vous de mesurer et de suivre cet impact ? Comment pouvez-vous l'optimiser dans le temps ? Vous avez peut-être de grandes ambitions, mais l'impact de votre philanthropie atteint-il véritablement ces objectifs ? Vos intentions sont peut-être nobles et votre organisation sans faille, pour autant il faut se souvenir avec humilité que l'impact de toute activité philanthropique peut s'avérer aussi bien positif que négatif et qu'il existe une différence entre produire des résultats et avoir un impact. Dans ce chapitre, nous explorerons des manières de vous aider à produire l'impact que vous visez en tant que philanthropes.

Repères

GARDEZ EN MÉMOIRE VOTRE « RAISON D'ÊTRE »

Tout au long de votre aventure philanthropique, veillez à ne pas perdre de vue votre finalité et soyez préparés à la revisiter, voire à la repenser à différentes étapes. Dans la conception de votre schéma organisationnel, votre Raison d'être sera la pierre angulaire. Que vous soyez motivés à soutenir une cause qui vous touche profondément, que vous ayez l'intention de rassembler votre famille, ou que vous espériez des retombées positives pour votre entreprise, nous vous conseillons de garder en mémoire les raisons qui vous poussent à donner tout au long de votre progression dans cette partie du *Navigateur*.

Ressources

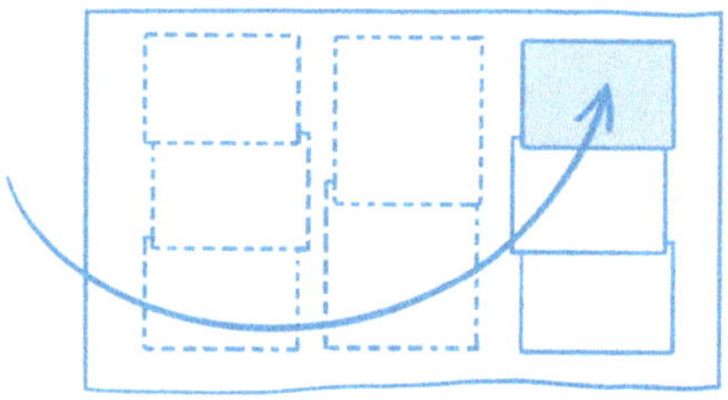

Plantons le décor

Les philanthropes apportent un soutien à des causes spécifiques en fournissant différents types de ressources. Si les philanthropes procurent le plus souvent des moyens financiers, la philanthropie n'est pas qu'une affaire d'argent.

Les quatre « T » de la philanthropie forment un cadre largement utilisé permettant de différencier dans les grandes lignes quatre principaux types de ressources qui peuvent être fournies par les philanthropes : vous pouvez ainsi apporter votre « trésor », votre temps, vos talents et votre tissu relationnel. Votre soutien à un musée régional peut ainsi passer par un don en numéraire, par une donation ou un prêt d'œuvres d'art issues de votre collection personnelle, par le temps consacré à agir comme ambassadeur de l'institution ou encore par la mobilisation de votre réseau à des fins de promotion.

Selon l'objectif de votre démarche, mais aussi de la manière dont vous projetez d'inclure les membres de votre famille et vos partenaires, la nature et les montants des ressources que vous pourriez contribuer ne seront pas les mêmes. La manière dont vous équilibrez ces quatre éléments variera selon les cas et dépendra des goûts, compétences, disponibilités et actifs financiers que vous possédez, à titre individuel et en tant que famille. Même si vous ne fournirez peut-être qu'un seul type de ressource, un parcours philanthropique implique souvent le recours à une multiplicité de ressources et donne lieu à une pléthore d'activités parmi lesquelles verser de l'argent, évaluer les organisations que vous soutenez, assister à des réunions entre organismes donateurs, visiter les projets « sur le terrain », diffuser les résultats de vos projets, partager des retours

d'expérience (***feedback***), faire connaître votre cause, témoigner auprès de votre famille, acquérir de bonnes pratiques, mobiliser votre réseau d'amis pour soutenir la cause qui vous touche, ou encore forger et entretenir des relations fécondes avec des partenaires.

Le domaine de la philanthropie se professionnalise rapidement et les attentes en matière de transparence, de redevabilité et d'impact se font plus fortes. C'est pourquoi nous pensons que les familles pourraient tirer profit d'une approche plus rigoureuse et mieux structurée de la mobilisation et du déploiement de ressources en faveur de leurs causes de prédilection. Nous estimons, dans le monde de plus en plus complexe et interdépendant dans lequel nous vivons, qu'il est difficile d'être réellement efficaces en philanthropie sans adopter une approche réfléchie pour s'assurer d'une allocation prudente de vos ressources dans le cadre d'une organisation judicieuse et bien gérée.

Nombre de causes et de besoins à travers le monde se révèlent hautement complexes et profondément enracinés. Il est très peu probable qu'un philanthrope dispose, seul, de toutes les ressources nécessaires pour les régler. À mesure que vous utiliserez et allouerez des ressources, il sera important de mettre en adéquation votre philanthropie avec une évaluation réaliste de ce qui peut être effectivement réalisé, dans le droit fil de votre Raison d'être et des attentes de vos partenaires.

D'après nos recherches et nos expériences, les philanthropes qui adoptent les meilleures pratiques ont une approche pragmatique, rigoureuse et orchestrée de l'allocation de leurs ressources. En d'autres termes, ils ont tendance à diriger leurs organisations philanthropiques de manière aussi efficace et efficiente que possible, avec des mécanismes, des rôles, des responsabilités et des objectifs clairs.

Faire le décompte précis de toutes les ressources, notamment humaines, que vous-même, votre famille et votre réseau élargi pouvez consacrer à votre philanthropie vous aidera aussi à déterminer quel montage et quelle gouvernance correspondront le mieux à votre démarche. Mobiliser ces ressources d'une manière harmonisée et holistique vous aidera plus sûrement à produire les résultats souhaités.

Ajustez votre boussole

Dans les pages suivantes, nous allons décrire et explorer des arbitrages qui éclaireront votre réflexion et vous aideront, avec votre famille, à étayer des discussions constructives sur la manière dont les ressources doivent être allouées à votre action altruiste.

Comme évoqué précédemment, il existe de nombreuses manières de donner et il n'y a pas une seule bonne réponse en la matière. Vous devrez néanmoins aboutir à une entente sur qui donnera quoi et combien pour donner vie à votre aventure philanthropique. Prenez le temps de discerner soigneusement sur chacun des domaines suivants, seul(e) et en famille.

Repères

CRÉEZ UN FILET DE SÉCURITÉ FINANCIÈRE

Il est important que votre famille et vous-même discutiez et vous entendiez sur la nature et l'ampleur des ressources que vous pouvez offrir. Nous vous conseillons également de créer un « filet de sécurité financière » pour assurer la continuité de vos projets philanthropiques. Par exemple, si vos dons dérivent d'un pourcentage de vos bénéfices d'entreprise, vous pourriez mettre en place un mécanisme pour veiller à ce que vos engagements soient bien honorés, particulièrement si vous vous engagez sur de nombreuses années auprès d'organisations choisies.

Il est important que les bénéficiaires puissent compter sur votre soutien même pendant des périodes d'adversité ou de crise économique – qui ne manqueront pas d'arriver. Vous pourriez également envisager d'obtenir des ressources supplémentaires auprès de votre réseau de soutien et vos alliés hors de la famille, quoique cela suppose une plus grande responsabilité en matière de retours d'informations sur les progrès réalisés et puisse donc générer un surcroît de travail pour vous.

OFFRIR DES RESSOURCES FINANCIÈRES UNIQUEMENT

APPORTER AUSSI DES RESSOURCES NON FINANCIÈRES

N'accorder que des actifs financiers

Contribuer d'autres ressources telles que votre temps, vos talents et votre tissu relationnel, en plus de votre « trésor » (les quatre « T »)

Une décision capitale que votre famille et vous-même aurez à prendre consiste à savoir si vous ne donnerez que des ressources financières (versées aux destinataires sous la forme de budgets, de dons ou de cofinancements) ou si vous serez également impliqués de manière plus personnelle en apportant d'autres types d'actifs, comme votre temps, votre talent et votre tissu relationnel. Cet arbitrage rejoint ceux sur le degré d'implication (participation active ou laissez-faire) et de collaboration que vous préférez adopter dans votre philanthropie. Offrir votre temps, vos talents et votre réseau laisse supposer que vous serez plus investis dans le processus, tandis que donner de l'argent suggère que vous compterez davantage sur des partenaires-relais.

→ Quels **types** de ressources souhaitez-vous donner ?
→ Quel **équilibre** de ressources est **adapté** à votre contexte ?
→ Combien de **temps** par semaine (ou par mois) souhaitez-vous **dédier** à vos activités philanthropiques ?
→ À quelles **compétences** et **expériences** pouvez-vous faire appel, à titre individuel et au niveau de votre famille ?
→ Quels sont les **réseaux** et les **relations** que vous pouvez mettre à contribution ?

NOTES

L'ARGENT DE LA FAMILLE UNIQUEMENT — **MOBILISER L'ARGENT HORS DE LA FAMILLE**

Donner exclusivement des ressources financières de la famille

Lever également des ressources financières extra-familiales

Le mode de financement de vos activités philanthropiques est une question primordiale : préférez-vous compter sur les ressources de votre famille ou êtes-vous ouverts à l'idée de lever de l'argent auprès d'autres donateurs ? Opter pour la seconde approche hisse plus haut le niveau de responsabilité et de redevabilité envers les donateurs externes à la famille. Ceux-ci pourront s'attendre à être tenus informés ou même à prendre part à votre gouvernance philanthropique.

Donner uniquement des ressources familiales garantit un fort contrôle de ces moyens et peut constituer une manière positive d'impliquer des membres passifs de la famille ou de renforcer le pouvoir d'action de la génération montante. Cela exige toutefois généralement un niveau d'engagement familial plus élevé et se traduit par une plus grande responsabilité envers vos bénéficiaires.

→ Quelle somme d'argent **projetez-vous** de consacrer à la philanthropie ?
→ Comptez-vous **financer** votre philanthropie sur des **fonds familiaux** ou grâce à des **ressources externes**, ou des deux manières à la fois ?
→ Avec quel niveau de **coûts de démarrage** et de **frais de fonctionnement** vous sentez-vous à l'aise ?

NOTES

PERPÉTUITÉ DU CAPITAL — **DOTATION CONSOMPTIBLE**

Financer votre philanthropie avec les intérêts produits par une dotation initiale, des dividendes ou un pourcentage des bénéfices d'une entreprise

Dédier un certain montant de ressources à une cause donnée, la dotation en capital pouvant être dépensée dans son intégralité

Certaines familles inscrivent leur philanthropie dans un cadre pérenne en adoptant dès le départ un modèle qui permet aux générations futures de s'engager et de prendre la relève. D'autres optent pour le modèle de la fondation à dotation consomptible (également dite « à capital consommable »), qui est généralement mise en œuvre pour répondre à des besoins pressants, pouvant concorder avec des préférences familiales, pour un engagement limité dans le temps.

- → Vous inscrivez-vous, votre famille et vous-même, dans une **perspective de long terme** ?
- → Souhaitez-vous **construire** une organisation philanthropique qui a vocation à la **perpétuité**, utilisant les fonds familiaux sur le très long terme ?
- → Cherchez-vous à dépenser certains fonds jusqu'à **épuisement** du capital ou bien à attribuer des **financements génération après génération** grâce aux intérêts générés sur la **dotation initiale** ?
- → Souhaitez-vous financer des projets et des causes avec des **fonds dédiés** sur un **calendrier clairement défini** ?
- → Souhaitez-vous uniquement répondre à des **besoins ponctuels** ?

NOTES

Activités

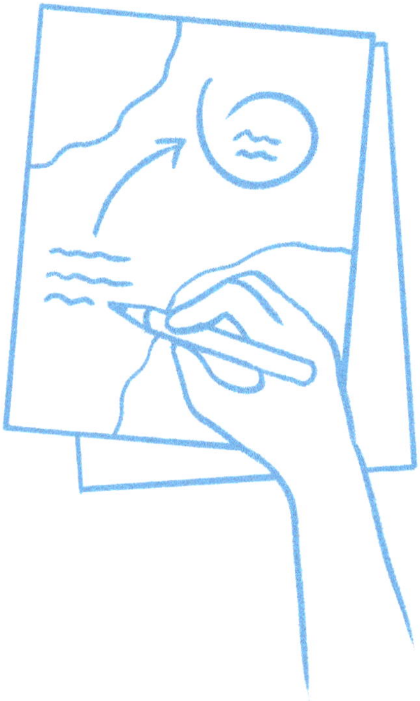

Vous avez maintenant achevé votre exploration de la dimension importante des ressources. Prendre le temps de faire des choix judicieux et pragmatiques concernant les besoins, la mobilisation et l'allocation de ressources en accord avec votre Raison d'être et vos relations constitue un élément crucial de toute approche philanthropique efficace. Les activités suivantes vous aideront, votre famille et vous-même, à préciser puis répondre aux questions fondamentales du *Navigateur* relatives aux ressources, en adéquation avec vos circonstances et selon que vous démarrez ou réorientez votre voyage philanthropique.

Questions du *Navigateur* :

- → Que donnons-nous ?
- → De quoi avons-nous besoin ?
- → Comment combler les lacunes ?

Activité n° 1 :
Passez en revue vos arbitrages

Étape 1

Reprenez les arbitrages présentés plus haut dans ce chapitre et répondez individuellement aux questions suivantes. Sur chaque axe, marquez d'une couleur là où vous pensez vous situer actuellement et d'une autre couleur, là où vous souhaiteriez arriver dans le futur. Vous pouvez positionner chacun de ces deux repères où vous le souhaitez sur l'échelle graduée.

1. **Où en est notre philanthropie à l'heure actuelle ?**
2. **Où souhaiterais-je que notre philanthropie se situe demain ?**

Étape 2

Comparez vos notes en famille et discutez-en. Quelles sont les similitudes et les différences ? Où vous rejoignez-vous et où y a-t-il des divergences ? Est-ce que cela pourrait influencer votre parcours ?

Étape 3

Chaque fois que vous avez des réponses différentes, discutez de la manière dont vous souhaitez y faire face.

***Remarque pour les philanthropes qui démarrent :** si vous n'avez pas encore débuté votre action philanthropique, concentrez-vous simplement sur la deuxième question de l'étape 1.

Activité n° 2 : Matrice des ressources

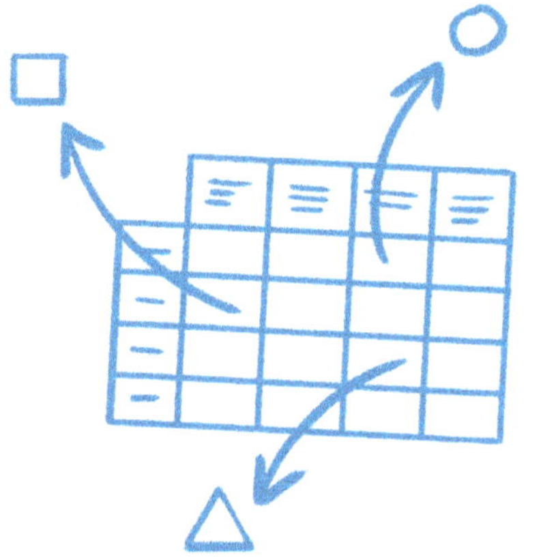

Ayant échafaudé votre écosystème philanthropique lors des précédents chapitres, ainsi que la nature de l'engagement des membres de votre famille et de vos partenaires, cette matrice vous aidera maintenant à cartographier l'accès à l'ensemble des ressources que vous estimez décisives pour lancer ou développer votre organisation philanthropique avec succès.

Étape 1

Ressources nécessaires
Il s'agira d'abord d'identifier la nature et l'importance des ressources requises pour réaliser vos ambitions philanthropiques. Pour cette étape, nous vous suggérons de partir d'une feuille blanche, sans prendre en compte la moindre contrainte de ressources, et de répondre seulement à la question suivante : Qu'est-ce qui est réellement nécessaire pour réussir ?

Étape 2

Quelles ressources vais-je donner ?
Chaque membre de la famille doit ensuite recenser les ressources qu'il peut apporter. Nous vous suggérons d'effectuer cet exercice chacun de manière individuelle, en considérant ce que vous pourriez contribuer à titre personnel, avant de vous lancer dans une discussion approfondie en famille.

Étape 3

Cartographiez les contributions de votre famille
Agrégez vos apports individuels et dressez le tableau d'ensemble des ressources pouvant être fournies conjointement par la famille.

Étape 4

Identifiez les lacunes
L'étape suivante consiste à comparer vos besoins (étape 1) avec l'ensemble des contributions de votre famille (étape 3) pour vous permettre d'identifier d'éventuels « trous dans la raquette ».

Étape 5

Mobiliser des partenaires pour combler les déficits de ressources
Pour finir, vous formerez une conclusion précise sur la provenance des ressources nécessaires et sur les étapes à franchir pour pouvoir vous les procurer, les mettre à contribution et les déployer.

Pour les philanthropes déjà actifs, cet exercice offre une opportunité précieuse de tirer un bilan sur la manière dont les ressources sont gérées et de détecter où des améliorations ou des changements pourraient être apportés.

	Que vais-je contribuer ?	Que va apporter ma famille ?	Combien ma famille et moi-même pouvons-nous donner actuellement ?	De quoi d'autre avons-nous besoin de la part de partenaires extra-familiaux pour réaliser notre initiative philanthropique ?
TRÉSOR				
TEMPS				
TALENTS				
TISSU RELATIONNEL				

Gouvernance

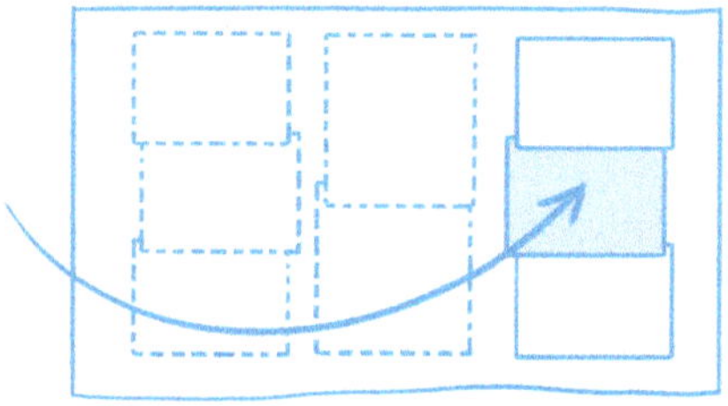

Plantons le décor

Grâce aux précédents chapitres du *Navigateur de philanthropie familiale*, vous devriez maintenant avoir les idées claires sur ce que vous souhaitez faire en tant que philanthrope et pourquoi, ainsi que l'identité des personnes qui dans votre famille et en dehors prendront part à votre démarche, de quelle manière, et quelles ressources sont mobilisables au sein de votre écosystème philanthropique.

La prochaine étape consiste à utiliser ces informations pour décider de la meilleure manière de mettre en place, de diriger et d'administrer vos activités. Si, comme dans de nombreux aspects de votre voyage philanthropique, il n'y a pas de bonne ou de mauvaise approche, certains modèles de gouvernance seront assurément plus adaptés à ce que vous souhaitez accomplir.

Vous devez étudier soigneusement vos options avant d'aller de l'avant. Prenez en considération les conclusions issues du chemin parcouru jusqu'à présent grâce au *Navigateur* et recherchez les conseils de vos pairs et d'experts du domaine. Mettre sur pied des structures inadaptées ou une gouvernance confuse peut aboutir à des résultats insatisfaisants et amener des tensions indésirables au sein de la famille.

Contrairement à la croyance populaire, diriger une organisation philanthropique n'est pas si différent de la gestion d'autres types d'organisations, même si les modalités et le cadre légal sont distincts. Si votre objectif est de construire et de piloter une organisation philanthropique saine et efficace, cela impliquera des principes de bonne gouvernance à de multiples niveaux.

DÉFINITION

Qu'entendons-nous par « gouvernance » ? Il s'agit d'un système de règles, de procédures et de structures vous aidant à diriger et contrôler une organisation. Bien que cela puisse paraître compliqué, il existe de nombreux exemples de bonnes pratiques de gouvernance philanthropique qui peuvent être mises à profit.

Au niveau le plus élémentaire, une bonne gouvernance passe par la combinaison harmonieuse d'un certain nombre de facteurs déterminants, comme le souligne la pyramide de la gouvernance de la philanthropie familiale ci-contre :

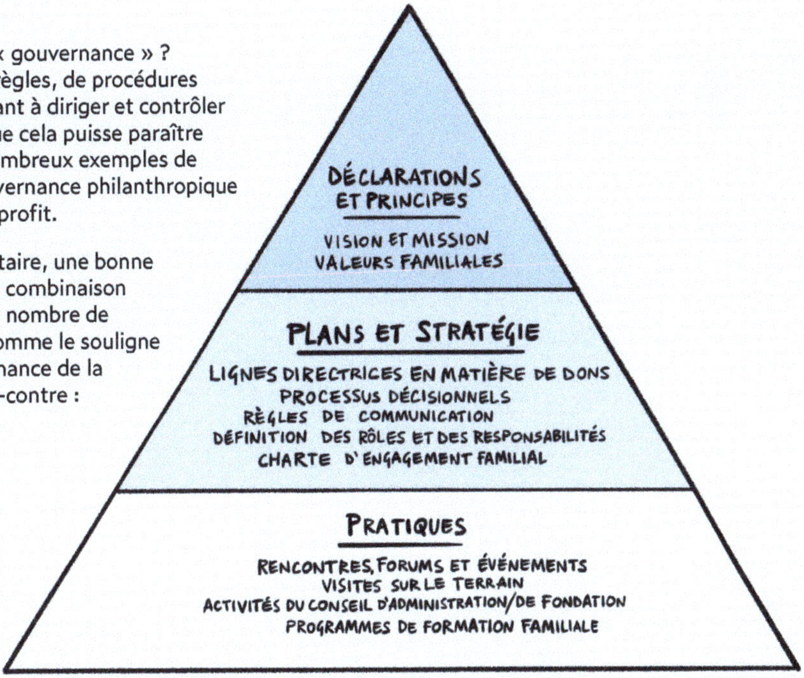

Inspirée par la pyramide de la gouvernance familiale de Patricia Angus (2005).

Décider de la structure appropriée pour votre philanthropie

La structure que vous choisissez n'est qu'un moyen permettant d'arriver à une fin. Il s'agit cependant d'une étape importante parce qu'elle formalise les réflexions que vous avez menées jusqu'ici. De surcroît, certains des choix que vous faites en matière de structure pourront s'avérer assez difficiles à changer plus tard parce que vos apports initiaux sont irrévocables (et donc jamais restitués aux fondateurs ou fondatrices). Si la philanthropie est souvent liée à la structure d'une fondation, il existe de nombreuses alternatives pertinentes selon le contexte fiscal du pays dans lequel vous résidez.

Vous pouvez choisir parmi de nombreuses structures philanthropiques éprouvées, allant des dons ponctuels ou de l'octroi de financements *ad hoc* au trust caritatif, en passant par la fondation indépendante. Si nous ne pouvons pas vous présenter ici une liste exhaustive des structures utilisées dans différents pays et contextes, nous avons sélectionné les montages génériques que nous estimons les plus dignes d'intérêt, à savoir :

1

Le don direct : don effectué en direct à une association (ou œuvre) d'intérêt général.

2

La dotation : don d'argent ou d'un actif à une association d'intérêt général visant à la soutenir dans la durée.

3

Le fonds philanthropique abrité (*Donor Advised Fund*, DAF) : véhicule de don caritatif administré par une organisation d'intérêt général habilitée pour gérer des dons pour le compte d'organisations, de familles d'entrepreneurs ou d'individus.

4

La fondation d'intérêt général : organisme de distribution de fonds à des tiers extérieurs qui est habituellement financé par des dons réguliers ou par une dotation initiale issus d'une source unique telle qu'un individu, un groupe d'individus ou une société. Il est important de souligner que la fondation n'a pas de « propriétaires » ou d'actionnaires.

5

Le trust caritatif : relation fiduciaire entre trois parties dans laquelle la première partie, le constituant, transfère des actifs (souvent, mais pas nécessairement, une somme d'argent) à la deuxième partie, le ***trustee*** ou fiduciaire, au bénéfice de la troisième partie, le bénéficiaire (dans notre cas, un organisme caritatif).

L'option que vous retiendrez dépendra d'un certain nombre de facteurs parmi lesquels l'intention du (ou des) fondateur(s), les ressources que vous avez à votre disposition (les « 4T »), la visibilité que vous souhaitez donner à votre philanthropie et même la durée du projet envisagé.

Au nombre des facteurs importants, il faut citer le montant que vous prévoyez de donner et le degré d'engagement souhaité pour vous-même et votre famille. Ainsi, si vous donnez directement de l'argent à un musée pour construire un nouveau bâtiment ou bien à une université pour fonder une chaire, la gouvernance qui encadrera cette approche sera relativement simple. Si, à l'autre extrémité du spectre, vous choisissiez de soutenir un projet ou une organisation œuvrant auprès d'enfants autistes ou qui lutte contre le changement climatique, vous vous engageriez dans une entreprise de plus longue haleine et vous devriez acquérir des connaissances et développer un réseau de partenaires. En d'autres termes, opter pour un don non ponctuel vous engage dans un parcours de type entrepreneurial qui demandera de vous une plus forte implication. Il va de soi que vous n'aurez pas besoin de la même structure selon le cas de figure qui se présente.

Le diagramme suivant peut vous aider à faire le juste choix pour votre structure. Nous sommes convaincus que votre choix de structure doit découler d'une réflexion autour de vos ressources, comme illustré visuellement. Accorder un don ponctuel vous placera en bas à gauche sur le schéma. Si vous avez une plus grande surface financière et plus de temps à consacrer, vous passerez alors à une structure plus complexe, quoiqu'également d'une certaine manière plus rigide, et vous vous positionnerez alors dans la partie supérieure droite du schéma.

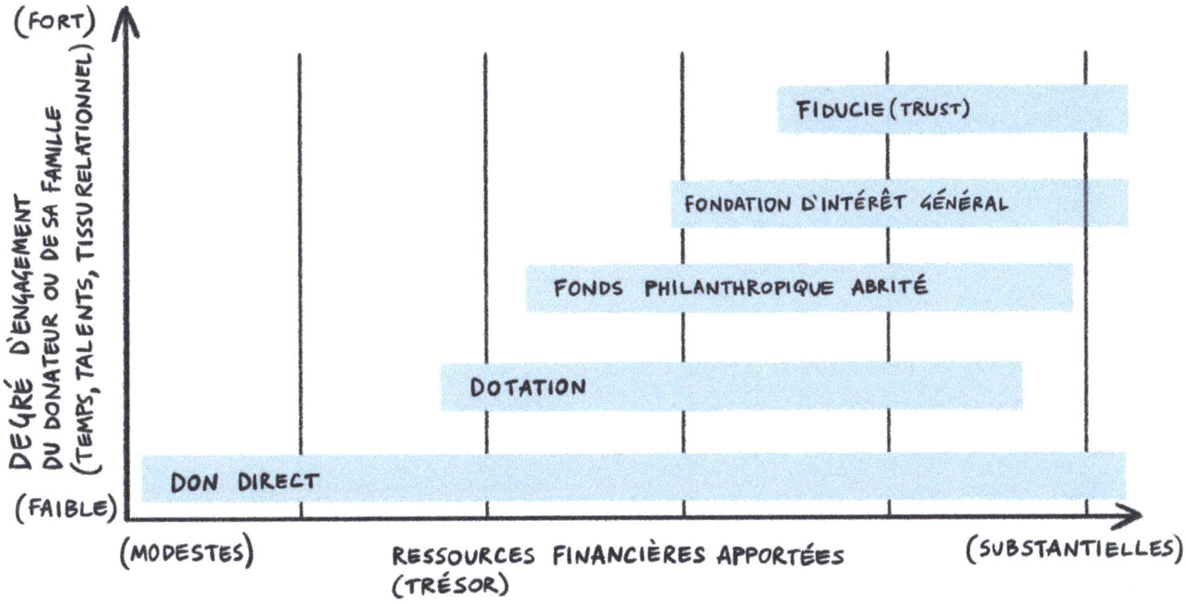

Si ces dernières options sont les plus fréquemment adoptées, les concepts suivants pourraient également retenir votre attention :

→ **Fonds Next Gen :** Certaines fondations familiales (souvent des fondations d'utilité publique) créent un compartiment séparé au sein de la fondation principale dédié à l'attribution de financements par la « nouvelle génération ». Ce type de structure peut être mis en place pour permettre aux jeunes d'élaborer une approche différente et les former à la gouvernance d'une fondation et à la prise de décisions collégiale.

→ **Fonds collaboratifs :** Au fil des années, des enjeux tels que la biodiversité marine ou l'intelligence artificielle en situation de guerre ont atteint un tel niveau de complexité que les donateurs et les fondations ont commencé à regrouper une partie de leurs financements au sein d'une structure commune visant à fédérer les ressources de chacun. Ce type de structure prend souvent la forme d'un fonds philanthropique abrité, pouvant rassembler des donateurs individuels, ainsi que des fondations familiales ou d'entreprise. Dans le cas pratique de la Fondation Oak (voir *supra*), Kristian Parker évoque la participation de sa fondation à des initiatives de ce type.

→ **Fondations d'entreprise, familiales et indépendantes :** Ces différents noms se réfèrent à un seul et même type d'entité juridique : la fondation d'intérêt général. Toutefois, selon la nature du fondateur ou de l'entité fondatrice, elles arboreront une appellation différente. Il faut veiller à en clarifier le fonctionnement : par exemple, qui siégera au Conseil d'administration et d'où proviendront les ressources financières ?

→ **Fondations actionnaires :** Il s'agit de fondations qui possèdent tout ou partie d'une entreprise et qui, parallèlement, ont également une finalité d'intérêt général. De ce fait, elles ont une double mission économique et sociale. Il s'agit d'une variante de la fondation d'utilité publique.

Repères

AJUSTEZ LA STRUCTURE DE VOTRE PHILANTHROPIE À VOTRE SITUATION

Nous vous conseillons de réfléchir en amont à la manière dont votre philanthropie est susceptible d'évoluer dans le temps, et de vous y préparer car les choses évolueront forcément. D'un côté, vous gagnerez en expérience à mesure que vous progresserez depuis les étapes d'émergence et de croissance de votre organisation jusqu'à la maturité, et vous pourrez alors ressentir le besoin de procéder à des ajustements ou affiner le montage et la gouvernance de votre philanthropie. D'un autre côté, les familles et les groupes d'actionnaires évoluant au fil des générations, cela exigera différentes sortes de dispositifs de gouvernance pour satisfaire les souhaits et les besoins d'un groupe différent (et souvent plus large) de parties prenantes.

Intégrez votre philanthropie au sein de l'écosystème élargi d'entreprise familiale

Comme nous l'avons déjà vu, il vous est possible de choisir des structures variées pour votre philanthropie. Le choix final de structure et de gouvernance dépendra aussi d'un certain nombre de facteurs liés à votre système particulier d'entreprise familiale (c'est-à-dire de l'ensemble complet d'activités entrepreneuriales auxquelles votre famille prend part et comment celles-ci s'agencent entre elles).

Existe-t-il une Raison d'être primordiale qui relie ce que nous faisons dans le monde des affaires et notre action philanthropique ? Comment notre générosité s'inscrit-elle dans le cadre plus général des activités de la famille, du groupe d'actionnaires ou de l'entreprise ? Quelles sont les connexions stratégiques entre les différentes activités de la famille ? Voulons-nous utiliser notre *family office* comme structure ou comme ressource pour notre philanthropie ? Notre action altruiste est-elle en adéquation ou complémentaire de nos activités d'investissement ? Quel rôle joue le Conseil familial dans notre engagement philanthropique ? Souhaitons-nous utiliser la philanthropie pour former et préparer la génération montante ?

Il s'agit là de quelques-unes des nombreuses questions que vous devrez vous poser, avec votre famille, à l'heure d'intégrer votre philanthropie au sein de l'éventail plus large de vos activités. Il conviendra d'examiner comment vous pourriez renforcer la cohérence de votre philanthropie et la mettre au diapason des structures de gouvernance, protocoles et valeurs de votre famille, groupe d'actionnaires, entreprise ou *family office*.

Cette vision holistique est particulièrement utile pour les besoins du *Navigateur de philanthropie familiale* puisqu'elle permet aux familles de libérer des synergies et des gisements d'efficacité et assurer la continuité sur le long terme tout en rassurant la famille. Si vous êtes déjà actifs en philanthropie, il s'agit d'une opportunité de réévaluer vos structures actuelles pour vérifier qu'elles soient toujours adaptées à leur finalité et conviennent également à votre famille – en particulier à la génération actuelle ou nouvelle.

Lorsque vous intégrez votre philanthropie au sein de l'écosystème entrepreneurial familial, beaucoup d'options permettent « d'aligner les planètes » et d'aboutir à une cohérence harmonieuse.

Source : John A. Davis, Cambridge Institute for Family Enterprise, 2013

Le schéma suivant élargit la portée d'un modèle reconnu, celui des « trois cercles », et illustre à la fois les trois éléments que sont la famille, l'entreprise et ses actionnaires, et les principaux dispositifs de gouvernance que vous pourriez mobiliser pour vos activités philanthropiques, notamment le *family office* :

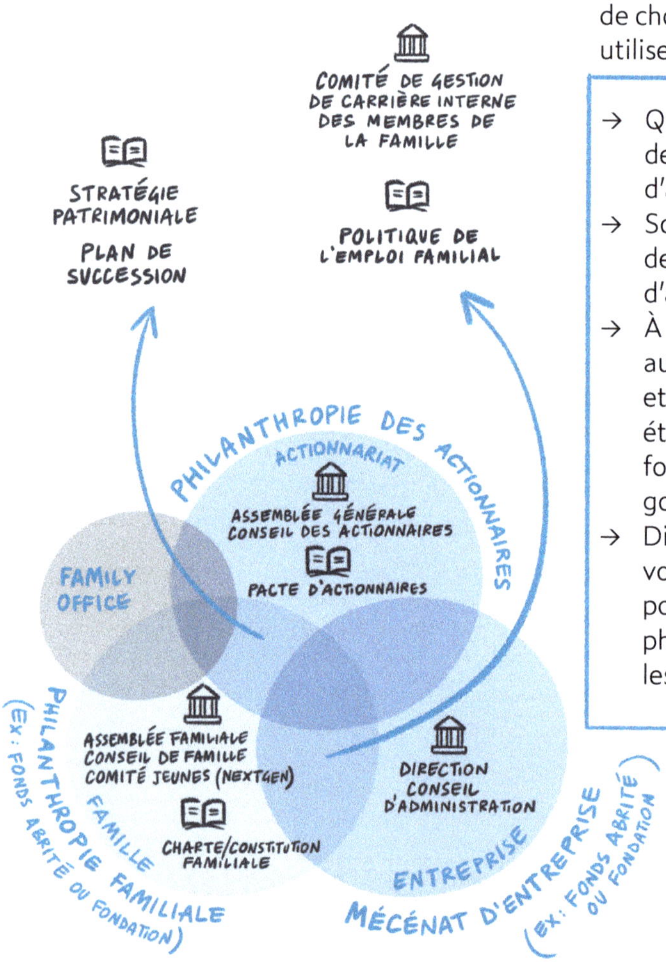

Family Office

Les écosystèmes d'entreprises familiales sont à l'évidence tous uniques et vous n'avez pas nécessairement chacun de ces dispositifs de gouvernance en place, ce qui ne pose aucun souci. Vous ne les mobiliserez pas non plus nécessairement tous à la fois. Le graphique ci-contre vise à fournir un aperçu des différentes intersections possibles au sein de votre modèle de gouvernance global.

Voici plusieurs questions à élucider avant de choisir quels dispositifs de gouvernance utiliser et raccorder à votre philanthropie :

→ Quelle est la taille (et la complexité) de votre famille et de votre groupe d'actionnaires ?
→ Souhaitez-vous impliquer la totalité de votre famille ou de votre groupe d'actionnaires, ou seulement une partie ?
→ À quel point votre gouvernance existante au sein de la famille, de l'actionnariat et de l'entreprise est-elle solidement établie ? Serait-il judicieux de mobiliser formellement ces dispositifs de gouvernance pour votre philanthropie ?
→ Disposez-vous d'un *family office* que vous pourriez mettre à contribution pour certaines activités liées à votre philanthropie ? Le cas échéant, lesquelles ?

Les dispositifs de gouvernance familiale et d'actionnariat préexistants jouent un rôle crucial dans le parcours philanthropique de nombreuses familles. Les familles les plus grandes mettent souvent en place un comité ou un groupe de travail dédié à la philanthropie – que ce soit au sein du Conseil de famille restreint ou en incorporant également des membres de la famille élargie. Il y a souvent également un « Comité ***Next Gen*** » destiné à la génération montante étant donné que la philanthropie peut être mise à profit pour préparer et former les plus jeunes, comme évoqué précédemment dans le chapitre « Motivation ». Ces deux dispositifs constituent d'excellents points de départ pour formaliser et ancrer votre philanthropie.

Souvent, les principes fondamentaux, les valeurs et les retombées espérées de la philanthropie sont spécifiés dans une charte familiale, une constitution familiale ou un pacte de famille. Étant donné qu'il s'agit d'un document sans valeur juridique contraignante, mais plutôt d'un accord moral passé entre les membres de la famille pour assurer une certaine harmonie, il n'est pas rare d'inclure une rubrique ayant trait à la philanthropie. La charte familiale peut aussi comporter une section sur l'emploi familial, qui ne concerne pas uniquement l'entreprise familiale mais également l'action philanthropique, tout particulièrement si vous mettez en place une structure formelle comme une fondation. Qui sera, sous quelles conditions préalables et en quelles qualités, en droit de siéger au Conseil ou de travailler pour la fondation ? Voilà d'autres questions importantes à considérer pour les familles les plus nombreuses et complexes.

En ce qui concerne l'enjeu plus technique de l'allocation de ressources, il arrive que les familles utilisent leur pacte d'actionnaires pour s'accorder formellement sur le montant affecté aux dons. Cela peut s'avérer particulièrement utile si vous souhaitez assurer la continuité de l'action philanthropique au fil des générations, y compris pendant les périodes de récession économique ou quand la prise de décisions au sein de la famille devient difficile. Certaines familles choisissent également de doter leurs fondations philanthropiques à partir de leur trust familial, comme c'est le cas de la Fondation Ishk Tolaram.

Le *family office* est fréquemment associé aux activités philanthropiques de la famille. Vous pourriez ainsi avoir une fondation comme véhicule philanthropique avec des membres de la famille siégeant au Conseil d'administration/de fondation et utiliser votre *family office* pour différentes questions ayant trait à la gestion ou à l'organisation, comme le fait de réceptionner et d'examiner les demandes de soutien ou d'organiser des réunions et des visites sur le terrain, entre autres choses.

En cas de mécénat d'entreprise, vous pourriez vouloir lier votre philanthropie à votre gouvernance d'entreprise préexistante et mobiliser certains membres du Conseil d'administration ou cadres dirigeants de l'entreprise pour vous assister dans vos actions philanthropiques, que ce soit en siégeant au Conseil de fondation aux côtés de la famille ou en organisant un « comité philanthropique » séparé faisant office de passerelle entre la famille, l'entreprise et la

Repères

GÉRER LE CONFLIT DANS UN CONTEXTE DE PHILANTHROPIE FAMILIALE

De nombreux philanthropes néophytes s'attendent à ce que la philanthropie devienne une expérience partagée positive pour leur famille. Si une philanthropie collaborative et bien gérée peut s'avérer bénéfique en termes de relations familiales, les tensions existantes entre membres de la famille ne pourront être apaisées par le seul biais d'une expérience philanthropique partagée. Au contraire, les problèmes familiaux sont même susceptibles de s'aggraver quand les membres de la famille prennent des décisions irréversibles au sujet de l'héritage de leurs ancêtres ou la distribution de leur patrimoine. Voici cinq sources de conflit les plus courantes dans des contextes de philanthropie familiale :

1. **La cause :** Devons-nous continuer à soutenir une cause que la famille a historiquement soutenue, mais avec laquelle nous n'entretenons plus de liens émotionnels forts, ou devrions-nous soutenir des causes qui nous touchent davantage aujourd'hui ?

2. **La géographie :** Devons-nous continuer à aider une ville, une région ou un pays au seul motif que notre fondateur/fondatrice y est né(e), même si nous n'entretenons plus de rapports avec cet endroit ?

3. **Les rôles :** Un membre de la famille peut-il assumer à la fois un rôle important dans l'entreprise et dans la philanthropie de la famille, sans risque de conflit d'intérêts et sans que d'autres membres se sentent lésés ?

4. **Les rivalités :** L'organisation de notre philanthropie reflète-t-elle la hiérarchie généalogique ou est-elle fondée sur le mérite ?

5. **Les tensions entre les générations :** La génération des aînés s'accroche-t-elle à la prise de décision et au contrôle, ou permet-elle à la nouvelle génération d'assumer des responsabilités ?

fondation d'entreprise. Les configurations de la famille Mauvernay et de la Fark Holding illustrent bien ce type d'approche.

Un autre excellent exemple d'interaction et de collaboration multipartites au sein de l'écosystème d'entreprise familiale est l'Ahlström Collective Impact (ACI), dispositif mis en place en 2020 par la fondation Eva Ahlström (cf. cas pratique dans la partie « Raison d'être ») et qui instaure un modèle de collaboration entre la fondation et ses sociétés partenaires.

Il existe de nombreuses manières de mettre en place des activités philanthropiques et de les connecter (ou de les intégrer) à l'écosystème plus vaste de l'entreprise familiale. S'il n'existe pas d'approche standardisée, différents exemples de bonnes pratiques nous permettent de tirer des leçons. Il est crucial que votre famille et vous-même preniez une décision réfléchie sur ce qui pourrait constituer la structure optimale de gouvernance, ainsi que sur les dispositifs préexistants à mobiliser. Cela relève aussi *in fine* des mécanismes de prise de décisions, que nous allons explorer à présent.

Qui décide de quoi ?

Comment sont prises les décisions d'attribution de financements ? Quel doit être le niveau de formalisme du processus décisionnel ? Quels organes de direction prévoir et quelles décisions leur reviendraient ? Quel que soit le montage choisi, la prise de décision tiendra une place importante dans votre philanthropie. Lorsque vous élaborez vos processus décisionnels, vous devez prendre en compte un certain nombre de facteurs importants comme les dynamiques familiales, la taille de votre famille, sa structure ou encore la façon dont vous prenez les décisions ensemble.

La plupart des familles suit les procédures de prise de décision qui sont définies dans les statuts de leur fondation, lesquels exigent généralement un vote à la majorité ou à l'unanimité. Il est important que vous y réfléchissiez avec votre famille et que vous vous entendiez sur le processus décisionnel le plus adapté avant d'aller de l'avant et d'entamer votre parcours philanthropique. Celui-ci dépendra également de la structure finale que vous choisirez et de la manière dont vous relierez votre philanthropie aux autres organes de gouvernance de l'écosystème d'entreprise familiale.

Si vous ne spécifiez pas clairement comment les décisions seront prises, vous pourriez vous retrouver dans des situations conflictuelles débouchant sur des tensions familiales qui auraient pu facilement être évitées si les règles du jeu avaient été définies par avance. Nous vous recommandons par conséquent de réfléchir d'abord à la gamme complète de possibilités qui s'offre à vous avant de choisir l'option la plus appropriée. C'est seulement à ce stade que vous pourrez commencer à prendre des décisions suivies d'effet.

Toutefois, comme pour toute décision prise en famille, ces préliminaires peuvent s'avérer extrêmement chronophages et frustrants. Même si vous avez une approche explicite de la prise de décisions, d'autres dynamiques familiales peuvent entrer en jeu et « court-circuiter » la gouvernance formelle que vous avez créée. Des difficultés peuvent surgir typiquement quand un membre du Conseil d'administration/de fondation (par exemple, le fondateur ou l'un de ses proches parents) dispose d'une influence supérieure à celle des autres administrateurs, et que son opinion pèse implicitement davantage. Cela peut être particulièrement déconcertant pour la nouvelle génération, les conseillers externes et les membres du Conseil qui ont été choisis pour aider à professionnaliser l'action philanthropique. Il est donc crucial que chaque membre de la famille comprenne et, autant que possible, se conforme aux règles de gouvernance établies en commun.

En philanthropie comme en affaires, différentes décisions appellent différents mécanismes de prise de décisions. Voici trois approches courantes :

Prise de décision unilatérale

→ Ce mécanisme rapide et efficace est utile pour les décisions mineures ou ne suscitant aucune controverse, ainsi que pour des décisions qui doivent être prises dans un délai très court (par exemple pour l'attribution de financements en cas de catastrophe naturelle ou de situations d'urgence humanitaire).
→ L'on retrouve également souvent cette forme de prise de décision dans les phases initiales de l'engagement philanthropique, avant que les structures formelles de gouvernance ne soient mises en place.
→ Au sein des familles d'entrepreneurs, nous observons souvent un mode décisionnel unilatéral (en général parce qu'il y a un membre dominant dans la famille).

Vote à la majorité au Conseil

→ Les statuts peuvent prévoir que certaines décisions soient prises de cette manière. C'est un mécanisme qui fait participer tous les membres du Conseil d'administration/de fondation et aboutit à un résultat déterminé selon que la majorité est atteinte ou non.
→ Le vote à la majorité au Conseil peut également s'avérer utile pour des décisions qui impliquent ou concernent différentes composantes de l'écosystème des affaires familiales (la famille, l'entreprise, le groupe d'actionnaires, le *family office*, etc.).
→ Le passage au vote est souvent considéré comme une formule de repli intervenant quand il n'est pas possible de faire émerger un consensus.

Prise de décision par consensus

→ Ce mécanisme peut être requis par les statuts dans le cas de décisions très importantes (par exemple pour la dissolution d'une fondation). Il demande habituellement énormément de discussions et aboutit *in fine* à un consensus : on obtient donc une entente collective et l'adhésion de toutes les parties.
→ La prise de décisions par consensus peut également être le signe d'une famille, d'un groupe d'actionnaires ou d'un Conseil d'administration d'entreprise particulièrement fonctionnel et empreint de bon sens. Les meilleures pratiques en la matière nous apprennent que les Conseils d'administration d'entreprises qui décident assez naturellement par consensus n'ont que rarement besoin de recourir à un vote à la majorité.
→ Toutefois, quand il existe des visions divergentes, ce qui est inévitable dans une famille ou un écosystème familial, cette approche peut se révéler particulièrement chronophage. Toute tentative pour parvenir à un consensus peut alors déclencher d'autres formes de conflit (en fonction des dynamiques familiales). Il ne s'agit donc pas forcément du mode décisionnel le plus approprié pour toutes les familles et toutes les décisions.

Spécifier clairement qui, ou quel organe de direction, prend tel type de décision et suivant quel mécanisme décisionnel est d'une extrême importance. Accorder ces choix avec votre gouvernance globale vous aidera à rendre votre philanthropie plus efficace et efficiente.

Repères

CHOISIR UN NOM

Le choix du nom de votre organisation doit se faire avec la plus grande attention. Les familles sont souvent enclines à honorer leurs fondateurs ou à intéresser la nouvelle génération en donnant à leur organisation philanthropique le nom d'un parent. Il y a des avantages et des inconvénients en termes de réputation de la famille et de l'entreprise si elles sont trop étroitement liées à l'organisation philanthropique. Voulez-vous honorer la mémoire d'un certain membre de la famille (par exemple votre grand-mère ou votre grand-père) ou est-ce que vous voulez mettre d'autres dimensions en avant ? Voici quelques options à envisager :

1. Donnez à la fondation le nom d'une personne emblématique, comme dans le cas de la Fondation Eva Ahlström, cas pratique *supra* ;
2. Donnez à la fondation le nom de la famille, comme pour la Fondation Carvajal ;
3. Nommez la fondation en lien avec l'entreprise, comme pour la Fondation Ishk Tolaram ;
4. Nommez la fondation d'un acronyme formé à partir des noms de membres de la famille, ainsi que l'ont fait les fondateurs de la Fondation Juniclair et du Fonds philanthropique Bloom ;
5. Attribuez-lui un nom symbolique ou n'ayant aucun rapport avec la famille, comme dans les cas de la Fondation Oak et de la Fondation Philanthropique NEXT.

Rendre les Conseils d'administration efficaces pour la philanthropie

Les Conseils d'administration/de fondation sont primordiaux dans de nombreux parcours philanthropiques, intervenant dans la prise de décisions, la surveillance, ainsi que pour impliquer et renforcer le pouvoir d'action des membres de la famille et des autres partenaires. Pour s'assurer que votre Conseil est adapté à l'objectif poursuivi, il vous incombera d'examiner un certain nombre de questions importantes ayant trait à sa composition, sa structure et ses préceptes.

Composition du Conseil d'administration/de fondation

→ Y faites-vous participer exclusivement la famille proche ou également la famille élargie ? Les conjointes et conjoints peuvent-ils y siéger ? Que se passe-t-il en cas de divorce ? Accordez-vous des sièges automatiquement à vos enfants ? Quel est l'âge minimum et maximum pour en faire partie ?
→ Souhaitez-vous que des professionnels externes à la famille et indépendants rejoignent le Conseil ?
→ Si oui, quels seraient leur rôle et leur niveau de participation ? Dans le cas contraire, comment se pourvoir en expertise dans les domaines ciblés, pour venir en appui d'un Conseil réunissant exclusivement la famille ?
→ Quelles sont les responsabilités de chacun des membres du Conseil ? Comment ceux-ci seront-ils sanctionnés ou exclus s'ils échouent dans ces responsabilités ?
→ Comment votre Conseil contribuera-t-il à la réalisation de votre mission et de vos priorités stratégiques ?
→ Quels défis la composition actuelle de votre Conseil pourrait-elle engendrer ?

Structure du Conseil d'administration/de fondation

- → Combien d'administrateurs du Conseil souhaitez-vous avoir ? Combien de membres de la famille peuvent le rejoindre ?
- → À quelle fréquence se réunit-il ?
- → Voulez-vous ou non constituer des comités (un comité des finances, par exemple) au sein du Conseil ?

Principes du Conseil d'administration/de fondation

- → Comment se partage la composition du Conseil au sein de la fratrie et parmi les différentes branches de la famille ? Quels sont vos critères de choix pour les membres issus de la famille ou externes à celle-ci ? Y a-t-il des prérequis en termes de compétences, d'aptitudes et d'expertise pour que les membres de la famille puissent prétendre à un rôle au Conseil ?
- → Quelle politique et quels règlements avez-vous besoin de mettre en place pour donner plus de clarté au Conseil, aujourd'hui et demain ?
- → Quelles limitations de mandats et rotations périodiques souhaitez-vous ?
- → Quels outils le Conseil peut-il utiliser pour rationaliser l'activité et sa planification ?
- → Comment le Conseil et l'équipe opérationnelle assureront-ils une communication efficace entre eux ?
- → Quelle est votre politique de résolution de conflits ?

Ajustez votre boussole

Nous décrivons ici les arbitrages rencontrés lors de nos recherches et nos expériences de travail avec des familles d'entrepreneurs. Nous vous suggérons de prendre le temps d'explorer ces éléments pour guider et éclairer votre prise de décision, ainsi que celle de votre famille, tandis que vous mettez en place votre organisation philanthropique et concevez votre structure de gouvernance.

NOTES

APPROCHE FORMELLE — APPROCHE INFORMELLE

Formaliser des procédures et des règles au sein de votre organisation philanthropique

Donner de manière *ad hoc* et informelle, sans procédures ou règles fixes

Vous devrez prendre un certain nombre de décisions ayant trait au formalisme que vous désirez pour votre philanthropie. Votre approche pourra évoluer dans le temps entre un fonctionnement très formalisé et des dons effectués de manière plus informelle, sans mettre en place de procédures ou de règles rigides au sein de votre organisation philanthropique. La décision la plus importante à prendre est peut-être celle consistant à définir si vous allez ou non mettre en place votre propre structure philanthropique (et, le cas échéant, si vous allez donner directement à des organisations qui vous délesteront de la dimension opérationnelle des choses).

- → Quel niveau de **structuration** et de **formalisme** désirez-vous pour votre philanthropie ?
- → Donnerez-vous uniquement à des organisations **déjà existantes** ?
- → Préféreriez-vous établir votre **propre organisation philanthropique** (ou même plusieurs entités) ?
- → Allez-vous, ou non, mettre en place un **Conseil d'administration** ?
- → Aurez-vous des **salariés** ?
- → Comment comptez-vous aborder les questions financières telles que l'optimisation **fiscale** ?

Repères

FISCALITÉ

Si les réductions d'impôts ne constituent jamais la seule raison de faire de la philanthropie, il est important d'examiner les bénéfices et les coûts qui s'appliquent à votre contexte de don. Avant de choisir votre montage philanthropique, renseignez-vous sur les droits et les responsabilités que chaque montage particulier implique. Préparez-vous à être interpellés sur la motivation de votre philanthropie par des observateurs sceptiques.

PROFIL PUBLIC — PROFIL PRIVÉ

Construire une image publique pour appuyer vos objectifs philanthropiques

Rester volontairement loin des regards du public

Certains philanthropes se construisent un profil public de manière intentionnelle, tandis que d'autres lui préfèrent une approche discrète. Il peut y avoir des raisons convaincantes en faveur de l'une ou de l'autre approche ayant trait à la famille ou à l'entreprise. Si le plaidoyer constitue une composante essentielle de votre parcours philanthropique, il y aura alors des avantages clairs à être présents sur la scène publique : cela peut aider à attirer des partenaires et des donateurs supplémentaires. Vous pourriez au contraire vouloir opérer « sous le radar » pour laisser vos partenaires mener à bien leur travail loin des projecteurs. Cette approche peut s'avérer la plus judicieuse si vous avez des préoccupations d'ordre sécuritaire par exemple.

→ Une **visibilité publique** appuiera-t-elle utilement vos objectifs philanthropiques ?
→ Un **profil plus discret** serait-il plus adapté ?
→ Quels **facteurs familiaux** ou liés à l'**entreprise** pourraient influencer cette décision ?

NOTES

LIENS AVEC LA FAMILLE

LIENS AVEC LA L'ENTREPRISE

Une philanthropie liée principalement à votre famille et à votre gouvernance familiale

Une philanthropie liée principalement à votre entreprise et à votre gouvernance d'entreprise

Certaines familles relient leur philanthropie aux centres d'intérêts, valeurs et structures de gouvernance de la famille. D'autres préfèrent mettre en concordance leur philanthropie et les activités de leur entreprise. Lorsque l'écosystème d'entreprise familiale est étendu, il peut s'avérer plus opportun de donner d'une manière qui s'inscrive en cohérence d'ensemble avec cet écosystème. Concrètement, vous pourriez directement relier votre philanthropie à votre entreprise ou bien donner par le biais d'une entité privée distincte. Gardez à l'esprit que les choix en la matière pourraient varier selon votre motivation. Si celle-ci est de souder votre famille et d'éduquer la prochaine génération, vous gagnerez peut-être à choisir un véhicule indépendant. *A contrario*, si vous cherchez à contribuer au bien commun dans un domaine qui est stratégiquement aligné avec la raison d'être de votre entreprise, alors vous aurez probablement à mettre en place une fondation d'entreprise.

→ Préférez-vous aligner votre philanthropie sur vos **valeurs familiales** et votre gouvernance familiale ?
→ Une **structure indépendante** serait-elle plus adaptée à votre cas ?
→ Votre philanthropie est-elle **liée aux domaines prioritaires** de votre entreprise ?
→ Créer une fondation d'**entreprise** aurait-il plus de sens pour vous ?
→ Votre écosystème d'entreprise familiale est-il **fortement intégré** ou **plus souple** ?

NOTES

PILOTAGE PAR LA FAMILLE

Direction exclusive par la famille (présence uniquement de membres de la famille au Conseil d'administration/de fondation ; équipe dirigeante issue de la famille ; taille du véhicule limitée à ce qui fait sens pour la famille...)

PILOTAGE PAR DES TIERS

Direction par des personnes externes à la famille qui rendent des comptes au Conseil d'administration/ de fondation (qui regroupe idéalement des membres de la famille et des personnes externes)

Diriger tout type d'organisation philanthropique familiale formalisée demande un engagement substantiel. Si de nombreux rôles peuvent être assumés par des membres de la famille, notamment au niveau du Conseil d'administration/de fondation ou encore comme conseillers ou gestionnaires opérationnels, beaucoup de familles partent du principe que la participation familiale ne peut être tenue pour acquise. Elles optent alors pour un montage permettant à des salariés externes à la famille d'apporter les compétences manquantes. Suivant la Raison d'être de votre philanthropie, le degré d'engagement familial et les ressources qui sont déployées, vous pouvez évaluer s'il serait plus pertinent que votre philanthropie soit pilotée ou non par la famille en direct.

→ Dans quelle mesure votre structure sera-t-elle **dirigée** et **gérée** par des membres de la famille ?
→ Quelles sont les **restrictions** et les **attentes** à prendre en compte vis-à-vis de votre famille ?
→ Aurez-vous besoin de **recourir à des ressources externes** pour mettre en œuvre votre philanthropie ?

NOTES

Activités

Après avoir pris connaissance des différentes options concernant la gouvernance de votre philanthropie, il est maintenant temps de procéder à quelques choix. Par rapport à certains des chapitres précédents, celui-ci exigera peut-être de vous une réflexion plus approfondie (en solitaire et en famille) et la consultation d'experts externes (par exemple au sujet des implications légales et fiscales dans certains pays) avant de parvenir à une réponse définitive. Nous aimerions néanmoins vous aider à amorcer ce processus de réflexion.

Questions du *Navigateur* :

→ Comment structurer notre philanthropie ?
→ Quels principes, règles et procédures pourraient nous être utiles ?

Activité n° 1 :
Passez en revue vos arbitrages

Étape 1

Reprenez les arbitrages présentés plus haut dans ce chapitre et répondez individuellement aux questions suivantes. Sur chaque axe, marquez d'une couleur là où vous pensez vous situer actuellement et d'une autre couleur, là où vous souhaiteriez arriver dans le futur. Vous pouvez positionner chacun de ces deux repères où vous le souhaitez sur l'échelle graduée.

1. **Où en est notre philanthropie à l'heure actuelle ?**
2. **Où souhaiterais-je que notre philanthropie se situe demain ?**

Étape 2

Comparez vos notes en famille et discutez-en. Quelles sont les similitudes et les différences ? Où vous rejoignez-vous et où y a-t-il des divergences ? Est-ce que cela pourrait influencer votre parcours ?

Étape 3

Chaque fois que vous avez des réponses différentes, discutez de la manière dont vous souhaitez y faire face.

***Remarque pour les philanthropes qui démarrent :** si vous n'avez pas encore débuté votre action philanthropique, concentrez-vous simplement sur la deuxième question de l'étape 1.

**Activité n° 2 :
Définissez les grands paramètres de votre gouvernance**

Étape 1

Cartographiez la situation actuelle
Comme première étape, nous vous conseillons de cartographier votre écosystème d'entreprise familiale actuel et de dresser la liste de ses différents dispositifs de gouvernance (pour la famille, l'actionnariat et l'entreprise) en faisant usage des cadres conceptuels introduits au début de ce chapitre (cf. « Intégrez votre philanthropie au sein de l'écosystème élargi d'entreprise familiale » page 157 et « Family Office » page 158).

Étape 2

Identifiez des liens potentiels avec votre activité philanthropique
Une fois que vous aurez cartographié votre écosystème et dressé la liste exhaustive des dispositifs de gouvernance existants, vous pourrez commencer à réfléchir aux liens et rapprochements possibles avec votre activité philanthropique. Existe-t-il une connexion évidente entre vos dispositifs actuels et votre philanthropie, sur laquelle vous pouvez construire (par exemple une Charte familiale) ? Y a-t-il des lacunes dans votre gouvernance actuelle qui devraient être comblées pour faire progresser votre engagement philanthropique ?

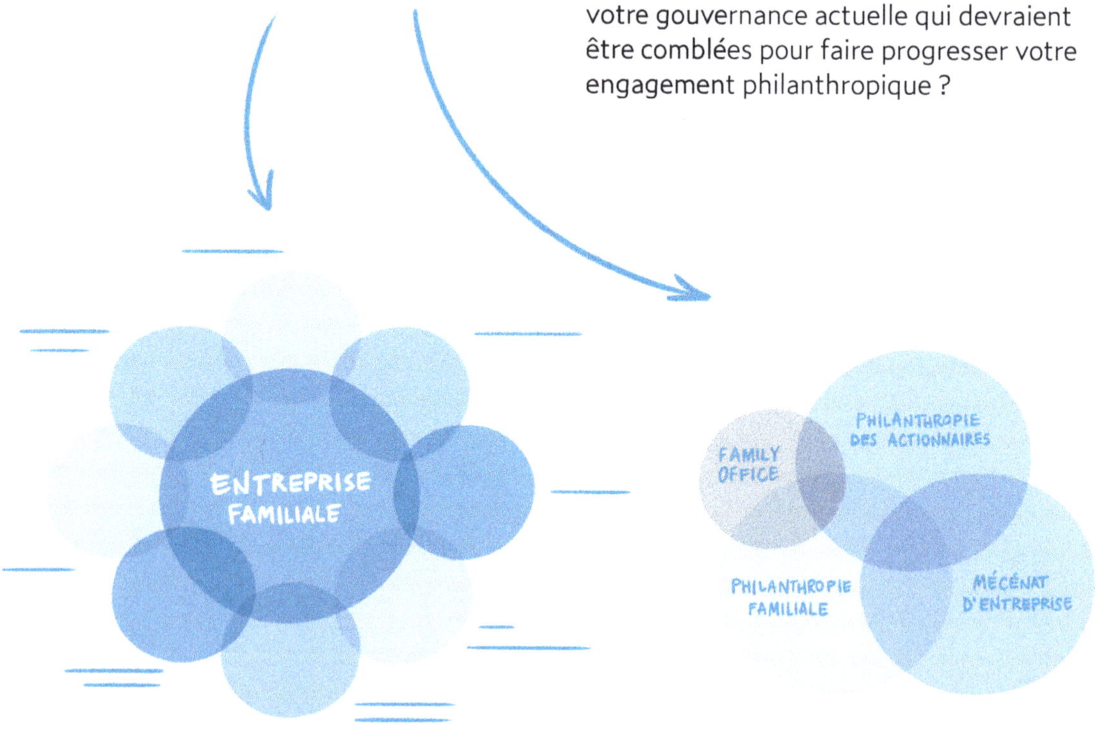

Étape 3

Présélectionnez les structures les plus adaptées
Passant en revue les différentes options sur la manière de structurer votre philanthropie (exposées au début de ce chapitre), réfléchissez à quelle pourrait être la structure la plus appropriée pour votre philanthropie. Vous n'arriverez pas nécessairement à une décision définitive sur cette question sans bénéficier de conseils externes, mais commencez néanmoins à vous demander si vous avez une préférence en tant que famille et ce qui aurait le plus de sens. Selon la manière dont vous souhaitez structurer votre approche autour d'un axe familial, actionnarial ou d'entreprise (ou une combinaison des trois), vous pourrez alors réfléchir aux différents dispositifs de gouvernance qui soutiendraient votre activité philanthropique, ainsi qu'aux éventuels ajustements à y apporter – par exemple, inclure une section sur la philanthropie dans votre charte de famille ou votre pacte d'actionnaires.

Étape 4

Imaginez le schéma idéal de prise de décisions
Pour finir, pensez à la manière dont vous aimeriez que les décisions soient prises.

- → Quelles décisions aimerions-nous prendre en tant que famille et quel organe directeur devrait s'en charger (le Conseil de famille ou un Comité philanthropique par exemple) ?
- → Comment prendrons-nous nos décisions en tant que famille (par exemple, sur les projets, les questions financières, les enjeux stratégiques) ?
- → Quelles décisions déléguons-nous à d'autres organes de gouvernance appartenant à notre écosystème d'entreprise familiale (par exemple le *family office*, le Conseil d'administration de l'entreprise) ?

Activité n° 3 : Ajustez certains paramètres clés de la gouvernance

Étape 1

Remplissez le tableau suivant pour vous aider à structurer votre philanthropie et ainsi trouver la meilleure approche à suivre.

Quelles décisions aimerions-nous prendre en tant que famille et quel organe directeur devrait s'en charger (par exemple, le Conseil de famille, le Comité philanthropique, le Comité *Next Gen*, le *family office*) ?

Comment prendrons-nous nos décisions en tant que famille (par exemple, sur les projets, les questions financières, les enjeux stratégiques, etc.) ?

Quelles décisions déléguons-nous à d'autres organes de gouvernance appartenant à notre écosystème d'entreprise familiale (par exemple le *family office*, le C.A. de l'entreprise) ?

Quel niveau de formalisme souhaitons-nous pour baliser notre aventure philanthropique ?

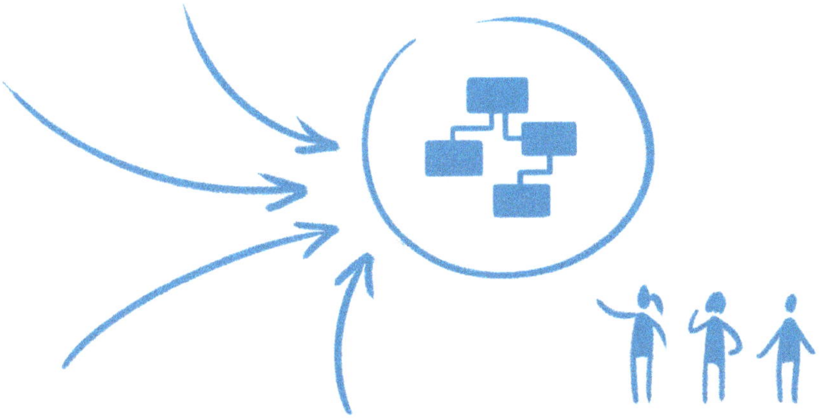

Comment mettre en place l'équipe de direction et le Conseil d'administration/de fondation ?

Quels rôles les différents membres de la famille pourraient-ils jouer dans nos activités philanthropiques ? Quelles seront les conditions préalables à un engagement familial ?

Quels seront nos règles et principes de communication ? (À l'intérieur et à l'extérieur du cercle familial ?) Quelle visibilité désirons-nous pour notre famille ?

Comment envisageons-nous la participation de la génération des jeunes (*Next Gen*) ?

Impact

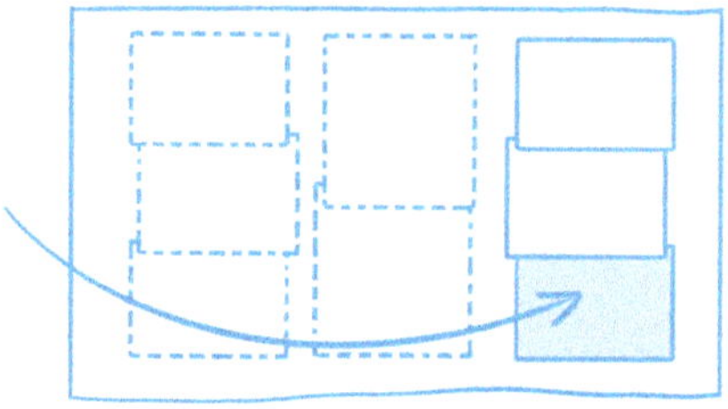

Plantons le décor

L'organisation préalable étant désormais en place, vous êtes quasiment parés à embarquer pour votre voyage philanthropique. Mais, avant de larguer les amarres, il vous reste encore à réfléchir à la dernière étape du *Navigateur de philanthropie familiale* : l'impact.

L'impact est l'effet qu'a votre philanthropie sur la cible de votre philanthropie, sur votre famille et vos partenaires, et aussi sur le monde. Il s'agit de la réalité concrète de vos résultats mesurée à l'aune de vos ambitions. À partir du moment où vous commencez à discuter de la Raison d'être de votre philanthropie avec le monde extérieur, à échanger avec des partenaires et à organiser méthodiquement votre philanthropie, vous commencez à avoir un impact.

Mais quelle sorte d'impact auront vos activités philanthropiques en fin de compte ? Comment le mesurer et traduire cette évaluation en actions concrètes ? Comment pouvez-vous améliorer vos chances d'atteindre vos objectifs ? Votre impact sera-t-il à la hauteur de vos ambitions ? Comment pouvez-vous évaluer les progrès réalisés et au besoin réorienter le cap ?

Ce n'est qu'après avoir franchi le pas que vous pourrez répondre à ces questions, car vous verrez alors les effets de votre action se dévoiler sous vos yeux. Selon la nature de votre cause de prédilection, il vous sera possible de les distinguer en temps réel, à court terme ou alors seulement après qu'un certain temps se sera écoulé. Est-ce que les choses se déroulent comme prévu, ou mieux que prévu ? Avez-vous dévié de votre route ? Êtes-vous certain(e) que vous évitez de faire du tort ? Êtes-vous toujours en phase avec votre Raison d'être ?

Repères

SUIVI ET ÉVALUATION

Il est recommandé d'adopter une approche holistique et systémique de la mesure d'impact. Des ressources familiales sont en jeu et, en cette époque de plus grand professionnalisme en matière de philanthropie, il est important d'obtenir des rapports d'avancement réguliers de l'ensemble de vos projets. Quelles que soient les informations collectées, elles pourront s'avérer cruciales pour éclairer vos choix. Notez bien la différence nette qui existe entre suivi continu et évaluation périodique : les évaluations sont souvent menées au moment de sélectionner un projet ou de clôturer une collaboration, tandis que le suivi se fait sur toute la durée d'un projet.

	Suivi	**Évaluation**
Fréquence	En continu	Périodique
Portée	Ensemble des programmes financés	Composantes spécifiques
Données	Ensemble des bénéficiaires	Échantillon
Coût	Coûts étalés	Coût parfois élevé
Champ d'application	Amélioration	Aide à la prise de décisions stratégiques

La philanthropie n'est pas une science exacte. Comme toute autre initiative audacieuse exigeant collaboration et coordination, il s'agit d'un périple truffé d'aléas et d'incertitudes, d'événements inattendus et d'erreurs humaines. Faire des bilans et des ajustements réguliers est inévitable.

Les philanthropes s'attaquent souvent à des problèmes complexes aux racines profondes, et c'est d'autant plus vrai dans le monde effréné et interconnecté d'aujourd'hui. Pour avoir un réel impact, la philanthropie exige des moyens importants, ainsi que l'appui et l'adhésion d'un large éventail de partenaires. Les solutions aux plus inextricables problèmes du monde ne sont pas du ressort d'un seul acteur. Elles exigent au contraire un effort concerté de nombreux intervenants, ce qui rend de plus en plus difficile aux philanthropes la tâche d'établir avec certitude le niveau d'impact (positif) de leur action. Dans la pratique, il ne vous sera pas toujours évident de savoir à un instant « t » si vous atteignez les résultats escomptés ou si vous risquez de passer légèrement, voire complètement à côté.

Il est par conséquent crucial de travailler en collaboration avec vos partenaires pour concevoir un plan d'action et un mode de fonctionnement adapté à vos objectifs partagés, c'est-à-dire réaliser votre ambition et produire un changement durable. En prenant le temps de délibérément et régulièrement étudier et préparer votre parcours, et en évaluant les progrès et l'impact holistique de votre philanthropie, vous serez plus à même de comprendre là où vous en êtes et ce qui doit changer dans votre modèle pour optimiser vos efforts.

En fin de compte, si vous souhaitez améliorer l'impact positif de votre philanthropie, il vous faudra confronter vos attentes à ce qui s'est réellement passé. Comment réussirez-vous à mesurer l'impact (positif ou négatif) de votre philanthropie dans votre domaine d'intervention ou auprès de la population bénéficiaire ? Comment votre philanthropie aura-t-elle impacté la cible et son environnement ?

Vous ne pourrez pas produire l'impact souhaité du jour au lendemain. Celui-ci doit être anticipé et inscrit en amont dans votre approche afin que vous ayez un référentiel clair dès le démarrage de votre parcours philanthropique. Pour reprendre les mots de l'auteur américain Alan Lakein, ***« ne pas se préparer, c'est préparer son échec »***.

Il n'existe pas de modèle parfait d'évaluation. L'impact peut être pensé et mesuré d'un bon nombre de façons. Ce que vous cherchez à accomplir entre également en jeu. En tant que famille philanthrope dont l'objectif n'est pas seulement tourné vers une cause donnée, mais aussi vers la cohésion familiale, l'éducation de la jeune génération, la transmission des valeurs familiales, voire sur le fait d'avoir une stratégie d'impact social qui soit cohérente avec votre entreprise familiale, vous devez considérer l'impact sous les multiples prismes de son rapport à la cause, à la famille et à l'entreprise.

Savoir ce que vous avez besoin de mesurer et ce que vous pouvez (ou ne pouvez pas) mesurer, constitue la première étape dans la compréhension de l'impact – le vôtre et celui des partenaires que vous soutenez. Vous pourrez ensuite réfléchir à la manière d'effectuer les mesures en coordination avec vos partenaires, et enfin à ce que vous pouvez faire de ces informations, que ce soit pour vous-même ou pour eux.

Vous aurez très probablement à répondre à certaines de ces questions : de quelles sortes d'informations ou de données avez-vous besoin ? S'agit-il de chiffres spécifiques ou davantage d'un « récit » (*storytelling*), ou des deux ? Quelle fréquence de collecte et quel calendrier envisagez-vous ? Avez-vous besoin d'être personnellement investi dans l'évaluation, en visitant les projets par exemple ? Comment pouvez-vous progresser et apprendre afin d'améliorer votre approche ? Vos processus de prise de décision seront-ils liés à vos propres séries de données ou à des analyses comparatives (*benchmarks*) ?

Ce que vous faites des données, quelles que soient leur forme, est primordial. À vos débuts, vous vous retrouverez peut-être à collecter beaucoup de chiffres et d'observations. Mais tous les types de données ne sont pas utiles et plus vous en aurez, plus il vous sera difficile de « voir la forêt qui se cache derrière les arbres », c'est-à-dire de les rendre intelligibles et d'en tirer des conclusions utiles. Vous devrez être parfaitement clairs sur ce que vous voulez comprendre en collectant et en analysant ces données, avant même de commencer à les réunir. La philanthropie peut mettre à profit la donnée pour être à l'écoute, apprendre et rectifier le tir, reproduire les meilleures pratiques et modèles et partager les connaissances acquises.

Repères

RÉSULTATS OU IMPACT ?

Il peut s'avérer utile de distinguer le concept de résultats et celui d'impact. Les résultats sont des éléments spécifiques que vous avez cherché à atteindre et qui relèvent de la responsabilité directe des partenaires que vous soutenez. L'impact a des implications plus vastes et englobe la manière dont votre intervention influence la situation générale à long terme, que ce soit directement ou indirectement, positivement ou négativement. Par exemple, si vous choisissez de lutter contre la malnutrition dans les favelas en fournissant une aide alimentaire à un certain nombre de bénéficiaires, c'est une action qui pourrait être rendue totalement inutile à la longue si les causes profondes de la malnutrition ne sont pas traitées. Vous pourriez même vous retrouver, malgré votre bonne intention, à stigmatiser un groupe social au sein de la population. Produire un changement durable en tant que philanthrope implique souvent d'examiner une question de manière holistique et de rechercher des solutions pouvant avoir un impact à très long terme. Pour revenir à l'exemple précédent, peut-être s'agit-il de travailler avec des organisations locales ayant une approche différente de la sous-nutrition. Quand vous évaluez l'impact de votre philanthropie, nous vous recommandons de vous interroger consciencieusement sur les différents moyens d'aboutir à un changement durable en dialogue avec l'organisation que vous soutenez, car elle sera souvent mieux informée que vous sur le contexte.

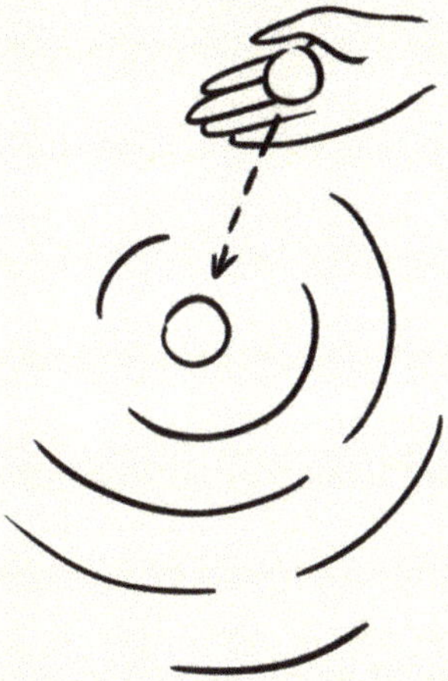

Le concept moderne de « durabilité » offre un parallèle utile au philanthrope : vous pourriez en reprendre les trois dimensions – sociale, environnementale et économique – pour bien calibrer votre approche de l'évaluation d'impact. En outre, vous pourriez trouver utile, suivant vos besoins, d'appliquer des paramètres supplémentaires pour mieux comprendre votre impact, tels que la précision, l'efficacité, la performance, le coût, le retour sur investissement, le risque ou le calendrier.

Ces mesures pourront vous aider à constituer au fil du temps une base d'enseignements et de bonnes pratiques pouvant en retour être pris en considération dans votre Raison d'être, vos Relations et votre Organisation pour guider vos prises de décision et votre action. Une telle approche ne convient pas forcément à tout le monde, pour autant nous vous recommandons d'aborder vos études d'impact avec le même niveau d'attention que vous porteriez par exemple à la mise en place de votre organisation.

Avoir une compréhension approfondie de la nature de l'impact que vous cherchez à obtenir et une manière rigoureuse de le mesurer vous aideront à atteindre vos objectifs philanthropiques, à titre individuel et en tant que famille. Vous en tirerez des informations pertinentes à partager avec vos parties prenantes et pourrez fixer des objectifs clairs, afin que vos partenaires sachent à quoi s'attendre et puissent s'organiser en conséquence. Vous jouirez également d'un flux continu de « données de navigation » pour vous permettre de tenir le cap. Une simple mise en garde : une approche judicieuse de la mesure d'impact exige de travailler étroitement avec les partenaires que vous soutenez pour vous assurer que le processus que vous avez mis en place bénéficie à tous.

L'impact n'est pas qu'une affaire de données et d'informations. Il a trait au parcours tout entier et à la manière dont vous créez un changement durable pour les bénéficiaires. Il ne s'agit pas seulement d'une photographie à un instant « t », mais d'un film composé de milliers d'images évolutives. Cela signifie qu'il est important de réfléchir et d'évaluer la manière dont vous travaillez avec les autres au sein de votre écosystème philanthropique, des administrateurs de votre fondation jusqu'aux partenaires sur le terrain.

Un donateur responsable doit pouvoir pondérer ses attentes, explicites et implicites, et aussi avoir confiance en la capacité de ses partenaires à surmonter les difficultés. Trouver le juste équilibre vous permettra d'agir de manière plus prévisible et d'accorder à vos partenaires suffisamment de liberté d'action, en restant toutefois pleinement responsables là où c'est réellement important. Avoir des outils et des processus adéquats pour mesurer l'impact constitue une bonne manière de fournir des orientations et de fixer les attentes.

Si l'exercice d'un certain contrôle permet d'améliorer le cadre des opérations de vos partenaires, vous devrez faire attention à ne pas être trop dominateur. Il conviendra de tempérer vos ambitions d'une pointe d'humilité sincère, sachant que vous ne détenez pas toutes les réponses et que les choses pourraient mal tourner. En matière de philanthropie, tous les acteurs sont

Repères

RÉCITS ET DONNÉES

Il y a un intérêt évident à collecter un éventail d'informations sur l'impact de votre philanthropie. Si les données peuvent être prises en compte dans la manière dont vous améliorez l'impact, elles ne fournissent pas pour autant toutes les réponses. Comme le remarquait Albert Einstein, *« ce qui compte ne peut pas toujours être compté, et ce qui peut être compté ne compte pas forcément »*. Les observations empiriques et l'expérience vécue peuvent s'avérer tout aussi importantes pour donner forme à votre parcours philanthropique. Si avoir accès aux bonnes données est indispensable, il s'agit rarement d'un substitut à une histoire captivante « du monde réel » ou à un indicateur qualitatif convaincant qui vous informe sur la manière dont votre philanthropie a pu changer une vie, ou n'a pas tout à fait répondu aux attentes. Une combinaison de données et de récits constitue souvent donc la meilleure approche.

des partenaires qui doivent chercher tous ensemble à produire un changement durable.

Dans ce chapitre, nous vous guiderons à travers différentes manières de concevoir et de mesurer l'impact de votre philanthropie pour faire en sorte qu'elle soit aussi efficace que possible et équipée pour s'adapter quand les circonstances évoluent. En fin de compte, vous devrez être en mesure de répondre aux questions suivantes :

→ Quels résultats voulons-nous atteindre ?
→ Comment savoir si notre philanthropie a obtenu l'impact désiré ?

Ajustez votre boussole

Pour vous aider à explorer l'idée de l'impact du don, nous vous proposons les arbitrages suivants. Réfléchir à chacun d'entre eux vous permettra de mieux comprendre ce que la notion d'impact signifie pour vous et comment l'incorporer dans vos activités, évaluer les résultats et optimiser votre philanthropie.

NOTES

DONNÉES QUANTITATIVES — INFORMATIONS QUALITATIVES

Collecter et analyser des données chiffrées pour évaluer l'impact dans une perspective quantitative

Mesurer où vous en êtes dans une perspective qualitative

Les données peuvent vous fournir un volume prodigieux d'informations permettant de guider et influencer la manière dont vous donnez. Mais elles ne disent pas tout. Supposons que vous souteniez des jeunes filles pour faciliter leur accès à l'éducation secondaire, réduire les taux d'abandon scolaire et les aider à devenir de jeunes femmes pleines d'assurance. Collecter des données quantitatives vous permettra certes de savoir combien d'entre elles réussissent leurs examens, combien assistent aux cours et ce qu'elles font par la suite. Mais des informations qualitatives vous apporteront des éclairages complémentaires qui vous permettront de regarder au-delà des chiffres : vous saurez alors si elles ont plus conscience de leurs droits, sont en meilleure santé ou plus heureuses. Des indicateurs qualitatifs peuvent ainsi jouer un rôle essentiel dans la mesure de votre impact.

→ De quelles sortes d'**informations** avez-vous besoin pour évaluer l'impact de votre philanthropie ?
→ Quelle importance ont des **données chiffrées** telles que des **indicateurs clés de performance (« *KPI* »)** ?
→ Seriez-vous plus intéressé(e) par des **récits** et des informations **qualitatives** ?
→ Préféreriez-vous un **panachage** des deux types d'information ?

AUTO-ÉVALUATION — ÉVALUATION EXTERNE

Mettre en place et conduire votre propre évaluation

Compter sur une aide extérieure pour mesurer les progrès réalisés

Le but principal d'une évaluation est d'observer si le soutien que vous apportez est efficace, efficient, pertinent et produit les résultats souhaités. Pour reprendre l'exemple des jeunes filles du scenario précédent, si vous souhaitez évaluer votre philanthropie en interne, cela exigera de vous ou de vos collaborateurs un effort de neutralité afin de comprendre comment améliorer le soutien que vous apportez à ces étudiantes. Un expert externe sera en mesure de prendre du recul et d'adopter un point de vue différent sur la manière la plus efficace de gérer la relation que vous entretenez avec votre partenaire de don. Les deux approches ont leurs atouts, et vous pourriez trouver utile de les combiner, par exemple en menant fréquemment des autoévaluations et, de manière occasionnelle, une évaluation externe plus détaillée, peut-être une fois tous les un à trois ans.

→ Souhaitez-vous, et pouvez-vous, effectuer des **diagnostics** et des **évaluations** en interne ?
→ Serait-il plus opportun d'**externaliser** l'évaluation à des **experts** ?
→ Souhaitez-vous combiner les **deux approches** ?

NOTES

FINANCER DES ACTIVITÉS — **FINANCER DES RÉSULTATS**

Apporter un soutien à des activités sans pour autant fixer d'objectifs clairs et précis

Beaucoup de philanthropes portent leur attention sur les résultats produits par leurs financements et, en conséquence, définissent et cherchent à atteindre des résultats très spécifiques. Toutefois, il peut être nécessaire de financer des activités sans spécifier d'objectif final lorsqu'il est plus difficile d'anticiper les résultats. Pour continuer avec notre exemple des jeunes filles obtenant un meilleur accès à l'éducation, vous pourriez financer la formation continue d'enseignants, fournir du matériel pédagogique aux écoles, ou encore accorder des bourses d'études. Vous pourriez certainement mesurer toutes ces activités, ainsi que la fréquentation des élèves aux cours, mais si votre ambition est de vous assurer d'atteindre des résultats bien spécifiques, des objectifs tangibles tels que le nombre de filles qui réussissent leurs examens finaux et qui poursuivent leurs études pourraient s'avérer plus pertinents. Un impact supplémentaire pourrait découler d'une durée de scolarisation allongée, qui favorise un recul du nombre de grossesses précoces, des familles plus réduites et un meilleur état de santé.

Énoncer des objectifs spécifiques et définir l'impact visé de votre philanthropie

→ Souhaitez-vous mesurer les **résultats concrets** de votre financement ?
→ Êtes-vous plus porté(e) sur les **détails** ou le **tableau général** de la situation ?
→ Souhaitez-vous comprendre les **conséquences plus globales** de votre **soutien** ?

NOTES

SOUTENIR UNIQUEMENT DES ORGANISATIONS — SOUTENIR DIRECTEMENT DES BÉNÉFICIAIRES

Structurer votre philanthropie pour soutenir uniquement le travail d'organisations

Prenez le temps de discerner si votre réussite viendra du soutien d'une organisation ou de mesures d'amélioration directe, concrète, centrée sur les bénéficiaires finaux. Ce choix aura des conséquences sur la manière dont vous mesurerez votre impact et sur la manière d'adapter votre méthode pour atteindre vos objectifs. Ces dernières années, la « philanthropie de risque » (*venture philanthropy*) a mis au point une approche consistant à investir principalement dans des organisations : les financeurs ne font pas alors que fournir des ressources, mais siègent également aux conseils d'administration et appuient le « développement institutionnel ». À l'opposé, certains donateurs sont beaucoup plus réticents à investir dans le développement d'une organisation et valorisent avant tout le fait qu'une plus grande proportion de leur argent touche directement les bénéficiaires et se montrent très circonspects sur le montant qui sert à payer les coûts de structure. Poussée à l'extrême, cette logique peut se traduire par un soutien exclusif de bénéficiaires en direct.

→ Souhaitez-vous soutenir le **travail** et le **développement** d'une organisation ?
→ Souhaitez-vous uniquement vous concentrer sur l'**aide directe** à vos **bénéficiaires** ?
→ Est-ce que cela fait sens d'adopter une **approche mixte ou variable** dans le temps ?

Organiser votre philanthropie pour soutenir uniquement les bénéficiaires de manière directe

NOTES

Activités

Pour pouvoir progresser efficacement dans la réalisation de vos objectifs, nous vous recommandons de considérer l'impact comme inhérent à votre philanthropie : il doit être mesuré, modulé et pris en compte ensuite par rétroaction dans votre structure philanthropique et votre finalité.

Après avoir réussi à définir la Raison d'être (le « pourquoi » et le « quoi »), les Relations (le « qui ») et l'Organisation (le « comment ») de votre philanthropie, vous êtes maintenant en mesure d'élaborer votre stratégie d'impact. Les activités suivantes vous aideront à vous y atteler.

Questions du *Navigateur* :

→ Quels résultats voulons-nous atteindre ?
→ Comment savoir si notre philanthropie a obtenu l'impact désiré ?

Activité n° 1 :
Passez en revue vos arbitrages

Étape 1

Reprenez les arbitrages présentés plus haut dans ce chapitre et répondez individuellement aux questions suivantes. Sur chaque axe, marquez d'une couleur là où vous pensez vous situer actuellement et d'une autre couleur, là où vous souhaiteriez arriver dans le futur. Vous pouvez positionner chacun de ces deux repères où vous le souhaitez sur l'échelle graduée.

1. **Où en est notre philanthropie à l'heure actuelle ?**
2. **Où souhaiterais-je que notre philanthropie se situe demain ?**

Étape 2

Comparez vos notes en famille et discutez-en. Quelles sont les similitudes et les différences ? Où vous rejoignez-vous et où y a-t-il des divergences ? Est-ce que cela pourrait influencer votre parcours ?

Étape 3

Chaque fois que vous avez des réponses différentes, discutez de la manière dont vous souhaitez y faire face.

***Remarque pour les philanthropes qui démarrent :** si vous n'avez pas encore débuté votre action philanthropique, concentrez-vous simplement sur la deuxième question de l'étape 1.

Activité n° 2 : Mesurez et assurez le suivi de vos dons

Étape 1

Réexaminez les éléments que vous avez définis dans les chapitres précédents
Pour commencer, revisitez les autres aspects de votre philanthropie en reprenant les parties sur la Raison d'être et les Relations, ainsi que les chapitres sur les Ressources et la Gouvernance. Avant de passer à la suite, il est indispensable de répondre à ces cinq questions :

1. Quelle est la focale de notre philanthropie ?
2. Quelles sont nos ambitions ?
3. Quel est le résultat attendu et quelles sont les mesures de notre succès ?
4. Quelles sont la nature et le volume des ressources que nous apportons ?
5. Quels délais nous fixons-nous pour aboutir au résultat souhaité ?

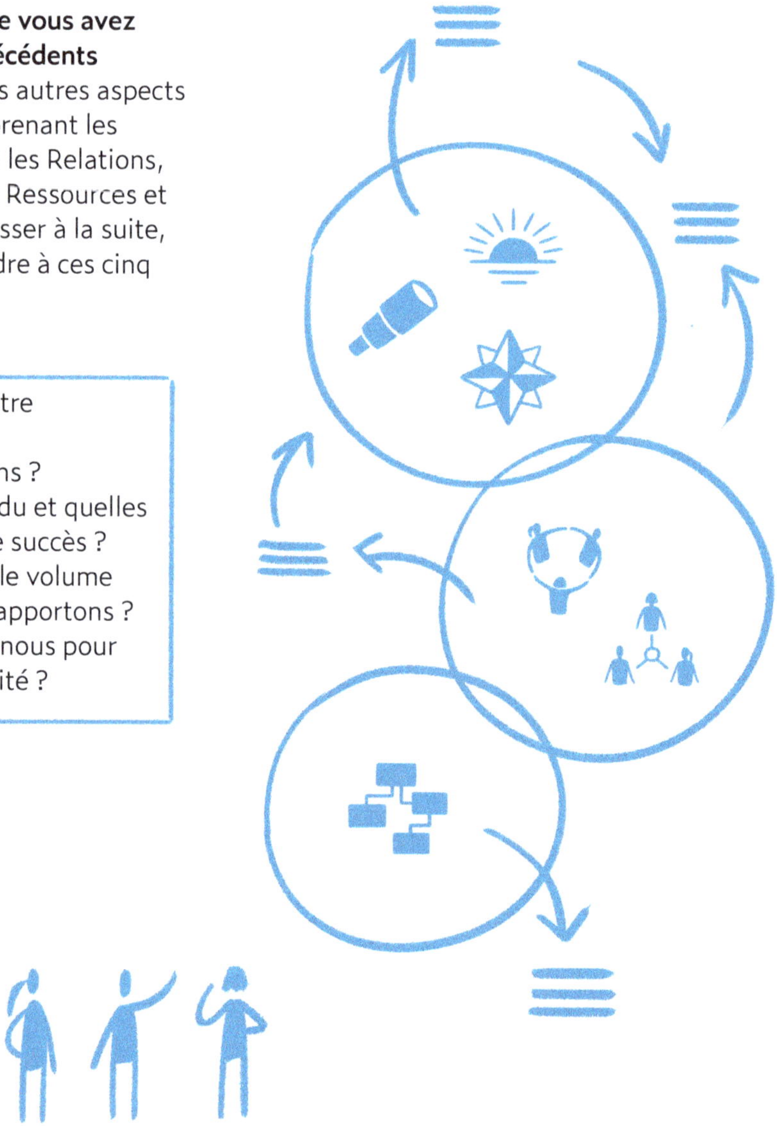

Étape 2

Définissez un processus de suivi et de collecte des données
Réfléchissez maintenant à une méthodologie permettant de collecter les informations ou données nécessaires pour faire des choix éclairés. Examinez les questions suivantes, puis discutez et accordez-vous sur ces différents points en famille. Il pourrait être pertinent de faire participer vos partenaires dès cette étape étant donné que vous aurez, à terme, besoin de vous entendre sur ce processus.

1. En tant que philanthropes, quels types de données aimerions-nous recevoir ?
2. Quelles sont nos sources de données et d'information ?
3. Comment échangerons-nous avec nos partenaires pour collecter ces données ?
4. À quelle fréquence souhaiterions-nous recevoir et analyser ces données ?
5. Sous quel format et par quel biais comptons-nous assurer le suivi de l'impact de nos dons ?
6. Qui en endossera la responsabilité finale au sein de la famille ou de notre organisation philanthropique ?

Si vous êtes engagés dans une diversité d'activités philanthropiques ou que vous soutenez de multiples causes différentes, nous vous conseillons de traiter séparément chacun de ces engagements. En effet, le type de collecte et de suivi des données, leur source, leur fréquence et leur format varieront selon la localisation et la nature de la cible visée.

Faites en sorte que vos choix sur ces différents points deviennent partie intégrante de votre accord formel avec le partenaire ou l'organisation chargée de la mise en œuvre. Cela clarifiera les positions et les attentes de chacun et limitera les ambiguïtés. Votre partenaire sera alors plus apte à vous fournir les informations requises de manière structurée.

Étape 3

Décidez comment vous utiliserez les données à des fins de suivi et d'évaluation
Jauger l'impact est l'étape finale du cycle de suivi et d'évaluation. Une fois que vous aurez commencé à donner, il vous appartiendra d'examiner et d'évaluer l'efficacité et l'efficience de vos dons. Vous-même, votre famille et vos partenaires entendrez déterminer si votre philanthropie a mené aux résultats escomptés ou s'il faut y apporter certains ajustements. Réexaminer et analyser les données que vous avez précédemment collectées vous aidera à répondre aux questions suivantes :

1. Avons-nous accompli ce que nous souhaitions ?
2. Devons-nous clôturer notre soutien ou le poursuivre ?
3. Qu'est-ce qui fonctionne et qu'est-ce qui ne fonctionne pas ?
4. Devons-nous ajuster notre soutien, réévaluer les partenaires avec lesquels nous travaillons, ou changer de stratégie ?
5. Sur quoi pouvons-nous communiquer pour aider d'autres acteurs à améliorer leur philanthropie ?

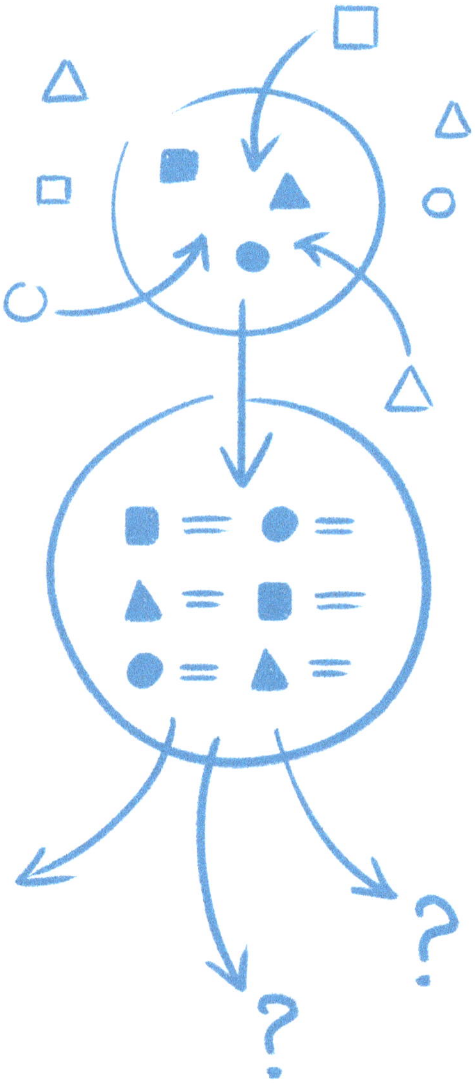

A ce stade, il importe de tirer les conclusions qui s'imposent à l'issue de ce processus. Comme suggéré précédemment, vous pourriez alors choisir de clôturer le projet, si c'est ce qui avait été prévu à l'origine. Une alternative est de le renouveler dans des conditions similaires afin que le remarquable travail de vos partenaires puisse être renforcé ou poursuivi. Vous pourriez par ailleurs partager vos apprentissages avec d'autres philanthropes ou encore réunir un groupe de pairs aux priorités de don similaires, mais qui ne se connaissent peut-être pas. Après tout, le fait de transmettre vos expériences et votre savoir-faire est véritablement au cœur de la mission d'intérêt général de la philanthropie, sachant que tous les acteurs qui s'y adonnent ont vocation à exercer une influence positive sur le monde. La philanthropie génère de la valeur pour l'ensemble de la société : si vous avez des enseignements et des expériences enrichissantes, il est important de ménager du temps de réflexion sur ces apprentissages et sur la meilleure manière de les partager pour que nos partenaires, nos homologues et la société tout entière puissent en tirer profit.

Comme nous l'explorerons dans la partie suivante sur l'Apprentissage, la philanthropie s'inscrit dans un cycle continu d'exploration et d'amélioration. C'est pourquoi il est crucial d'avoir un processus précisément défini pour mesurer votre impact. En chemin, vous pourrez peaufiner et ajuster un certain nombre de dimensions de votre ***Navigateur de philanthropie familiale***.

Cas pratique

Fark Holding

Entretien avec Ahu Büyükkuşoğlu Serter

> « Pensez en termes de contribution au bonheur total que votre philanthropie peut apporter. »

→ **Nom :** Ahu Büyükkuşoğlu Serter, présidente de Fark Holding, fondatrice d'Arya Women Investment Platform, fondatrice de Fark Labs R&D and Innovation Center.

→ **Pays d'origine :** Turquie.

→ **Taille de la famille (nombre total de membres) :** Sept au total, comprenant deux frères et leurs cinq enfants (la 1re et 2e génération).

→ **Éléments de contexte sur votre héritage familial et les activités actuelles de l'entreprise :** Deux frères ont créé l'entreprise en 1968. Aujourd'hui, la holding familiale détient 10 sociétés dans différents secteurs : automobile, électroménager, tourisme, construction et R&D. Nous employons 2 500 personnes avec un chiffre d'affaires annuel de 250 millions d'euros. La devise de notre entreprise familiale est : « Un meilleur avenir, ensemble. »

→ **De quelle génération faites-vous partie ?** De la 2e génération.

→ **Nombre de membres de la famille prenant part à vos activités philanthropiques :** L'ensemble des membres de la famille y contribuent.

Domaines d'intervention

Priorités
Nos domaines d'intervention sont :

1. L'art ;
2. La diversité ;
3. L'éducation ;
4. L'autonomisation des femmes.

Pays/régions
Nous donnons en Turquie.

Autres aspects notables
Nos initiatives philanthropiques prennent la forme d'entités indépendantes qui reçoivent un capital de départ issu de la holding familiale et de ses sociétés-filles. Par exemple, en 2012, nous avons fondé une organisation à but social appelée l'*Arya Women Investment Platform*. Par l'entremise de ses investisseurs, la plateforme investit de la « smart money » (c'est-à-dire des financements adossés à de l'aide concrète de la part des investisseurs, souvent des entrepreneurs chevronnés, pour faire face aux problématiques de la création et de la gestion d'entreprise) dans des entreprises dirigées par des femmes. En souvenir de ma mère Fatoş Büyükkuşoğlu et pour reconnaître le potentiel de leadership féminin en Turquie, nous offrons chaque année une bourse qui vient récompenser des femmes exceptionnelles de notre région ayant démontré cette qualité. Par ailleurs, l'une de nos sociétés a reçu le Prix POLARIS – Kuzey Yıldızı de la Durabilité décerné par TAIDER, une association d'entreprises familiales, en reconnaissance de l'excellence de son soutien aux femmes dans le monde du travail.

Organisation philanthropique

Type de structure
La famille peut donner de deux manières différentes : (1) individuellement ; (2) à travers la holding familiale. Le véhicule philanthropique est intégré formellement dans la structure de gouvernance de la holding.

Gouvernance/prise de décision familiale
Les discussions ont lieu au niveau du Conseil de famille et de notre Comité de philanthropie sociale. Notre planification philanthropique est élaborée et examinée avec trois ans d'avance.

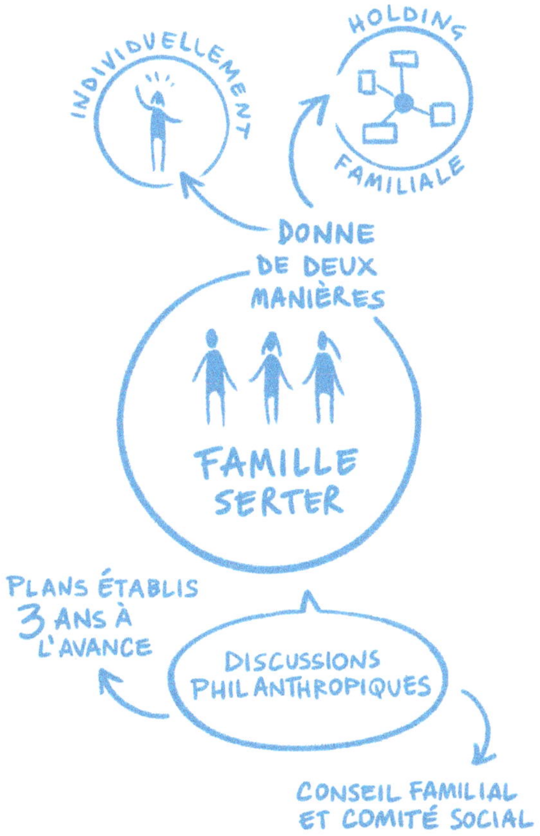

Questions du Navigateur

Ressources

→ **Que donnons-nous ? De quoi avons-nous besoin ? Comment combler les lacunes ?**
Nous avons une approche très opérationnelle et mettons en œuvre l'ensemble de nos projets. Nous avons constaté que les ressources en philanthropie peuvent être très limitées et, en conséquence, nous sommes focalisés sur les résultats et avons une approche entrepreneuriale dans la manière dont nous investissons nos propres ressources et mettons en œuvre nos projets. Les membres de la famille peuvent utiliser des fonds réservés pour soutenir différents projets philanthropiques pour un montant qui est fonction de la branche dont ils font partie (l'une possédant 70 % des actions du groupe et l'autre les 30 % restants). Notre budget philanthropique est renouvelé annuellement.

Pour boucler nos budgets, nous recherchons des fonds auprès de financeurs extérieurs qui deviennent alors en quelque sorte « copropriétaires » de nos entités philanthropiques. Celles-ci sont organisées de manière à attirer des investissements complémentaires de la part d'autres philanthropes sensibles aux mêmes causes que nous.

Gouvernance

→ **Comment structurer notre philanthropie ? Quels principes, règles et procédures pourraient nous être utiles ?**
Nous avons deux fonds : l'un est dédié aux causes personnelles, l'autre est géré par la société holding sous la surveillance du Comité de philanthropie sociale. Ce comité est composé de deux membres de la famille, le directeur des ressources humaines de la holding et le directeur des relations institutionnelles, et rend des comptes au Conseil d'administration de la holding. La société holding contribue 0,5 % de l'EBITDA au budget philanthropique annuel. Toutes les décisions sont d'abord approuvées par le comité. Ce modèle permet une grande agilité. La société holding ou chacune des dix sociétés-filles peuvent apporter leur soutien à tout projet philanthropique approuvé par le Conseil d'administration correspondant. Ensuite, nous formons des entités philanthropiques indépendantes pour les structurer. Celles-ci concluent des contrats souples avec chacune des sociétés mécènes. Chacune des sociétés peut retirer son soutien à toute entité philanthropique sur la base de leur performance ou de changements de circonstances.

Nous invitons tous les membres de la famille à présenter des idées de projets philanthropiques. Nous nous sommes fixés pour règle que les projets doivent avoir un rapport avec la vocation de notre mécénat familial ou d'entreprise. Les membres de la famille doivent présenter un argumentaire solide démontrant que leurs projets pourront devenir autonomes sur le plan de la gestion et des finances. La famille fournit le capital de démarrage et fait fonction de catalyseur. Notre approche consiste à agir en tant qu'entrepreneurs de philanthropie.

Pour certains projets, le chemin de l'autonomie financière est moins évident. Par exemple, ma famille est en train d'ériger un musée pour abriter notre collection d'art. Pour en assurer l'autonomie financière, nous envisageons de monter ou d'investir dans une nouvelle affaire capable de générer les ressources financières nécessaires.

Impact

→ **Quels résultats voulons-nous atteindre ? Comment savoir si notre philanthropie a obtenu l'impact désiré ?**
Notre famille est passée d'une logique très « business » à une approche centrée sur une vision et des objectifs : nous sommes devenus une famille avec une Raison d'être. Aujourd'hui, notre entreprise n'est qu'un simple outil pour améliorer nos vies et celles de nos communautés.

Nous suivons attentivement l'impact de l'ensemble de nos projets. En fonction du projet, nous mesurons et suivons des indicateurs clés de performance très spécifiques. Par exemple, pour notre organisation à but social ***Arya Women Investment Platform***, nous mesurons les aspects suivants : le nombre de femmes entrepreneures sélectionnées, le nombre de pays représentés, le nombre d'investisseurs avec lesquels nous avons échangé, le nombre de sociétés qui ont élaboré un cadre de travail plus respectueux des femmes après avoir travaillé avec nous. Néanmoins, pour certains projets, il peut être plus difficile de mesurer l'impact. Dans ces cas-là, nous écoutons attentivement nos bénéficiaires. Par exemple, pour la *New Generation*, fondée par mon père, nous avions l'écho suivant venant de la communauté locale : « Votre bibliothèque a changé nos vies pour le mieux. » Nous avons aussi remarqué que d'autres communautés avaient commencé à imiter cette bibliothèque-projet et nous sommes ravis de voir que notre idée se diffusait en ayant un impact positif sur tant de vies.

Principaux apprentissages et recommandations

1. **Soyez ouverts et apprenez d'autrui.** Apprenez de ceux qui ont déjà réussi (ou entrepris) ce que vous cherchez à faire. Nul besoin de toujours tout réinventer : identifier ceux qui sont déjà passés par là et nouer des partenariats avec eux peut aussi conduire au succès.

2. **N'attendez pas pour donner.** Vous n'avez pas besoin de venir d'une famille très riche pour faire de la philanthropie. Il y a beaucoup de manières de donner. La philanthropie est une aventure et doit devenir partie intégrante de la famille et de l'entreprise.

3. **Soyez un acteur responsable.** Acceptez d'être responsable, non seulement de vous-même, mais également vis-à-vis de la société où vous vivez. Il est donc essentiel d'associer d'autres parties prenantes à votre travail philanthropique, afin de poursuivre des objectifs partagés allant vers une finalité commune.

4. **Mesurez sans que cela ne devienne une obsession.** Prêtez attention à vos indicateurs clés de succès, mais n'en faites pas votre objectif ultime. Pensez en termes de « contribution au bonheur total » que votre philanthropie peut apporter. On commence parfois par une intuition, sans savoir comment mesurer ses effets. Ne vous inquiétez pas, les mesures viendront plus tard, au moment de changer d'échelle. Vous devez surtout avoir une vision et œuvrer à l'accomplir. Une obsession précoce pour la mesure est de nature à étouffer votre capacité à entreprendre.

5. **Faites preuve de créativité et rêvez en grand.** Tout commence par un rêve, pas par des ressources. Vous devez apprendre à rêver indépendamment de ce dont vous disposez, travailler dur pour accroître vos ressources afin de réaliser ce rêve.

Cas pratique

Fondation Philanthropique NEXT

Entretien avec Thierry Mauvernay et Cédric Mauvernay

« Fournir des financements ne suffit pas. Nous devons rester responsables et nous assurer qu'ils soient utilisés correctement. »

→ **Noms :** Thierry et Cédric Mauvernay, Fondation Philanthropique NEXT (FPN), Debiopharm.

→ **Pays d'origine :** Suisse.

→ **Taille de la famille (nombre total de membres) :** 2e génération : Thierry et Nadine Mauvernay ; 3e génération : Cédric et Anna Mauvernay.

→ **Éléments de contexte sur votre héritage familial et les activités actuelles de l'entreprise :** Notre entreprise familiale, le Groupe Debiopharm, a été fondée en 1979 à Lausanne, en Suisse. Le groupe compte deux pôles, l'un dans les sciences du vivant (avec des sociétés biopharmaceutiques travaillant à la conception de médicaments, la fabrication de médicaments sous licence et dans les diagnostics) et l'autre dans la gestion d'actifs (s'occupant notamment d'immobilier, de capital-investissement et de prises de participation directes).

→ **De quelle génération faites-vous partie ?** Des 2e et 3e générations.

→ **Nombre de membres de la famille prenant part à vos activités philanthropiques :** Trois.

Domaines d'intervention

Priorités
La Fondation Philanthropique NEXT se concentre sur l'éducation, l'immigration, la pauvreté extrême et l'autisme, tandis que la Fondation d'Aide d'Urgence vient en aide aux personnes en détresse, et notamment des salariés du groupe qui se trouvent en difficulté.

Pays/régions
Nous sommes actifs au Cambodge, au Vietnam, au Liban, en Indonésie, en Afrique du Sud, en Tanzanie, en Bolivie et en Suisse.

Organisation philanthropique

Type de structure
Nous avons deux fondations : une fondation d'entreprise qui s'appelle Fondation d'Aide d'Urgence et une fondation familiale dénommée Fondation Philanthropique NEXT. Nous effectuons par ailleurs des dons en direct via l'entreprise.

Gouvernance/prise de décision familiale
Thierry siège au Conseil d'administration des deux fondations, tandis que les autres membres de la famille ne prennent part qu'à la fondation familiale. Il existe une distinction nette entre notre philanthropie familiale et notre mécénat d'entreprise.

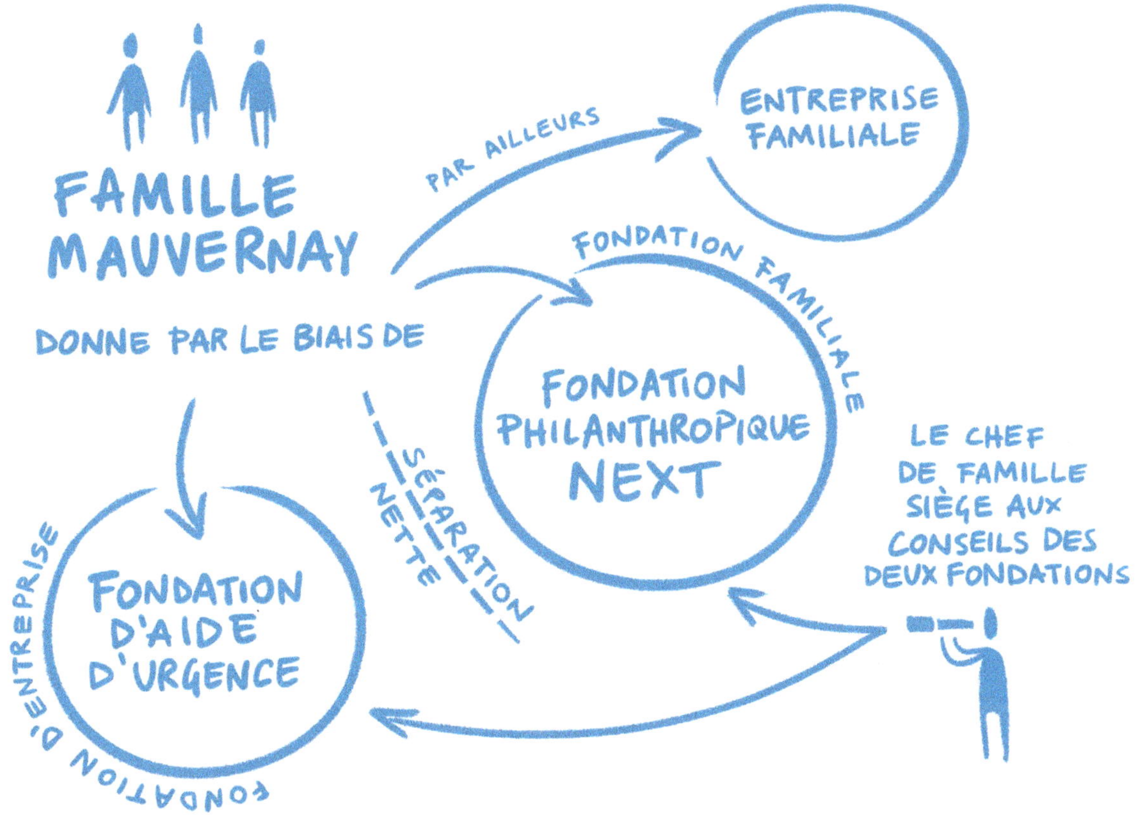

Questions du Navigateur

Ressources

→ **Que donnons-nous ? De quoi avons-nous besoin ? Comment combler les lacunes ?**
Nous effectuons des dons par le biais de notre fondation familiale pour développer des projets concrets. Notre famille est activement engagée dans la sélection de projets, la fixation d'objectifs et le suivi d'impact. Aujourd'hui nous sommes aussi directement actifs dans la création d'un écosystème visant à aider les personnes autistes en Suisse. Nous cherchons activement des partenaires pour la mise en œuvre de nos projets. Ces partenariats s'ancrent sur une durée assez longue, d'environ trois à six ans. La Fondation d'Aide d'Urgence, quant à elle, vient directement en aide à des individus plutôt qu'en soutien à des projets.

Gouvernance

→ **Comment structurer notre philanthropie ? Quels principes, règles et procédures pourraient nous être utiles ?**
Notre mécénat est structuré sous forme d'une fondation d'entreprise au Conseil d'administration duquel siègent Thierry (le président du groupe), le directeur général du groupe, un représentant des ressources humaines et un avocat. Notre fondation d'entreprise reçoit annuellement, de la part de chaque société du groupe, un montant déterminé par salarié.

Notre fondation familiale, la Fondation Philanthropique NEXT, possède quant à elle un Conseil d'administration composé uniquement de membres de la famille, à savoir Nadine, Thierry et Cédric. Cette fondation compte un salarié à temps partiel qui s'occupe exclusivement du projet sur l'autisme et est épaulée dans sa tâche par des conseillers en philanthropie de confiance. Toutes les décisions sont prises ou validées par son Conseil d'administration/de fondation. Cette action philanthropique n'est pas liée à notre entreprise, mais uniquement aux sphères d'intérêts de notre famille. Son financement se fait grâce au reversement d'un pourcentage des bénéfices annuels de notre société. La fondation jouit néanmoins d'une autonomie financière, puisqu'elle s'est constitué un capital de réserve qui lui permet de couvrir ses besoins financiers pour une période d'au moins trois ans. Cela permet à la fondation d'être moins dépendante des résultats financiers de l'entreprise familiale et donc de continuer à œuvrer même dans des périodes difficiles. Pour finir, notons que les membres du Conseil connaissent bien leurs partenaires de don et les rencontrent régulièrement.

Impact

→ **Quels résultats voulons-nous atteindre ? Comment savoir si notre philanthropie a obtenu l'impact désiré ?**
Nous sommes pleinement conscients du fait que parvenir à un impact positif prend du temps. C'est pourquoi notre fondation préfère apporter un soutien à un nombre limité d'organisations sur un nombre d'années suffisant. Quand nous lançons un projet, nous commençons par sélectionner l'organisation avec laquelle nous allons travailler, puis nous convenons d'une stratégie conjointe pour produire un impact. Cela implique de définir des objectifs spécifiques pour chaque projet afin de nous assurer qu'ils sont tous alignés sur notre Raison d'être et pour nous permettre d'en mesurer le succès. Nous signons ensuite un engagement et un contrat sur la durée du projet. Notre soutien s'étend sur une durée clairement définie et notre objectif est d'aider chacune de nos organisations partenaires à passer à l'étape supérieure de leur développement. Les données, rapports et visites de terrain constituent des éléments importants dans notre processus décisionnel. Nous mettons à profit les connaissances et l'expertise d'autrui dans notre propre philanthropie. Notre modèle consiste à aller chercher ces savoirs auprès de ressources externes : nous ne prétendons pas « réinventer la roue ». Nous organisons ainsi notamment des événements où des experts et des organisations importantes peuvent présenter leurs meilleures pratiques et partager différentes façons de produire de l'impact. Le projet sur l'autisme est quelque peu différent en ce sens que nous devenons les protagonistes d'actions que nous créons et promouvons.

Principaux apprentissages et recommandations

1. **Soyez engagés et assurez le suivi.** Travaillez sur vos projets et assurez le suivi des réalisations. Soyez engagés et professionnels à chaque étape de votre philanthropie et faites en sorte d'assurer le suivi auprès des destinataires de vos dons. Vous pouvez produire un réel impact sur le long terme en vous assurant que vous-même, votre famille et vos partenaires fassent le bien et le fassiez bien.

2. **Ne cessez jamais de vous améliorer.** Maintenez passion et engagement, continuez à améliorer l'organisation de votre philanthropie pour refléter au mieux la Raison d'être de votre famille et répondre adéquatement aux besoins de vos bénéficiaires.

3. **Rendez votre investissement philanthropique pertinent.** Pensez en termes d'impact : soyez efficaces. Pour aboutir à l'impact souhaité ou « dé-risquer » un investissement philanthropique, vous devez systématiser le recours à des vérifications approfondies préalables (*due diligence*) et à des processus de suivi qui permettent de rendre compte de la manière dont vos fonds sont dépensés. En tant que donateur, il vous incombe en effet de vous assurer que votre argent est dépensé de la manière la plus efficace et efficiente possible.

4. **Soyez un donateur engagé.** Octroyer de l'argent ne suffit pas. Soyez flexible et engagé(e) et prenez vos responsabilités : ayez une discussion franche avec vos partenaires, cherchez à comprendre leurs besoins et leurs objectifs, et travaillez ensemble à la sélection de programmes et la définition de vos objectifs. Il vous est fortement conseillé de visiter également vos projets sur le terrain. C'est en effet une excellente façon de « toucher du doigt la réalité », de réfléchir, d'apprendre et de montrer l'intérêt que vous portez à vos partenaires.

Cas pratique
Fondation Ishk Tolaram

Entretien avec Sumitra Aswani

> « Placez les bénéficiaires au coeur de vos prises de décisions. »

→ **Nom :** Sumitra Aswani, membre du Conseil d'administration et Directrice exécutive de la Fondation Ishk Tolaram.

→ **Pays d'origine :** Inde/Indonésie.

→ **Taille de la famille (nombre total de membres) :** 48 (dans l'Assemblée familiale).

→ **Éléments de contexte sur votre héritage familial et les activités actuelles de l'entreprise :** Notre entreprise a été créée en 1948 en Indonésie. Aujourd'hui, elle travaille surtout dans les secteurs des biens et services de grande consommation sur des marchés émergents d'Afrique, en Indonésie et en Estonie.

→ **De quelle génération faites-vous partie ?** De la 4e génération (à partir du fondateur).

→ **Nombre de membres de la famille prenant part à vos activités philanthropiques :** Cinq membres de la famille sont activement investis dans des activités philanthropiques par le biais de la Fondation Ishk Tolaram : trois assument des postes de direction et trois siègent au Conseil de fondation. Je joue un double rôle en étant à la fois directrice exécutive de la fondation et membre du Conseil. D'autres membres de la famille sont engagés dans des activités philanthropiques personnelles en parallèle de la fondation.

Domaines d'intervention

Priorités
Nous ciblons trois domaines : l'éducation, la santé et la formation professionnelle.

Pays/régions
Nous sommes actifs à Singapour, au Nigeria et en Indonésie, et venons de lancer nos opérations en Estonie.

Autres aspects notables
Nous sommes passés par différentes phases dans notre philanthropie, dont la Fondation Ishk Tolaram est la dernière configuration, la plus centralisée à ce jour. Cette fondation a été créée pour répondre aux vœux de son fondateur et articuler notre Raison d'être familiale autour de la philanthropie et du fait de donner en retour à la société (« *giving back* »). En 2015, notre entreprise familiale, le Tolaram Group, a été restructurée sous forme d'un trust, la Fondation Ishk Tolaram devenant le plus gros bénéficiaire du trust familial. Dans le cadre de cette restructuration, nous avons amélioré la gouvernance de notre entreprise et de notre famille et mis en place un Conseil de famille, une Assemblée familiale et une Charte familiale.

Organisation philanthropique

Type de structure
La Fondation Ishk Tolaram a été fondée en 2016. Il s'agit d'une fondation qui est à la fois opératrice et donatrice : nous mettons en œuvre nos propres programmes et accordons des aides directes à des projets.

Gouvernance/prise de décision familiale
Le Conseil d'administration de la fondation est composé de quatre membres. Trois sont des membres de la famille issus de différentes générations et le quatrième est un administrateur indépendant (conformément à notre Charte actuelle, qui veut que les membres de la famille soient majoritaires et que la présidence soit attribuée à la famille).

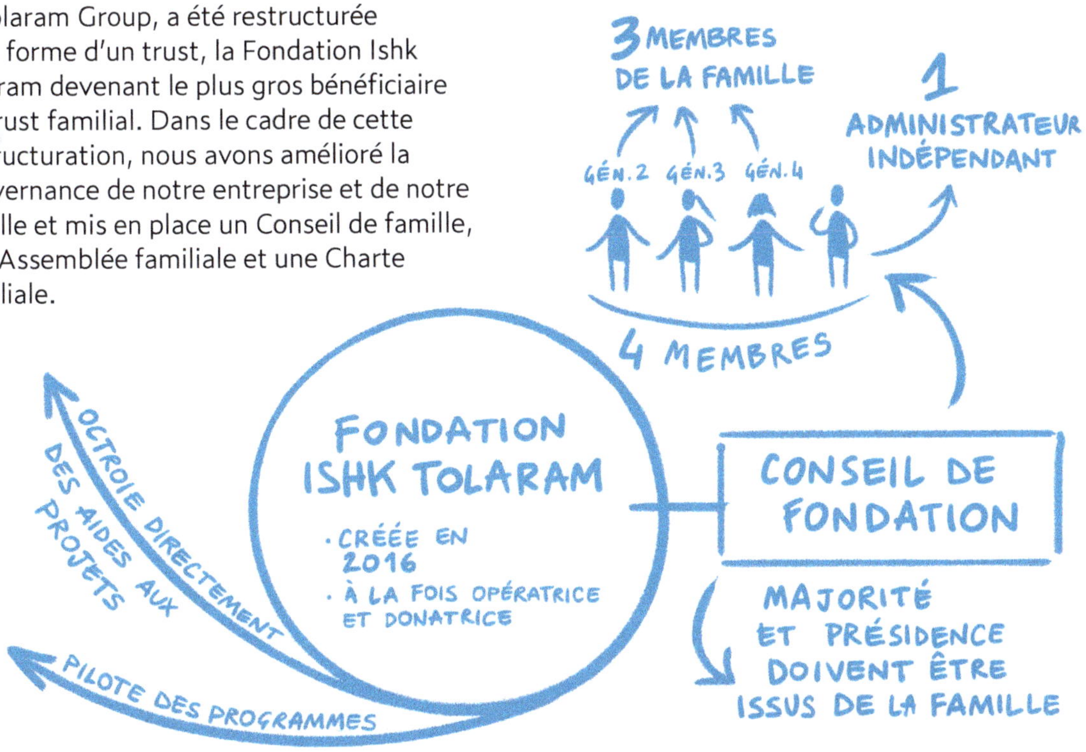

Questions du Navigateur

Ressources

→ **Que donnons-nous ? De quoi avons-nous besoin ? Comment combler les lacunes ?**
La fondation reçoit des revenus du trust familial. Nous évaluons et octroyons des dons tout en développant et pilotant nos propres programmes. Pour identifier les lacunes, nous combinons nos recherches avec des visites de terrain pour échanger avec les bénéficiaires et comprendre leurs besoins. Ensuite, nous déterminons les ressources que nous pouvons offrir et celles que nous ne pouvons pas fournir. Sur cette base, nous identifions les éléments additionnels dont nous avons besoin. Enfin, nous regroupons l'ensemble des moyens nécessaires ainsi que les partenaires aux compétences et expertises souhaitées.

Nos projets sont habituellement mis en œuvre en collaboration avec des partenaires. Ces partenariats sont très spécifiques aux programmes et peuvent concerner des institutions publiques, des associations ou encore des organisations du secteur privé. Certains salariés de l'entreprise mettent également à notre disposition leur expertise et leur temps pour conseiller la fondation dans ses activités.

Gouvernance

→ **Comment structurer notre philanthropie ? Quels principes, règles et procédures pourraient nous être utiles ?**
Des membres de la famille sont engagés dans la fondation en tant que membres du Conseil d'administration. Nous avons des entités dans quatre pays (Singapour, le Nigeria, l'Indonésie et l'Estonie) où nous faisons des dons. Chacun de ces pays est supervisé par un membre de l'équipe. L'Indonésie et Singapour sont actuellement pilotées par des membres de la famille. Ces entités rendent des comptes au directeur exécutif et au Conseil de la fondation principale, sise à Singapour. En interne, nous avons mis en place des principes de gouvernance spécifiant par exemple qui peut siéger au Conseil d'administration, comment et quand cet organe doit être renouvelé et quelles sont ses responsabilités. Chacune de nos entités respecte évidemment les règlements et lois en vigueur dans son pays d'implantation.

Impact

→ **Quels résultats voulons-nous atteindre ? Comment savoir si notre philanthropie a obtenu l'impact désiré ?**
Nous nous employons à générer un impact dans nos domaines d'intervention afin de bénéficier aux communautés que nous côtoyons et également d'apprendre d'elles. Pour ce faire, nous passons régulièrement en revue nos programmes et travaillons par itérations successives sur les différentes composantes des programmes pour nous assurer qu'elles atteignent leurs objectifs, répondent aux besoins de nos communautés et sont conformes aux vœux du fondateur. Nous assurons le suivi et l'évaluation de l'impact de nos programmes grâce à des échanges et des remontées d'information en continu. Nous collectons des données sur le nombre de vies sur lesquelles nos programmes ont eu une incidence, ainsi que des données qualitatives pour nous aider à comprendre les effets de notre intervention. Nous produisons et publions des rapports annuels dans lesquels nous décrivons toutes nos activités et nos résultats. Ainsi, en 2017, l'Ishk Limb Centre a rapporté un impact sur la vie de 10 719 personnes et, en 2019, ce chiffre est passé à 14 613 bénéficiaires.

Principaux apprentissages et recommandations

1. **Le contexte fait tout.** Avoir une idée ne signifie rien si vous n'arrivez pas à la resituer dans un contexte pertinent pour les communautés que vous cherchez à servir, et notamment en prenant en compte les aspects géographiques, culturels et politiques.

2. **Bénéficiaires, bénéficiaires, bénéficiaires.** Placer les bénéficiaires au cœur de vos prises de décisions, en étant aussi professionnels que possible, et mobiliser les ressources appropriées vous aidera à réduire au minimum vos risques d'erreurs.

3. **Personnalisez votre générosité.** Il existe beaucoup de manières de donner et le fait qu'il n'y ait pas d'approche toute faite ne pose aucun problème. Soyez souple pour pouvoir répondre aux différentes sensibilités de votre famille et envisagez d'autres structures philanthropiques, telles que les fonds abrités/sous égide par exemple. Une approche plus personnalisée permet souvent d'aboutir à un plus grand impact, tout particulièrement si vous externalisez une partie du travail à des professionnels chevronnés.

4. **Veillez à connaître votre écosystème.** Mettez votre écosystème philanthropique à contribution et échangez avec d'autres pour accélérer votre apprentissage, plutôt que de chercher à assimiler toutes ces leçons par vous-mêmes.

5. **Apprenez des professionnels.** Faites appel à des experts en philanthropie pour bénéficier de leur expérience et de leur expertise. Ils vous aideront à professionnaliser et dynamiser votre démarche. Les répercussions d'un programme mal planifié peuvent être considérables, et vous feriez mieux d'éviter ces conséquences négatives dans la mesure du possible.

TERRA INCOGNITA

Apprentissage

Introduction

Faites-vous réellement bouger les choses grâce votre philanthropie ?

Ciblez-vous la bonne cause ou est-il temps de changer de cap ? Les besoins des bénéficiaires finaux ont-ils évolué au cours du temps ? Donnez-vous à l'organisation la plus pertinente ? Les membres de votre famille restent-ils engagés ? Avez-vous les bons partenaires pour mettre en œuvre votre philanthropie ? Pourriez-vous apporter un changement qui conduirait à un plus grand impact ? Comment apprendre de vos expériences pour améliorer, au fil du temps, vos pratiques de don ?

Cette dernière partie va s'intéresser à la notion d'apprentissage et vous montrera comment l'appliquer dans votre parcours philanthropique pour vous permettre de continuer à développer et entretenir une organisation qui soit à la fois « saine » et efficace.

L'apprentissage joue un rôle crucial en philanthropie. Il existe de nombreuses manières différentes d'apprendre et nous avons chacun nos préférences en la matière. Voici un certain nombre d'alternatives à considérer :

1. L'apprentissage peut se faire dans le feu de l'action ou plus tard, de manière réflexive. Ces deux modes d'apprentissage peuvent constituer une source précieuse d'éclairages et de connaissances.
2. L'apprentissage peut se faire par l'acquisition de nouveaux savoirs de manière conceptuelle ou bien « sur le tas ». Dans un cadre philanthropique, l'apprentissage par la pratique s'avère être l'une des manières les plus efficaces et efficientes de s'améliorer en continu.
3. L'apprentissage peut se faire soit seul(e), soit avec d'autres. S'il y a beaucoup de leçons à tirer de nos propres échecs et réussites, nous apprenons également de ceux qui se sont embarqués dans cette aventure avant nous. Pour autant, pour différentes raisons, beaucoup de familles préfèrent rester discrètes sur leur philanthropie, ce qui peut compliquer à la fois le partage et la possibilité d'apprendre d'autrui.

Quelles sont les activités qui apportent réellement une valeur ajoutée ? Lesquelles pourraient être suspendues ou améliorées ? Dans le champ de la philanthropie, l'apport de valeur ne vient pas seulement du fait de donner de l'argent. Il s'agit plutôt d'affecter le niveau adéquat de ressources adaptées aux causes qui vous touchent, tout en bénéficiant du soutien des personnes et des partenaires les plus qualifiés : quand vous réunissez ces conditions, vous serez en mesure de générer une véritable valeur ajoutée.

Aucun philanthrope ne peut réunir tous ces facteurs d'entrée de jeu. Cependant, au prix d'un apprentissage minutieux et d'une réflexion approfondie, il vous sera possible de comprendre pourquoi certains aspects de votre philanthropie se sont avérés infructueux et quelles améliorations vous pourriez envisager.

Repères

PENSEZ EN TERMES DE RENOUVELLEMENT

Les organisations suivent toutes un cycle de vie qui évolue par phases, de leur création jusqu'à leur dissolution. Les entités philanthropiques ne font pas exception et tout au long de leur existence, les familles doivent gérer les défis opérationnels liés à leur mise en place ou à leur gestion : contrôle des actifs, frais de mise en place, de gestion et d'administration, fiscalité... Bien d'autres défis pourraient cependant surgir, par exemple une diminution de l'intérêt de la famille pour une cause, soit par éparpillement des priorités entre les différentes générations, soit en raison d'une importance décroissante de la finalité de votre philanthropie au fil du temps. Votre démarche restera pertinente et efficace à condition de rester toujours prêts à renouveler votre organisation philanthropique et de créer une dynamique d'amélioration continue. Nous savons d'expérience que les motivations restent le plus souvent stables au fil des générations, alors que les priorités, tout comme les préférences, ont quant à elles tendance à évoluer.

Intégrer l'apprentissage dans votre parcours philanthropique

Les retours d'apprentissage peuvent provoquer un changement radical de positionnement sur chacune des huit dimensions du *Navigateur de philanthropie familiale*. Vous pourriez ainsi être amenés à changer la Raison d'être de votre philanthropie du tout au tout, à modifier la composition de votre équipe familiale, à renouveler vos partenaires externes ou encore à réinventer votre montage organisationnel. Nous vous recommandons de considérer l'apprentissage comme faisant partie intégrante de votre parcours philanthropique et non pas une activité distincte qui n'a lieu qu'en cas de dysfonctionnement ou à un moment déterminé de l'année. Il faut incorporer l'apprentissage à chaque étape du *Navigateur* et en faire un volet permanent de vos activités et réflexions philanthropiques.

Voici quelques questions clés que vous pourriez vous poser :

- → Comment pouvons-nous créer une culture de l'apprentissage au sein de la famille et de notre activité philanthropique ?
- → Comment pouvons-nous assurer que les personnes qui prennent part à notre parcours philanthropique – à la fois les membres de la famille et nos partenaires – adoptent pleinement une attitude d'apprentissage ? Comment pouvons-nous apprendre ensemble ?
- → Comment pouvons-nous améliorer la manière dont nous apprenons d'autrui tout en servant simultanément nous-mêmes de modèles et en partageant notre expérience ?
- → Comment pouvons-nous faire le lien entre cette démarche d'apprentissage et l'évaluation de notre philanthropie ?

Pour les philanthropes néophytes, vous gagneriez à intégrer d'emblée l'apprentissage comme composante fondamentale de votre culture philanthropique pour pouvoir apprendre et vous améliorer au fil du chemin. Il vous faudra songer à la manière dont, aujourd'hui et à l'avenir, vous voudrez systématiquement tenir compte de la notion d'apprentissage afin de vous assurer que vous êtes sur la bonne voie et, si ce n'est pas le cas, comment ajuster le cap.

Dès les premières étapes de votre voyage, il importe que vous restiez souple et montriez une volonté d'apprendre et d'ajuster votre action. De la sorte, vous pourrez progressivement professionnaliser votre philanthropie et vous assurer d'avoir un impact positif.

Échanger avec des philanthropes ayant plus d'expérience et apprendre d'eux constitue une excellente manière de démarrer. Ne craignez pas de parler avec d'autres familles de votre réseau et de leur poser des questions franches au sujet de leur approche philanthropique et leur demander quels ont été leurs apprentissages et s'ils ont des conseils à vous donner.

Bâtir une culture et une organisation apprenantes

Les philanthropes et leurs organisations s'initient à l'apprentissage pour diverses raisons. Apprendre permet de devenir plus efficaces et efficients, et, en conséquence, de mieux aider les bénéficiaires finaux. L'apprentissage est par ailleurs un vecteur favorisant le dialogue et l'échange au sein de la famille, avec les équipes philanthropiques, ainsi qu'avec les partenaires.

L'apprentissage constitue en outre un excellent moyen pour élaborer et parfaire votre stratégie philanthropique. Au lieu d'essayer de deviner en solitaire la manière la plus efficace et efficiente de donner, vous gagneriez à échanger avec votre écosystème pour faire émerger de meilleures idées, éprouver le bien-fondé des vôtres, ou les remodeler en les affinant.

En mettant en place une culture et une structure apprenantes, vous vous assurez également qu'il est possible à tous d'évaluer le chemin parcouru pour réexaminer de manière constructive certaines des activités en cours et les infléchir en conséquence. On comprend bien en définitive qu'un état d'esprit d'apprentissage est indispensable pour pouvoir évaluer les résultats des projets que vous avez menés à bien.

Apprendre est essentiel pour toute famille philanthrope et doit être opportunément mis à profit pour que l'ensemble des générations y prennent part. L'apprentissage est tout aussi important à l'égard de votre réseau de partenaires, ainsi qu'envers les bénéficiaires que vous cherchez à aider. Les faire participer activement à vos processus de réflexion permettra non seulement d'aboutir à des approches plus créatives et le plus souvent pertinentes, mais cela leur montrera aussi que leur travail vous tient à cœur.

Pour les philanthropes plus expérimentés, le fait d'accomplir l'ensemble des activités proposées par le *Navigateur* et d'envisager d'apporter des changements à l'une ou plusieurs de ses dimensions constitue déjà en soi un acte notable de réflexion et d'apprentissage.

Envisagez d'intégrer au fil du temps une pratique régulière et formalisée dans votre stratégie d'apprentissage pour mieux préparer l'avenir, en procédant par exemple à intervalle fixe à un réexamen des dimensions fondamentales du *Navigateur de philanthropie familiale*.

Réfléchissez éventuellement à mettre en place un processus plus formalisé de ce type en différenciant selon les activités d'apprentissage.

Apprendre avec votre famille et vos partenaires

Pour une famille philanthrope, il est crucial que l'apprentissage devienne partie intégrante des valeurs et des activités de la famille. Faire preuve de curiosité et d'ouverture d'esprit face aux nouvelles connaissances et expériences fait toute la différence quand il s'agit de s'assurer que votre philanthropie produit les résultats souhaités. Par ailleurs, de nombreuses familles utilisent la philanthropie comme vecteur d'apprentissage collectif pour toutes les générations. C'est une manière ludique et engageante pour les familles d'apprendre ensemble, lorsqu'elles recherchent des causes ou des partenaires à soutenir ou qu'elles rendent visite sur le terrain aux bénéficiaires.

La mise en place d'une culture de l'apprentissage passe souvent par des fonctions de gouvernance existantes telles que le Conseil de famille et peut également être appuyée par le *family office*. La génération aînée de la famille, ainsi que l'équipe de direction de l'initiative philanthropique, doivent afficher leur volonté et leur engagement à apprendre. C'est un point essentiel pour que la jeune génération adopte très tôt cette façon de réfléchir et de travailler.

Si vous projetez d'engager votre famille dans la philanthropie sur plusieurs générations, c'est la capacité de chaque génération à apprendre et à renouveler votre organisation qui permettra d'assurer la durabilité recherchée. Assurez-vous que tous les membres de la famille aient la possibilité d'exprimer leurs idées et leurs opinions, au risque de susciter des tensions. Vous aurez peut-être également à revisiter votre gouvernance familiale et à revoir comment la vision, la mission et les valeurs de votre famille se traduisent dans votre générosité.

Activité

Dans l'activité suivante, nous partageons quelques questions préliminaires que vous pourriez vous poser à l'heure d'évaluer votre philanthropie. Si cet exercice est principalement destiné aux philanthropes confirmés, nous conseillons néanmoins à ceux qui débutent d'examiner cette liste avec attention, car elle servira à préparer leur futur parcours.

Ce questionnement n'est bien sûr que l'amorce d'un processus d'apprentissage méthodique et approfondi, mais il est important de commencer par là. Cette activité est étroitement liée aux huit dimensions du *Navigateur de philanthropie familiale*, et votre famille et vous-même devrez soigneusement travailler sur chaque étape, et avoir une conversation détaillée sur ce qui a bien fonctionné, sur ce qui pourrait être amélioré et, de façon plus importante, sur les changements indispensables qu'il faudra apporter.

Étape 1

Revenez sur les huit dimensions du *Navigateur de philanthropie familiale* et évaluez chacune d'entre elles en leur attribuant une note allant de 1 à 5.

Thème/dimension du *Navigateur*	Questions	1 Pas du tout d'accord	2 Pas d'accord	3 Ni d'accord, ni pas d'accord	4 D'accord	5 Tout à fait d'accord
RAISON D'ÊTRE	La Raison d'être de notre philanthropie est clairement définie et fournit les orientations nécessaires à notre travail.	1 ○	2 ○	3 ○	4 ○	5 ○
Motivation	Nous sommes fortement motivés à agir en philanthropie.	1 ○	2 ○	3 ○	4 ○	5 ○
	La ou les raisons pour lesquelles nous donnons n'ont pas changé.	1 ○	2 ○	3 ○	4 ○	5 ○
Focale	La ou les causes qui nous tiennent à cœur restent les mêmes.	1 ○	2 ○	3 ○	4 ○	5 ○
	Notre famille est d'accord sur le choix des causes à soutenir.	1 ○	2 ○	3 ○	4 ○	5 ○
Ambition	Notre conception du succès philanthropique est claire pour tous au sein de la famille.	1 ○	2 ○	3 ○	4 ○	5 ○
	Nos objectifs et nos critères de succès sont constants.	1 ○	2 ○	3 ○	4 ○	5 ○

Thème/dimension du *Navigateur*	**Questions**	**1 Pas du tout d'accord**	**2 Pas d'accord**	**3 Ni d'accord, ni pas d'accord**	**4 D'accord**	**5 Tout à fait d'accord**
RELATIONS	Nous avons clairement défini les relations nécessaires pour soutenir nos activités philanthropiques.	○	○	○	○	○
Engagement Familial	Nous avons clairement défini qui parmi la famille prend part à nos activités philanthropiques, ainsi que la nature de leur participation.	○	○	○	○	○
	Les membres de la famille accomplissent le travail qu'ils se sont engagés à faire.	○	○	○	○	○
	Les membres de la famille s'investissent dans le fonctionnement (ils participent aux réunions, lisent les lettres d'information, se déplacent pour les visites de terrain, etc.)	○	○	○	○	○
Partenaires	Nous avons clairement défini quels partenaires prennent part à nos activités philanthropiques, ainsi que la nature de leur implication.	○	○	○	○	○
	Nous établissons et entretenons des relations fructueuses avec nos partenaires externes.	○	○	○	○	○

Thème/dimension du *Navigateur*	Questions	1 Pas du tout d'accord	2 Pas d'accord	3 Ni d'accord, ni pas d'accord	4 D'accord	5 Tout à fait d'accord
ORGANISATION	Le cadre organisationnel de notre philanthropie est clairement défini et fournit les orientations nécessaires à notre travail.	1	2	3	4	5
Ressources	La nature et l'ampleur des ressources que nous déployons sont suffisantes et adaptées aux résultats souhaités.	1	2	3	4	5
Gouvernance	Notre structure de gouvernance est efficace et nous permet de créer un maximum de valeur ajoutée pour nos bénéficiaires.	1	2	3	4	5
	Nous avons des procédures justes et transparentes pour régir notre philanthropie et pour prendre des décisions efficaces.	1	2	3	4	5
Impact	Nous générons un impact important grâce à notre action.	1	2	3	4	5
	Nous mesurons nos progrès de manière assidue en les confrontant à nos objectifs annoncés.	1	2	3	4	5

Apprentissage

Thème/dimension du *Navigateur*	Questions	1 Pas du tout d'accord	2 Pas d'accord	3 Ni d'accord, ni pas d'accord	4 D'accord	5 Tout à fait d'accord
APPRENTISSAGE	Nous réexaminons régulièrement nos dons pour nous assurer qu'ils soient en phase avec notre Raison d'être philanthropique.	1 ○	2 ○	3 ○	4 ○	5 ○
	L'apprentissage nous aide à rester à la page dans notre philanthropie.	1 ○	2 ○	3 ○	4 ○	5 ○

Questions ouvertes

Pouvez-vous citer un aspect de votre philanthropie que vous souhaitez préserver ?

Pouvez-vous citer un aspect de votre philanthropie que vous souhaiteriez changer ?

Vous avez à présent exploré votre philanthropie sous le prisme des huit dimensions du *Navigateur*. Sont-elles toutes cohérentes entre elles ?

Étape 2

Examinez et comparez vos résultats en famille. Identifiez les similitudes et les différences dans vos réponses.

Ces évaluations subjectives reflètent les ressentis et les réflexions de chacun. Si vous vous rejoignez dans votre appréciation d'un élément donné, cela peut donner une indication intéressante que tout va bien, ou au contraire qu'il y a des choses à améliorer.

1. Si vous exprimez des points de vue divergents sur certains aspects, nous vous conseillons d'entamer un débat franc et constructif à ce sujet.
2. Si vous avez unanimement attribué un score élevé (4 ou 5) à une dimension donnée, c'est qu'il s'agit sans doute d'un de vos points forts.
3. Si vous avez tous attribué un score faible (1 ou 2) à une dimension spécifique, alors il s'agit probablement d'une de vos faiblesses. Ces points devront alors donner lieu à une discussion, puis être traités puisque vous estimez collectivement qu'un changement s'impose.

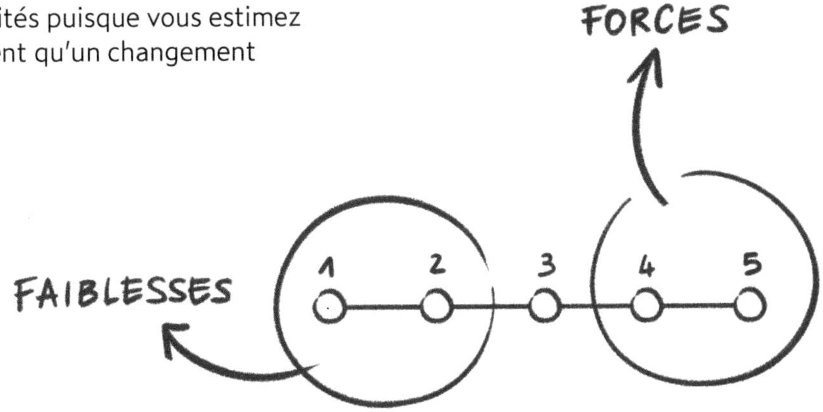

Au-delà du Navigateur

Au-delà du Navigateur

Définissez votre cap

Vous avez désormais achevé l'exploration guidée de votre philanthropie proposée par le *Navigateur de philanthropie familiale*. Nous espérons que l'ouvrage et sa boîte à outils vous auront semblé aisés à prendre en main, utiles et inspirants et qu'ils vous auront permis d'éclairer et d'orienter le voyage de votre famille.

Alors que le monde évolue rapidement et que les défis auxquels fait face l'humanité deviennent de plus en plus complexes, notre objectif ultime au travers du *Navigateur* a été d'aider les familles à devenir plus efficaces et efficientes dans leur philanthropie afin de leur permettre d'atteindre leurs objectifs en produisant un réel impact. Le visage de la philanthropie est également en constante mutation et nous espérons que cet ouvrage et sa boîte à outils vous auront fourni à la fois une boussole fiable et une ancre solide pour votre navire.

Notre plus grand souhait est qu'au terme de la lecture de cet ouvrage, vous ayez formulé des réponses claires aux questions les plus essentielles :

→ Quelle est la **Raison d'être** de notre voyage philanthropique, reflétant nos motivations, notre focale et nos ambitions ?
→ Quelles **Relations** devons-nous construire afin de propulser notre philanthropie, en particulier au sein de la famille et avec des partenaires externes ?
→ Comment souhaitons-nous **Organiser** notre philanthropie, et tout particulièrement en ce qui concerne les ressources, la gouvernance et l'impact ?
→ Comment pouvons-nous intégrer l'**Apprentissage** dans notre parcours philanthropique pour tirer le maximum de nos réussites et de nos revers ?

Ces clarifications et ces choix constituent le fondement et le moteur de votre philanthropie. Il y a des limites à ce que vous pouvez faire en termes de préparation, de réflexion et de mise au point. À un moment donné, il vous faudra procéder à la mise à l'eau et mettre votre modèle et vos idées à l'épreuve du monde réel. La philanthropie suppose en effet de passer à l'action pour changer concrètement les choses, pour le monde et pour votre famille. Vos choix ne sont pas forcément tous justes, et votre Raison d'être, vos Relations et votre Organisation peuvent être amenées à changer. Pour autant, il est désormais temps de passer aux actes.

Nous arrivons à la partie la plus enthousiasmante. Pour les philanthropes néophytes, après avoir étudié les cartes, choisi vos équipiers et fait vos provisions pour le grand voyage, il est désormais temps de calibrer votre boussole, de définir votre itinéraire et de larguer les amarres. Pour les philanthropes établis, vous êtes maintenant prêts à ajuster votre cap vers de nouveaux horizons avec une perspective renouvelée.

Au fur et à mesure que vous avancez dans votre parcours philanthropique, vous découvrirez peut-être que vous souhaitez ou devez changer de cap, que ce soit par une légère inflexion exercée sur la barre ou en effectuant un virage brusque et serré. Ressortez alors votre *Navigateur* : ce fidèle guide peut vous accompagner à toute étape de votre périple. En effet, ce n'est pas seulement un outil pour vos premières étapes de navigation, mais aussi un moyen de dresser un bilan de votre aventure pour mieux réaliser les petits ajustements ou les grands changements qui s'avéreraient nécessaires.

Ayez surtout à l'esprit que les besoins de vos bénéficiaires peuvent évoluer dans le temps. En réalité, tout est susceptible de subir des transformations, depuis les causes que vous soutenez jusqu'à votre entreprise et votre famille. Nous vous recommandons par conséquent de prévoir de revisiter le *Navigateur* à intervalles réguliers et de manière structurée avec votre famille, en fonction de ce qui pourrait correspondre le mieux à votre situation.

Pour ce faire, vous pourriez ainsi périodiquement examiner chacune des composantes de base du *Navigateur* pour vous assurer que vous tenez le cap et restez alignés sur vos orientations initiales. Une autre manière de procéder consiste à réaliser l'exercice complet tous les six mois ou tous les ans, en reprenant chaque étape du *Navigateur* l'une après l'autre en partant de zéro pour dresser un bilan de santé tous azimuts de votre philanthropie. Vous pourriez aussi plonger en profondeur dans un aspect donné du *Navigateur*, vous penchant par exemple uniquement sur la gouvernance, l'engagement familial ou vos cibles, selon ce que vous estimez nécessaire ou s'il y a eu un changement notable qui justifierait de changer de direction.

Un appel à l'action

Pour l'heure, le meilleur moyen de faire bon usage des éclairages apportés par le *Navigateur* et de les matérialiser est de dresser un plan d'action destiné à vous-même et au noyau dur de votre équipe. Vous y gagnerez une structure et des supports qui vous aideront à maintenir le cap.

Il existe de nombreuses manières différentes de définir un plan d'action et une multitude de modèles éprouvés. À l'instar des autres aspects du *Navigateur*, il n'y a pas de bonne ou de mauvaise manière de planifier vos activités. Il est bon de s'accorder sur une voie à suivre et de concevoir avec votre famille un plan qui vous convienne. Pour ce faire, il peut toutefois s'avérer utile de partir des questions suivantes :

- → Quelles actions devez-vous effectuer ?
- → Quelles sont vos priorités et comment les déterminez-vous ?
- → Quel est l'échéancier que vous vous fixez et quels sont les principaux jalons de votre projet ?
- → Comment se répartissent les responsabilités pour les différentes actions à entreprendre ?

Bon voyage !

Ce fut un plaisir et un privilège d'accompagner votre réflexion avec le *Navigateur de philanthropie familiale*. N'hésitez pas à nous solliciter à tout moment si vous avez des questions ou que vous souhaitez discuter de votre parcours philanthropique. Nous vous souhaitons bonne chance alors que vous quittez le mouillage pour voguer vers l'horizon. Puisse votre parcours philanthropique être gratifiant, plaisant et fructueux pour votre famille et vous-même.

À PARTIR DE SEPTEMBRE 2017

Idéation

Journal de bord : la création de l'ouvrage

Contexte

En 2016, la société biopharmaceutique suisse Debiopharm s'est engagée à créer la Chaire Debiopharm en Philanthropie familiale à l'IMD Business School à Lausanne par le biais d'un don de plusieurs millions de francs suisses sur quinze ans. En septembre 2017, le professeur Peter Vogel a été choisi pour diriger la Chaire et peu après, le Dr Małgorzata Smulowitz a rejoint la Chaire comme chercheuse associée.

L'objectif de la Chaire est d'accroître l'impact social et financier de la philanthropie familiale. L'idée de créer le *Navigateur de philanthropie familiale* a germé de l'envie de concrétiser la vision et la mission de la Chaire.

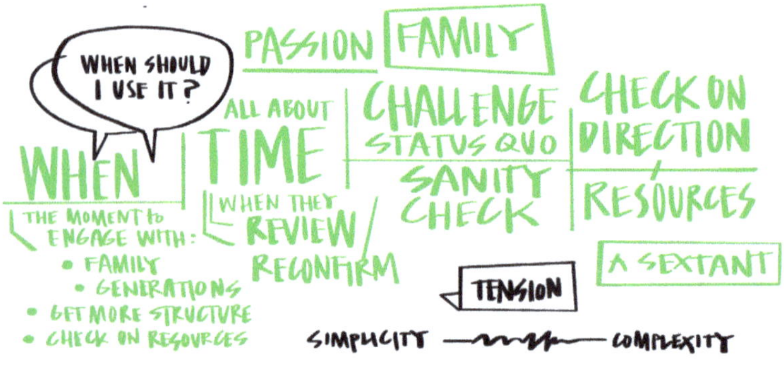

Nul vent n'est favorable à celui qui ne sait où il va.

SÉNÈQUE

29 MAI 2018 — Atelier philanthropie du FBN avec des familles d'entrepreneurs à Genève

4 JUILLET 2018 — Atelier avec des philanthropes familiaux au sein d'une banque réputée au Luxembourg

25 JUILLET 2018 — Atelier avec la *Swiss Philanthropy Foundation* au Verbier Festival pour le *Philanthropy Forum 2018*

1 OCTOBRE 2018 — Présentation au *Forum des Fondations* à l'IMD avec plus de 200 participants

18 OCTOBRE 2018 — Atelier au 29e sommet mondial du FBN à Venise

DÉBUT 2019 — Formation de l'équipe initiale du *Navigateur*

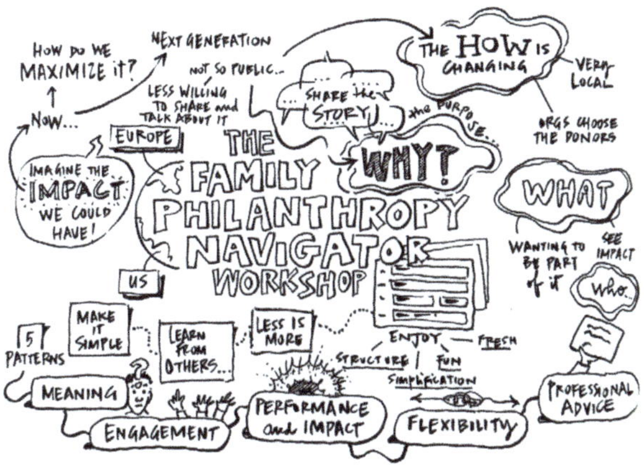

Pour renforcer l'approche de l'IMD, Etienne Eichenberger, co-fondateur et partenaire chez WISE philanthropy advisors et représentant la « voix des praticiens » a rejoint le noyau dur de l'équipe pour poursuivre le développement du *Navigateur*. Constatant les premiers succès rencontrés par la méthode quand elle fut présentée et utilisée lors de différents événements prestigieux auprès de propriétaires d'entreprises familiales et la nouvelle génération, l'équipe s'est accordée à écrire un ouvrage qui accompagnerait la méthode. Début 2019, Matt Falloon rejoint l'aventure en tant que conseiller éditorial, accompagné par les experts en graphisme et en *Design Thinking* de l'agence de création Housatonic, Alfredo Carlo et Marcello Petruzzi, pour former l'équipe de la version anglaise originale.

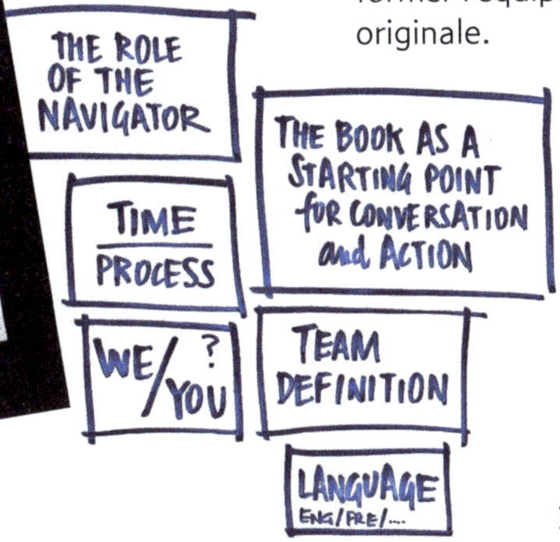

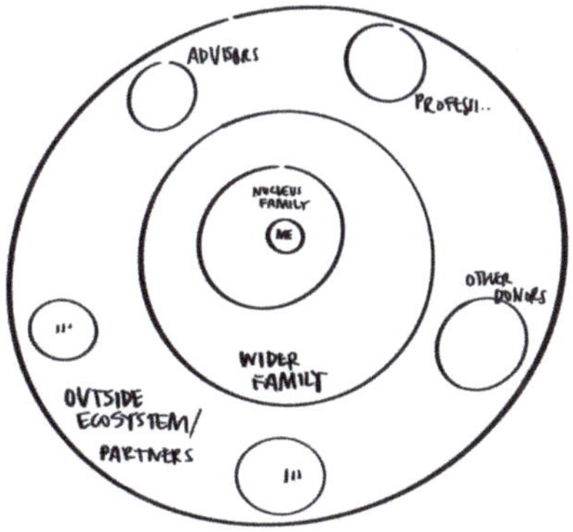

- **À partir de mars 2019** — Recherche sur la philanthropie familiale menée avec le FBN
- **4 septembre 2019** — Atelier autour du *Navigateur* à l'IMD, avec des praticiens et des partenaires
- **5 novembre 2019** — Séminaire d'équipe à l'IMD
- **7 novembre 2019** — Événement philanthropique chez Debiopharm à Lausanne
- **15-17 janvier 2020** — Retraite d'équipe à Grindelwald

Public visé

- → Philanthropes novices et chevronnés
- → Familles et propriétaires d'entreprises
- → Individus et entrepreneurs
- → Jeunes de la génération montante (*NextGen*)
- → Experts en philanthropie

Notre finalité

L'objectif du *Navigateur* est d'aider des philanthropes, prêts à passer à l'action ou déjà actifs, à gagner en clarté afin qu'ils puissent donner et structurer leur approche du don de manière plus efficace, et ainsi permettre aux individus ou aux familles d'avoir un impact durable.

Notre démarche

L'élaboration de l'outil et l'écriture de l'ouvrage ont été guidées par une méthode de réflexion créative (*Design Thinking*) qui fut très interactive. Nous avons régulièrement échangé avec des philanthropes et des praticiens pour glaner des idées et recevoir des retours. Le *Navigateur* vise à limiter la complexité et à fournir aux philanthropes un aperçu des diverses approches possibles de l'art du don.

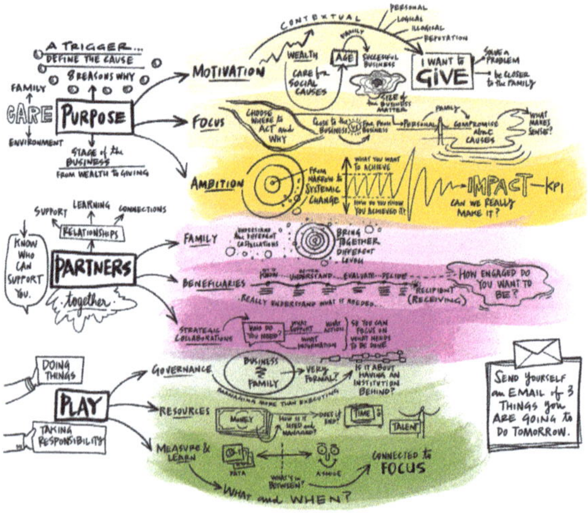

Notre promesse

Utiliser le *Navigateur* comme nous le suggérons dans l'ouvrage vous aidera à engager des discussions fécondes avec votre famille. Il servira de point de départ à des échanges concrets et sans émotion excessive. De plus, l'ouvrage pourra stimuler le dialogue entre les principales parties prenantes de votre philanthropie, notamment avec vos partenaires externes et vos bénéficiaires. Enfin, il identifie clairement les défis que vous pourriez rencontrer dans votre aventure philanthropique.

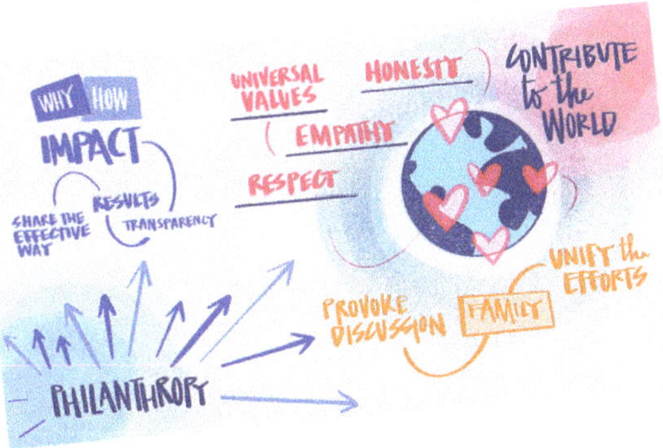

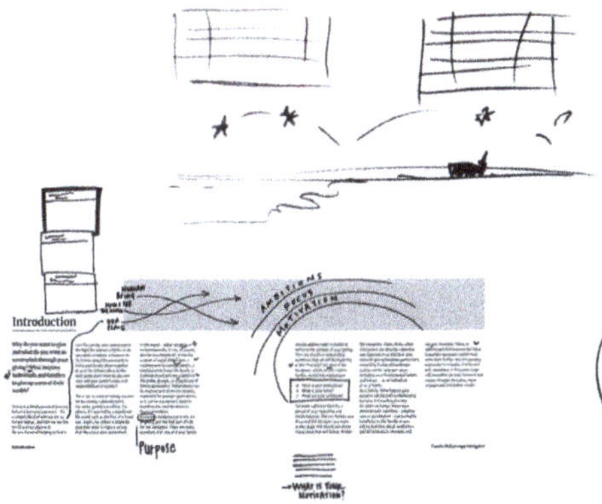

À PROPOS DES AUTEURS

Peter Vogel est professeur d'entrepreneuriat et directeur du Global Family Business Center à l'IMD. Il est titulaire de la Chaire Debiopharm en Philanthropie familiale à l'IMD et a obtenu un doctorat en entrepreneuriat de l'EPFL à Lausanne.

Etienne Eichenberger est cofondateur et associé du cabinet de conseil en philanthropie WISE philanthropy advisors. Il est aussi président du conseil de fondation de la Swiss Philanthropy Foundation et siège au comité consultatif de la Chaire Debiopharm en Philanthropie familiale à l'IMD.

Małgorzata Smulowitz est chercheuse postdoctorale au sein de la Chaire Debiopharm en Philanthropie familiale à l'IMD. Elle est titulaire d'un doctorat en économie, management et organisation de l'Universitat Autònoma de Barcelone.

IMD
Real learning
Real impact

L'IMD est un institut académique indépendant avec des campus à Lausanne et à Singapour. Depuis plus de 75 ans, l'institut est une force pionnière dans le développement de leaders qui transforment les organisations et contribuent à la société.

L'IMD se classe dans le haut des classements internationaux pour la formation continue, notamment dans celui du *Financial Times* ainsi que d'autres publications d'affaires influentes. Les programmes MBA et EMBA ont été distingués à plusieurs reprises parmi les meilleurs en Europe et dans le monde.

La Chaire Debiopharm en Philanthropie familiale vise à accroître l'impact social et financier des dons familiaux et à élaborer des pratiques exemplaires en philanthropie familiale. Un autre de ses objectifs est de tirer parti de la philanthropie comme catalyseur pour la transmission des valeurs familiales entre les générations, les branches et les nationalités.

La Chaire a été instituée en 2016 par Thierry Mauvernay, Président et Administrateur Délégué de la société Debiopharm.

WISE
Philanthropy Advisors

WISE-Philanthropy Advisors accompagne de façon personnalisée la réalisation d'initiatives philanthropiques pour contribuer à un monde meilleur. Que ce soit pour établir un cadre initial, mettre en œuvre des projets à travers la stratégie et le suivi des dons, ou accompagner les donateurs dans la bonne gouvernance, WISE soutient les donateurs à chaque étape de leurs projets familiaux, professionnels ou personnels afin de leur permettre de faire la différence. En cherchant à transformer les projets philanthropiques en résultats durables, WISE se spécialise dans la philanthropie à fort impact : un impact pour les bénéficiaires des projets soutenus, pour les organisations et pour les philanthropes. Avec une expérience de près de vingt ans, WISE est reconnu par ses pairs pour l'excellence de son travail et son esprit pionnier, et en tant que l'un des cabinets de conseil philanthropique les plus renommés en Europe.

LA CHAIRE DEBIOPHARM EN PHILANTHROPIE FAMILIALE A ÉTÉ INSTITUÉE PAR :

Debiopharm
WE DEVELOP FOR PATIENTS

Debiopharm, pôle *Life Science* du Groupe Après-demain, développe des traitements en oncologie (deux *standard of care* sur le marché et bientôt un troisième) ainsi qu'en maladies infectieuses avec un modèle économique unique puisqu'il ne commercialise pas ses traitements, mais en octroie les licences d'exploitation à des sociétés pharmaceutiques.

« Les bonnes intentions et un sac à dos ne suffisent pas », la formation des philanthropes est indispensable si l'on veut avoir une approche professionnelle de la philanthropie et que celle-ci soit plus efficiente.

L'impact est au centre de nos activités. Nous avons conscience qu'avoir un impact positif devrait être la principale motivation.

LA VERSION FRANÇAISE A ÉTÉ POSSIBLE GRÂCE AU SOUTIEN DE :

Fondation Bettencourt Schueller
Reconnue d'utilité publique depuis 1987

La Fondation Bettencourt Schueller entend « donner des ailes aux talents » pour contribuer à la réussite et à l'influence de la France en soutenant les sciences de la vie, les arts et la solidarité.

FONDATION NOVANDI
JEUNESSE & ÉDUCATION

Depuis sa création en 1997, la Fondation Novandi encourage le développement et l'épanouissement de la jeunesse en Suisse sur les plans éducationnel, moral, intellectuel, culturel et sportif.

Groupe JAD

Le Groupe JAD, basé en France, intervient en Afrique de l'Ouest à travers ses différentes filiales auprès d'opérateurs industriels. Holding de la famille Delmas, il soutient aussi des activités philanthropiques à fort impact.

EHDEN
philanthropic fund

Créé en 2017 et actif principalement en Suisse et au Liban, l'*Ehden Philanthropic Fund* effectue des dons et s'engage dans la lutte contre les injustices qui touchent les plus vulnérables en leur offrant une chance d'envisager à nouveau leur futur. Le fonds est hébergé par Swiss Philanthropy Foundation à Genève.

un esprit de famille

Association basée à Paris et rassemblant plus de 100 fonds et fondations membres, d'origines familiales et privées, Un Esprit de Famille a pour vocation de rassembler, structurer et représenter la philanthropie familiale et privée, ainsi que d'encourager le partage d'expériences entre pairs, en favorisant l'échange de bonnes pratiques et en développant la culture du don par le témoignage.

Printed in the USA
CPSIA information can be obtained
at www.ICGtesting.com
LVHW051943091223
766040LV00012B/136

9 782940 485697